입법절차와 사법절차

— 새로운 접근방법의 법학입문 —

김도훈 · 김슬기 · 김정환 · 심우민

세창출판사

이 도서의 국립중앙도서관 출판시도서목록(CIP)은 e-CIP 홈페이지(http://www.nl.go.kr/ecip)에서 이용하실 수 있습니다. (CIP제어번호: CIP2009000636)

서 문

■ 본서의 취지 및 구성

최근 법학교육의 변화는 한국사회에서 논란이 되고 있는 화두 중 하나이다. 그러나 그 논란만큼 법학교육에 있어서의 실질적인 변화는 그다지 피부로 느껴지지 않는 듯하다. 그도 그럴 것이 법이라는 것은 한 사회의 안정적 기반을 형성해 주는 도구로서 자리매김하고 있으며, 그 결과 이와 결부되어 있는 다양한 담론들은 그다지 쉽게 변화될 수 있는 것은 아니기 때문일 것이다. 하지만 법학교육의 변화는 아주 서서히 우리가 본질적이라고 생각했던 근간까지 변화하도록 만들 것이다.

이와 같은 법학교육 변화의 한가운데서 새로운 방법의 법학입문서로서의 대안을 고민하던 중 본서를 기획하게 되었다. 성문법 체계를 따르고 있는 한국사회에서의 법학교육은 서구 성문법 국가의 그것과 유사한 궤적을 그려 왔다. 하지만 현대사회에 들어 과거의 교육방식이 가지고 있는 한계, 특히 전문성과 현실성에서의 한계는 법학전문대학원에 대한 논의까지 전개되어 왔다. 그렇다면 현대 한국사회에서 요구되는 법학교육이란 어떤 것이며, 그

것이 갖추어야 하는 핵심적 요구는 무엇일까? 필자들은 이러한 문제에 있어 '교육방법의 체계성'이 필요하다는 점에 착안하였다.

법학에 처음 발을 들여 놓는 대부분의 학생들은 추후 법과대학(또는 법학전문대학원)에서 접하게 될 과목들을 요약하여 단순 나열식으로 모아 놓은 법학입문 또는 개론서를 가장 먼저 접하게 된다. 비록 그러한 책들 속에서 공법과 사법의 구분, 절차법과 실체법의 구분 등이 설명되기는 하지만, 대부분의 학생들은 제시되는 다양한 법들 속에서 '아, 법은 어려운 거구나' 하는 점만을 깨닫게 되기 십상이다. 이러한 법학에의 입문은 이후의 교육과정 속에서 디딤돌이 되기도 하지만 장애물이 되는 경우도 적지 않다.

따라서 필자들은 법학의 초심자들에게 그들이 배우고자 하는 법이라는 것이 운용되는 실제의 모습은 어떠한지를 먼저 알려주고, 그에 기반하여 이후의 법학교육 과정을 이수하게 하는 것이 좀더 효과적일 수 있다고 판단하였다. 그 결과 실체법적 내용들을 하나하나 나열하기보다는, 법의 실제적 운용과 관련된 절차법적 측면의 논의들을 정리하여 학생들의 이해를 도모하고자 하였다. 먼저 법의 절차적인 측면에 대한 기초적 학습을 선행하고, 이에 대한 이해를 기초로 실체법적인 내용을 습득하게 된다면 더욱 효과적인 교육이 이루어질 수 있을 것이다.

전체적으로는 우리가 현실 속에서 마주하게 되는 법의 요체라고 할 수 있는 실정법의 형성과 관련된 입법과정에 대해 살펴보고, 이렇게 형성된 실정법이 실제 민사·행정·형사재판에서 어떠한 과정을 통하여 적용되는지에 대해 고찰해 보고자 하였다. 그러나 이러한 과정을 무작정 나열하기보다는 법학입문서라는 기본 취지에 부응할 수 있도록 매우 기본적인 내용들을 간결하게 정리하여 짧은 시간 안에 전반적인 절차법적 내용들을 습득할 수 있도록 이 책을 구성하였다.

법을 처음 접할 때 '법은 어려운 것'이라고 생각하는 경향이 있지만 법은 본질적으로 어려운 것이 아니라 '생소한 것'에 가깝다. 법은 다양한 이해관계를 가진 사람들이 더불어 살아가기 위한, 즉 분쟁의 예방과 해결을 위한 지극히 상식적이면서도 합리적인 특성을 가진 수단이다. 따라서 기본이 되는 법을 공부하는 것은 모르는 것을 알아가는 것이 아니라, 이미 체험하여 알고 있는 사실에 대해 적확한 용어(법률용어)를 붙여 이를 체계적으로 정리하는 것에 불과하다. 즉 여러 가지 법률용어가 생소한 것일 뿐 법 자체가 어려운 것은 아니다.

하지만 이러한 사실을 인식한 이후에도 법은 계속 '어렵다'고 느껴진다. 이는 법을 공부함에 있어 법이 만들어지고 실제 생활에 적용되는 과정을 시간적 흐름에 따라 공부하는 것이 아니라, 법에 관한 여러 가지 추상적이고 철학적인 생각들을 먼저 배우고 체계적으로 다시 재구성된 형태로 배우기 때문에 처음부터 끝까지 모두 공부한 이후에야 '아~'라는 대답을 스스로에게 할 수 있게 된다. 또한 실체법(법률관계의 실체에 관한 법을 말하는 것으로 권리·의무의 존부를 규율하며, 민법, 상법, 형법 등이 이에 속한다)을 먼저 공부하고 절차법(권리의 실질적 내용을 실현하기 위해 취해야 할 방법을 규율하는 법을 말하는 것으로 민사소송법, 형사소송법과 같이 재판절차를 규율하는 법을 말한다)을 공부하는데다가 절차법을 일부만 배우는 경우가 많아 '아~'라는 대답을 할 수 있는 경우가 더욱 적다. 즉 실체법을 충분히 공부하여 권리·의무관계에 대해 명확한 인식을 갖고 있다 하더라도, 그러한 권리·의무관계가 어떠한 형태로 확정 및 실현될 수 있는지에 대해 알지 못한다면 법을 제대로 공부했다고 말하기 어려울뿐더러 그러한 상태라면 법에 대한 생소함은 여전할 것이다. 결국 이러한 법에 대한 생소함은 상당한 시간을 들여 공부를 한 후에야 극복할 수 있게 되는 것이 현실이다.

이와 같이 법에 대한 생소함의 문제를 조금 더 효율적으로 극복하기 위해서는 법이 만들어지는 절차(입법절차)와 법이 적용되고 실현되는 절차(사법절차)에 대해 시간적 흐름에 따라 간략히 먼저 숙지한 이후에 실체법을 공부하는 것이 하나의 방법이 될 수 있을 것이다. 이를 통해 법을 공부함에 있어 생소함을 떨쳐버리고 좀더 쉽게 법학에 접근할 수 있기를 기대해 본다. 이를 위해 이 책은 다음과 같은 점에 특히 유의하여 기술하였다.

- 절차법적 측면에서 법의 형성 및 적용 전반을 포괄하는 구성
- 각 절차 영역별 시간 흐름에 따른 설명
- 세부적인 설명의 각주 활용을 통한 가독성 증대

■ 본서의 이용방법

본서는 다양한 방식으로 활용될 수 있다. 우선 입법절차와 사법절차 중 자신의 관심에 따라 어느 것을 먼저 학습하더라도 지장이 없을 것이다. 일반적으로 법 하면 떠오르는 것은 재판정에서의 모습이기에 이에 더 친숙한 학생들이 있을 것이고, 이보다는 국가적 측면에서의 법형성 차원에 관심이 많은 학생들이 있을 것이다. 각각 자신의 관심에 따라 좀더 친숙한 분야를 택하여 공부하는 것이 효율적일 것이나, 어느 부분을 먼저 공부하여도 지

장이 없도록 책을 구성하였다. 특히 본문을 읽어가면서 자신의 수준에 맞추어 필요에 따라 각주에 정리되어 있는 내용들을 취사 선택하여 학습하는 것이 도움이 될 것이다.

이 책은 법학을 학습하고자 하는 다양한 수준의 학생들이 활용할 수 있도록 하였다.

- **법과대학 신입생**: 법학에 처음 입문하고자 하는 법과대학 신입생의 경우, 추후 4년간 법학 공부를 함에 있어 법을 체계적으로 이해하기 위하여 본서를 활용할 수 있다. 이를 위하여 주의하여야 할 점은 세부적인 각 절차의 구체적이고 지엽적인 내용보다는, 전체적인 법 운용과정에 초점을 맞추어 큰 틀을 머릿속에 먼저 담는 것이 이후 학습에 도움이 될 것이다.
- **법과대학 재학생**: 법과대학 재학생들 중 특히 민·형사·행정 소송법과 같은 절차법에 어려움을 겪고 있는 학생들은 본서를 통하여 절차법의 내용을 빠르게 학습할 수 있을 것이다. 이 부분에서 주의하여야 할 점은 이 책의 내용이 절차법에 관한 모든 부분을 다루고 있지는 않기 때문에 기본적인 개념을 숙지한 후 관련분야의 교과서를 학습하는 것이 필수적이라는 점이다.
- **법학전문대학원 신입생 및 재학생**: 법학전문대학원 교육은 기존 법과대학 교육에 비해 비교적 짧은 기간 안에 실무능력까지 배양해야 하기에 매우 촉박한 교육일정을 가지고 있다. 따라서 신입생의 경우 선행학습을 위하여, 재학생의 경우 절차법에 대한 기본적 이해를 위하여 활용할 수 있을 것이다.

2009년 3월

공저자 일동

차 례

제1부 | 입법절차

제1장 입법절차

제2부 | 사법절차

제2장 민사소송절차

제3장 행정쟁송절차

제4장 형사소송절차

1

도입글
입법절차와 사법절차의 연결고리

법학은 아주 오랜 시간동안 발달해 온 학문이자 실천 분야이다. 이런 이유로 실생활에 적용되는 법의 이면에는 매우 다양한 이론적인 논의들이 자리잡고 있다. 설령 그러한 논의들이 특정 생산양식을 뒷받침하는 이데올로기라고 할지라도, 그것이 우리 법인식의 기반임은 부인할 수 없는 사실이다.

문제는 오늘날 한국사회에서 이루어지는 법에 관한 논의가 대부분 사법판결이론에 집중되어 있다는 점이다. 즉 법이라는 것은 그 법이 만들어지는 과정(입법)과 그 과정을 통해 형성된 법이 적용되는 과정(사법)이라는 두 가지의 측면에서 파악해 볼 수 있으나, 우리의 현실은 법이 만들어지는 과정에 대한 논의보다는 형성된 법을 어떻게 해석 및 적용할 것인가에 관한 논의에 주로 초점이 맞추어져 왔다.

하지만 현대사회에 들어서면서 이에 대해 수많은 의문들이 제기되어 왔고, 그러한 의문들은 법의 해석 및 적용에 있어서의 객관성·중립성에 대한 회의로, 그리고 입법과정에 대한 논의로 이어지고 있다. 그럼에도 불구하고 아직까지 우리는 사법과 입법을 적절히 연결시켜 줄 수 있는 이론적 연결고리를 알지 못한다. 이와 관련된 분야의 논의와 연구는 향후 수없이 많은 문제제기와 논쟁을 거쳐 정리될 필요가 있다. 이 책에서 설명하게 될 입법절차와 사법절차에 대한 개괄적인 설명은 미약하나마 이러한 고민의 출발점을 제공해 줄 수 있을 것이라 생각한다.

■ 입법절차와 사법절차

입법절차와 사법절차는 어떠한 유사성과 차이점을 가지고 있는가. 사법절차는 이미 정립되어 있는 법을 단순히 해석 및 적용하는 데 그치는 것인가. 근대사회에서 법의 모티브는 이러한 이상(理想)을 가지고 출발했을 수도 있다. 하지만 사법이라는 것이 실정법의 '해석' 과정을 통해 법의 세부적 내용을 확정하는 것이라고 한다면, 그것은 입법과 유사한 기능, 즉 법형성이라는 측면을 내포하고 있다고 볼 수 있을 것이다. 바로 이러한 부분이 입법절차와 사법절차의 유사성과 차이점을 고민해 볼 수 있도록 하는 연결고리를 제공해 준다. 이를 논의의 시작으로 하여 우리는 입법에 대한 새로운 이론들을 개발해 낼 수 있고, 그 결과는 사법절차에 대한 좀더 진지한 논의로 이어질 수 있을 것이다.

■ 사법절차 내부의 문제

우리가 이 책에서 정리하고 있는 민사절차, 형사절차, 행정쟁송절차라는 세 분야에 있어서도 그 유사성과 차이점을 명확하게 비교하기 어려운 문제가 있다. 민사절차가 기본이 되는 절차이기는 하지만 각 분야는 법학의 개별적인 세부 학문분과로서 그 체계와 사용되는 용어에 있어 독자적인 발전을 이어온 것이 사실이다. 이는 사법절차를 하나의 연구대상으로 삼아 개별절차를 함께 묶어 연구하는 것이 현실적으로 어렵기 때문이다. 그 결과 동일 유사한 대상에 대해서도 다소 상이한 체계와 용어를 사용하고 있는 부분이 존재하고, 이는 다시금 사법절차간의 분과를 뛰어넘는 새로운 논의를 가로막는 요인이 되고 있다. 따라서 민사절차, 형사절차, 행정쟁송절차를 한데 모아 살펴보는 것은 법을 바라보는 체계적인 관점을 논의하기 위한 초석이 될 수 있을 것이다.

■ 논의의 진척을 위하여

이상과 같은 문제를 논의하기 위하여, 이 책은 우리 법체계가 가지고 있는 체계, 특히 절차법을 중심으로 한 논의에 초점을 맞추고자 한다. 이를 통하여 입법절차와 사법절차가 가지는 고유한 특성을 통합적으로 고민할 수 있는 '토대'를 형성하는 데 기여하고자 한다. 추후 이와 관련된 좀더 많은 논의들이 본격적으로 이루어질 수 있기를 기대한다.

입법절차와 사법절차

제1부 | 입법절차

제1장 입법절차

법률을 제·개정할 때 거치게 되는 과정을 입법절차라고 한다. 절차를 크게 나누어 보면 ① 법률안의 입안 및 발의, ② 법률안의 국회 회부, ③ 법률안의 심사, ④ 본회의 의결 및 공포라는 순차적인 단계로 이루어지고 있다.

Ⅰ. 법률안의 입안 및 발의

법률안은 구체적으로 제정법률안, 개정법률안, 그리고 폐지법률안으로 구분하여 입안된다.[1)]

첫째, 제정법률안은 기존 법률에 없는 새로운 법률제명으로 입안하는 법률안으로서 일반적으로 「○○○(관한)법(률)안」이라고 한다. 새로운 정책을 수립하거나 기존 정책을 전면 폐지하고 대체정책을 추진하고자 하는 경우에 주로 제정법률안을 입안하게 된다. 제정법률안을 입안하는 경우에는 기본적으로 유사 법률(안)과의 통·폐합 필요성, 기존 법률(안)과의 충돌가능성 등을 미리 검토하

1) 임종훈 외, 『입법과정론』, 박영사(2006), 168~170면.

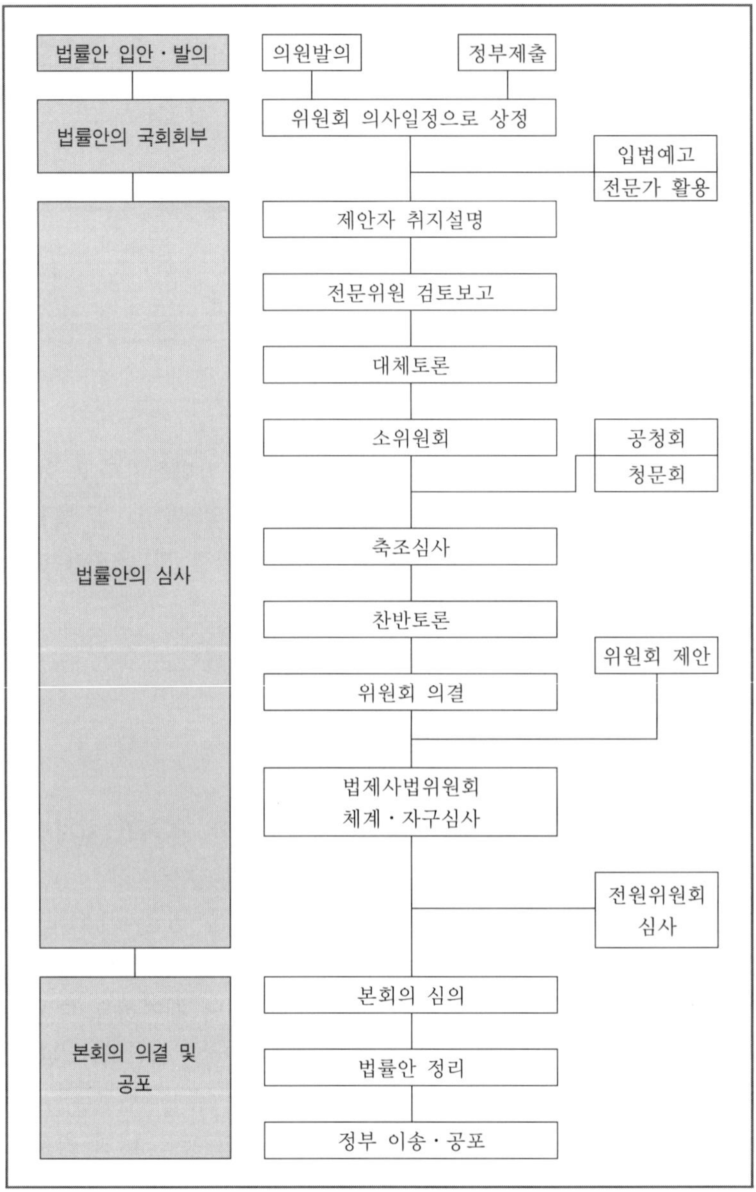
법률안 입안·발의
의원발의
정부제출
법률안의 국회회부
위원회 의사일정으로 상정
입법예고
전문가 활용
제안자 취지설명
전문위원 검토보고
대체토론
소위원회
공청회
청문회
축조심사
법률안의 심사
찬반토론
위원회 제안
위원회 의결
법제사법위원회
체계·자구심사
전원위원회
심사
본회의 심의
본회의 의결 및
공포
법률안 정리
정부 이송·공포

〈입법과정의 흐름〉

여야 하며, 법률시행에 필요한 준비를 충분히 하도록 시행일을 설정하는 것이 바람직하다.

둘째, 개정법률안은 기존 법률의 내용이나 형식을 변경하는 법률안을 말한다. 개정법률안은 개정 정도에 따라 그 입안형식이 달라지게 되는데, 대폭적인 개정을 하는 경우에는 전부개정법률안, 부분적인 개정을 하는 경우에는 일부개정법률안이라고 한다. 전부개정법률안의 경우 「○○○법 전부개정법률안」의 명칭으로 기존 법률의 전문을 새롭게 기술하는 방법으로 입안한다. 또한 일부개정법률안의 경우 개정하고자 하는 조항 및 그 내용을 열거하고 이를 기존법률에 흡수 또는 증보하는 방식으로 입안될 수 있는데, 우리의 경우에는 흡수방식을 취하면서 「○○○법 일부개정법률안」의 명칭을 붙인다.

셋째, 폐지법률안은 기존 법률을 폐지하는 법률안으로 ① 실효성 없는 정책을 담고 있는 법률, ② 위헌결정[2)]으로 존립근거를 상실한 법률, ③ 다른 법률의 제정으로 전면 정비가 필요한 법률 등이 있을 때 입안하게 된다. 일반적으로 정책의 일부가 실효성을 상실하거나 법률의 일부 규정이 위헌결정을 받아 법률안을 입안하고자 하는 때에는 개정안의 형식을 택하며, 정책의 전부나 핵심사항이 실효성을 상실하거나 법률의 전부 또는 핵심규정이 위헌결정을 받아 법률안을 입안하고자 하는 때에는 폐지안의 형식을 택한다. 폐지법률안은 보통 「○○○법 폐지법률안」이라고 불린다.

---

2) 위헌법률심판은 헌법재판소에서 담당한다. 이는 법원에서 재판중인 구체적인 소송사건에서, 그 사건에 적용될 법률이 위헌인지 아닌지가 문제되어 법원이 직권으로 혹은 소송당사자의 신청을 받아들여 법률의 위헌여부를 심판하여 줄 것을 헌법재판소에 제청하면, 헌법재판소가 그 법률이 위헌인지 아닌지를 결정하는 심판을 말한다. 헌법재판소가 위헌결정을 할 경우 당해 법률은 그 효력을 상실하고, 소송당사자는 위헌법률의 적용을 받지 않게 된다.

○○○○○법 일부(전부)개정법률안

(홍길동의원 (대표)발의)

의안 번호	

발의연월일 : 20 . .
발 의 자 : 홍길동 · 한아름 · 조경희
백두산 · 한라산 · 나드리
설 악 · 금강산 · 고민수
고희수 · 김로빈 의원
(00인)
찬 성 자 : 118인

제안이유

주요내용

가. ---------------------------(안 제○조).
나. ---------------------------(안 제○조).
다. ---------------------------(안 제○조).

·
·
·

〈법률안 작성 서식〉[3)]

3) 국회 사무처 홈페이지(http://nas.na.go.kr) 서식 자료실 참조.

1. 정부제출 법률안

헌법 제52조[4]는 정부에게 법률안제출권을 부여하고 있다. 실제 입법과정에서 정부제출 법률안의 통과비율은 매우 높은 편이다.[5] 행정부가 법률안을 입안하는 과정은 국회의원이나 정당의 경우에 비하여 다소 복잡한데 ① 해당 부처 내 담당부서의 입법정보 수집·분석과 입법정책의 결정, ② 초안(부처안)의 작성, ③ 관계부처와의 협의 및 의견수렴, ④ 당정협의,[6] ⑤ 입법예고, ⑥ 규제개혁위원회[7] 심사, ⑦ 부처의 원안결정, ⑧ 법제처[8] 심사, ⑨ 차관회의[9]·국무회의[10] 심의, ⑩ 대통령 결재 및 국회제출순으로 진

4) **헌법 제52조** 국회의원과 정부는 법률안을 제출할 수 있다.

5) 정부제출 법률안의 처리결과를 이하에서 살펴보게 될 의원발의 법률안과 비교해 보면 정부제출 법률안의 가결비율이 높음을 알 수 있다. 제17대 국회(2004~2008년)의 경우 의원발의 법률안의 경우 총 6387건이 접수되어 1350건이 가결되었음에 반해, 정부제출 법률안의 경우 총 1102건이 접수되어 563건이 가결되었다. 전체 건수에 있어서는 의원발의 법률안이 정부제출 법률안에 비해 앞서는 것으로 판단된다. 그러나 가결비율을 따져보면 의원발의 법률안은 약 21%, 정부제출 법률안은 약 51%의 가결률을 나타내고 있으며, 이는 정부제출 법률안의 가결률이 의원발의 법률안에 비해 현격히 높음을 알 수 있게 해 준다. 국회 의안정보시스템(http://likms.assembly.go.kr/bill/jsp/main.jsp) 참조.

6) 행정부가 정당(여당)과의 정책협의 업무를 수행하는 것을 말한다. 이러한 당정협의는 「당정협의업무 운영규정」이라는 국무총리 훈령에 의해 규율되는데, 동 규정 제4조 제1항은 당정협의의 주요사항으로 ① 법률안, ② 대통령령안, ③ 국민생활 또는 국가경제에 중대한 영향을 미치는 정책안을 규정하고 있다.

7) 규제개혁위원회는 정부의 규제정책을 심의·조정하고 규제의 심사·정비 등에 관한 사항의 종합적 추진을 위하여 대통령 직속으로 설치된 기관이다. 이는 「행정규제기본법」에 의해 규율되고 있다.

8) 법제처는 국무회의에 상정될 법령안과 총리령안의 심사와 기타 법제에 관한 사무를 관장하는 기관으로서, 주요업무는 ① 정부의 법제행정 전반에 관한 정책의 수립·추진, ② 정부 입법 계획의 총괄 조정, ③ 법령안·조약안의 심사, ④ 법령에 대한 유권해석 ⑤ 국무총리행정심판위원회 운영, ⑥ 국내외 법제에 관한 조사·분석, ⑦ 법령 홍보 및 자치입법 지원 등이다. 그밖에 법령 자료의 전산화 업무를 추진하고 있으며, 특히 국가법령정보센터(http://www.law.go.kr)와 입법추진포털(http://inglaw.moleg.go.kr)을 운영하고 있다.

9) 차관회의는 대통령령을 근거로 행정부가 필요에 따라 임의적으로 구성하는 회의체라고 할 수 있다. 따라서 긴급한 안건 등 특수한 경우에는 차관회의를

행된다.[11)]

(1) 입법정보의 수집 · 분석과 입법정책의 결정

행정부가 법집행과 행정실무에서 접하게 되는 다양한 입법정보는 정부의 입법정책 결정에 있어 많은 도움이 된다. 다양한 입법정보 가운데 국정감사 등에서 국회의원이 제기한 문제점, 법집행 과정에서 이해관계인이 제기한 민원, 관계부처간의 권한쟁의 사항, 입법미비에 따른 법집행의 장애요인, 대형 사건 및 사고의 발생 등은 중요한 입법정보가 된다. 이러한 입법정보를 분석 · 평가한 후 입법정책을 수립하게 되는데 이 과정에서 대통령, 국무총리, 주무부처장관의 입법의지가 중요한 역할을 한다.

(2) 초안(부처안)의 작성

입법정책이 결정되면 법률안 초안의 작성에 들어간다. 그러나 실무상으로 초안의 작성에 앞서 관련 연구기관에 용역을 주어 연구보고서를 작성하기도 하며, 여기에는 ① 입법하려는 내용(입법사실)의 확정, ② 현행 법제도 및 외국의 입법례에 대한 조사 · 검토, ③ 입법에 따른 비용편익의 분석,[12)] ④ 입법에 따라 예상되는 문

거치지 않고 국무회의에 회부하는 경우도 있다. 그러나 차관회의는 국무회의에 비해 현장실무에 직접 임하는 전문적 인사로 구성된다는 점에서 국정운영에 매우 중요한 역할을 한다. 차관회의는 각 원 · 부 · 처의 차관 및 차장으로 구성되는데, 국무조정실장이 의장이 된다.

10) 국무회의는 대통령 및 국무총리와 15명 이상 30명 이하의 국무위원으로 구성되고, 대통령은 국무회의의 의장이 되며 국무총리는 부의장이 된다. 그러나 일반적인 관례는 국무총리가 회의를 주재한다. 헌법 제89조는 국무회의 심의를 거쳐야 하는 사항을 열거하고 있는데, 국정의 기본정책과 정부의 일반정책, 선전(宣戰) 및 강화 등 중요 대외정책, 대통령의 긴급명령 · 긴급재정경제처분 및 명령, 계엄과 그 해제, 헌법개정안과 법률안, 예산안 및 결산안, 국회의 해산, 정당해산의 제소 등 17개항이 규정되어 있다.

11) 임종훈 외, 앞의 책, 180면 이하.

12) 비용편익분석이라 함은 어떤 안(案)을 실현하는 데 필요한 비용과 그로 인하여 얻어지는 편익을 평가, 대비함으로써 그 안의 채택여부를 결정하는 방법

제점 등을 담게 된다. 또한 때때로 관련 전문가들을 주축으로 '법률안 기초위원회' 또는 '자문위원회'를 구성하여 입안하기도 한다.

초안은 입법내용을 법형식에 맞춘 안의 형태로 작성한 것이며, 해당 법률안을 집행하게 되는 소관부처에서 입안하기 때문에 '부처안'이라고도 한다.[13)]

(3) 관계부처와의 협의 및 의견수렴

초안(부처안)이 마련되면 그 안의 내용과 관련이 있는 다른 관계부처와 협의하고 합의를 이끌어내야 하며, 입법예고와는 별도로 관련단체나 관계전문가의 의견을 청취하기도 한다. 이 과정에서 관계부처 등의 반대가 있거나 수정 또는 보완 요청이 있는 때에는 관계부처를 설득하거나 관계부처의 의견을 초안에 반영하게 된다. 또한 관계부처간의 의견대립이 심하거나 이해관계인 등의 강력한 반대가 있는 때에는 입법의도 자체가 무산되기도 한다. 협의대상기관으로 예산수반 관련사항은 기획재정부, 정부의 인사·조직과 지방자치에 관한 사항은 행정안전부, 정부조직법상 다른 부처의 고유업무와 관련된 사항은 그 관련부처와 협의한다.

또한 「감사원법」 제49조, 「독점규제 및 공정거래에 관한 법률」 제63조, 「선거관리위원회법」 제17조 제1항, 「대외무역법」 제6조 등 관계법률에 소관부처와 필수적으로 협의를 거쳐야 하는 사항들이 규정되어 있다.[14)] 그 결과 이러한 소관부처들과 협의과정에

을 의미한다.

13) 임종훈 외, 앞의 책, 182면.

14) 예를 들면, 감사원법 제49조 제1항은 다음과 같이 규정하고 있다.

감사원법 제49조 (회계관계 법령 등에 대한 의견 표시 등) ① 국가의 각 기관은 다음 각 호의 경우에는 미리 해당 법령안을 감사원에 보내 그 의견을 구하여야 한다.

1. 국가의 회계관계 법령을 제정하거나 개정·폐지하려는 경우
2. 국가의 현금, 물품 및 유가증권의 출납 부기에 관한 법령을 제정하거나 개정·폐지하려는 경우

서의 이유로 인하여 초안(부처안)의 내용이 일부 수정되거나 입법이 보류되기도 한다. 정부입법과정에서의 협조에 관해서는 대통령령인 「법제업무운영규정」 제11조[15]에서 필요한 사항을 규정하고 있다.

(4) 당정협의

정부입법관행상 관계부처와의 협의를 마치게 되면 당정협의에 들어간다. 당정협의는 법률상 근거에 의하여 이루어지는 필요적 과정이라기보다는, 국정을 이끌어가는 정부와 여당이 입법정책이나 입법과정에 공동으로 대응하려는 필요성으로 인하여 만들어진 것이다. 당정협의에 관하여는 국무총리훈령[16]으로 규정하고 있는데, 법률을 제·개정하고자 할 때에 각 부·처·청 및 위원회의 장은 입안단계부터 여당의 정책위원회 의장과 협의하도록 하고 있다. 이를 통하여 정부는 입법배경과 필요성을 여당에 인식시키

---

3. 감사원의 감사를 받도록 하거나 배제·제한하는 등의 감사원의 권한에 관한 법령을 제정하거나 개정·폐지하려는 경우
4. 자체감사 업무에 관한 법령을 제정하거나 개정·폐지하려는 경우.

15) **법제업무운영규정 제11조 (입법과정에서의 기관간 협조)** ① 법령안 주관기관의 장은 법령안의 입안초기단계부터 관계기관의 장(법령에 의한 협의대상기관의 장을 포함한다. 이하 같다)과 협의하여야 하며, 법령안을 입안한 때에는 당해 법령안의 내용을 관계기관의 장에게 송부하여 그 의견을 들어야 한다.
② 법령안 주관기관의 장은 재정부담이 수반되는 법률안 또는 대통령령안을 입안할 때에는 총리령이 정하는 바에 따라 당해 법령안의 시행으로 인하여 예상되는 재정소요비용에 관한 추계서를 작성하여 이를 국무회의 상정안에 첨부하여야 한다.
③ 제1항의 규정에 의한 법령안에 대한 의견회신기간은 10일 이상이 되도록 하여야 한다. 다만, 법령안을 긴급하게 추진하여야 할 사유가 발생하는 등 특별한 사정으로 인하여 의견회신기간을 10일 미만으로 하고자 할 때에는 법제처장과 협의하여 의견회신기간을 단축할 수 있다.
④ 법령안 주관기관의 장 및 법제처장은 법령안의 입안과 심사 및 공포 등 입법과정 전반에 걸쳐 정부입법에 관한 협의·의견조정 기타 정부기관간에 효율적인 업무협조가 이루어지도록 하여야 한다.

16) 당정협의업무 운영규정(국무총리훈령 제506호).

고 국회처리과정에서의 협조를 구하는 한편, 정책을 사전에 조율하는 창구로 활용한다. 이 과정에서 여당은 입법에 대한 설명을 듣고 입장을 밝히며, 수정이나 보완사항을 주문하기도 한다. 당정협의는 관련부처 등의 장과 여당의 정책위원회 의장이 운영하는 '부처별당정협의', 정부측 국무총리와 여당의 의장이 참석하는 '고위당정협의'로 이루어진다.[17)]

(5) 입법예고

당정협의 과정을 거쳐 법률안의 내용이 개략적으로 확정되면 입법예고를 하게 된다. 입법예고는 입법하고자 하는 법률안과 그 내용을 국민에게 알리고 의견을 청취하려는 절차이다. 따라서 입법예고는 입법과정에 국민이 참여하거나 사전에 권익을 보호할 수 있는 통로를 제공하고, 공개적이고 투명한 입법과정을 만드는 데 기여한다는 점에서 중요한 의미가 있다. 이러한 입법예고제도는 1983년부터 실시되어 왔고, 1998년부터 시행된 행정절차법에 의하여 법률에 규정되었다.[18)]

행정절차법에 따르면, 입법예고는 입안한 행정청에서 하여야 하며(행정절차법 제41조 제1항), 법제처장은 행정절차법상 입법예고 예외대상(동항 단서)[19)]이 아님에도 불구하고 예고를 하지 아니한 법령안의 심사요청을 받은 때에는, 입안기관의 장에게 입법예고

---

17) 임종훈 외, 앞의 책, 183면.

18) 『입법이론과 법제실무』, 국회사무처 법제실(2008), 53면.

19) 행정절차법 제41조 제1항 단서에서 규정하고 있는 입법예고 예외대상들은 다음과 같다.

1. 입법내용이 국민의 권리・의무 또는 일상생활과 관련이 없는 경우
2. 입법이 긴급을 요하는 경우
3. 상위 법령 등의 단순한 집행을 위한 경우
4. 예고함이 공익에 현저히 불리한 영향을 미치는 경우
5. 입법내용의 성질 그 밖의 사유로 예고의 필요가 없거나 곤란하다고 판단되는 경우.

를 권고하거나 직접 예고할 수 있다(동법 제41조 제3항). 입법예고는 입법취지, 주요내용 또는 전문을 관보·공보나 인터넷·신문·방송 등의 방법으로 하고(동법 제42조 제1항), 필요하다고 인정되는 단체 등에 대하여 예고사항을 통지할 수 있다(동조 제2항). 또한 누구든지 예고된 법령안에 대하여 의견을 제출할 수 있고, 따라서 입법예고시 의견접수기관·의견제출기관 등 필요한 사항을 함께 공고하여야 한다. 제출된 의견은 존중하여야 하고, 의견을 제출한 자에게 그 처리결과를 통지하여야 한다(동법 제44조 제1항 내지 제4항). 입법예고 기간은 특별한 사정이 없는 한 20일 이상으로 한다(동법 제43조).

입법예고절차와 함께 공청회나 간담회 절차를 거쳐 의견을 수렴할 수 있다. 공청회나 간담회의 실시 주체도 입법예고와 마찬가지로 법률안 입안부처이며, 공청회를 개최하고자 하는 경우에는 공청회 개최 14일 전까지 당사자 등에게 통지하고 관보·공보·인터넷 또는 일간신문 등에 공고하여야 한다(동법 제38조 제1항).

(6) 규제개혁위원회 심사

각 부처에서 규제에 관한 사항, 즉 국가가 특정한 행정목적을 실현하기 위하여 국민의 권리를 제한하거나 의무를 부과하는 사항이 포함된 법률안 제·개정을 추진하고자 하는 때에는 「행정규제기본법」에 의해 규제영향분석, 그리고 규제의 대상·범위 및 방법에 대하여 중앙행정기관별로 자체 심사한다. 이를 토대로 공청회, 입법예고, 이해관계인·전문가 등의 의견수렴을 거친 후 작성된 규제영향분석서, 그리고 자체심사의견과 행정기관 및 이해관계인 등이 제출한 의견의 요지를 첨부하여 규제개혁위원회의 규제심사를 받아야 한다(행정규제기본법 제10조).

규제심사는 불필요한 규제를 폐지하고 비효율적인 규제의 신설을 억제함으로써 사회·경제활동의 자율과 창의를 촉진하여, 국민 삶의 질을 높이고 국가경쟁력의 지속적인 향상을 도모함을 목적으로 하고 있다(동법 제1조).

(7) 법제처 심사

각 부처의 장은 관계기관의 장과의 협의와 「행정절차법」의 규정에 의한 입법예고절차 및 「행정규제기본법」의 규정에 의한 규제심사를 거친 후, 법제처장에게 법령안의 심사를 요청하여야 한다(법제업무운영규정 제21조 제1항). 법제처는 국무회의에 상정될 법률안 등의 심사권이 있고(정부조직법 제20조), 이러한 심사는 정부입법과정에서 필수적으로 거쳐야 하는 법적 절차이다. 법제처 심사는 법률상호간의 체계 정합성을 유지하고, 헌법위반이나 법리상 모순 등 문제점들을 바로잡아야 하며, 또한 법형식을 갖추게 하는 한편, 입안과정에서 필요한 절차를 거쳤는지를 확인하는 데 목적이 있다. 법제처는 그 심사과정에서 헌법위반 등의 소지가 있다고 판단되는 사항에 대하여 주무부처에 의견을 제시하여 부처안에 반영하게 되는데, 법제처 의견이 반영되지 않은 중요한 사항이 있는 경우에는 법률안을 국무회의에 상정하면서 법률안 앞부분에 "주요토의과제"라는 표기를 하여 그 내용을 담게 된다.[20] 그리고 부처간 협의가 필요함에도 불구하고 협의절차를 거치지 아니한 사안으로 그 사안이 중요하다고 판단된 때에는 주관부처에 법률안을 반려하여 협의를 거치도록 한다. 법제처 심사에 관한 사항은 대통령령인 「법제업무운영규정」에서 정하고 있다.

이러한 법제처의 법률안 심사는 헌법과 상위법에 위배되는 위법·부당한 내용의 법률이 제정되어 국민의 자유와 권리를 침해하게 되는 것을 사전에 방지하는 '사전적 권리구제기능'으로서의 의미를 갖고 있다고 볼 수 있다.[21]

---

20) 『법령안심사기준』, 법제처(1996), 253면.

21) 『입법이론과 법제실무』, 국회사무처 법제실(2008), 54면.

(8) 차관회의 · 국무회의 심의

부처안에 대한 법제처 심사가 끝나게 되면 차관회의를 거쳐 국무회의에 상정된다. 차관회의는 「차관회의규정」에 근거를 두고 있는데 국무회의에 제출될 의안 등을 심사하는 기능(차관회의규정 제1조)을 수행함에 따라 법률안을 국무회의에 상정하기에 앞서 심의한다. 차관회의를 마치고 나면 국무회의 심의에 들어가는데 헌법 제89조 제3호는 국무회의 심의사항에 법률안을 포함하고 있기 때문에 이 절차는 헌법상 필수절차이다. 국무회의 운영에 관한 구체적인 사항은 「정부조직법」과 대통령령인 「국무회의규정」에 담고 있다. 대통령을 의장으로 하는 국무회의는 구성원 과반수의 출석으로 개의하고, 출석구성원 3분의 2 이상의 찬성으로 의결한다고 되어 있으나(국무회의규정 제6조) 실제에 있어서는 만장일치제와 유사하게 운영되고 있다. 따라서 부처안에 대하여 다른 국무위원[22]의 이의가 있는 때에는 사실상 국무회의에서 통과되지 못하게 된다.[23]

(9) 대통령 결재 및 국회제출

부처안이 국무회의의 심의를 마치면 대통령 결재를 받는다. 대통령 결재는 국회에 제출할 정부의 법률안을 확정하는 행정부 내부절차로서 그 실무는 법제처에서 담당한다.[24] 따라서 국무회의에서 부처안이 의결되었다고 하더라도 대통령의 결재를 얻지 못하면 법률안으로 확정되지 못한다. 법률안이 확정되면 대통령이 서명하고 국무총리 및 관계 국무위원이 부서(副署)[25]하여 국회에

22) 헌법 제87조에 따르면 국무위원은 국무총리의 제청으로 대통령이 임명한다. 국무위원은 국정에 관하여 대통령을 보좌하며, 국무회의의 구성원으로서 국정을 심의한다. 국무총리는 국무위원의 해임을 대통령에게 건의할 수 있다.

23) 임종훈 외, 앞의 책, 185면.

24) 위의 책, 186면.

25) 부서란 대통령의 서명에 부가하여 보필자가 서명하는 것을 일컫는다. 부서

제출한다.[26)]

정부법률안의 국회제출절차에 대해서는 이를 특별히 규정하고 있는 법령은 없으나, 헌법과 실무관행에 따라 대통령 명의로 국회의장에게 제출하고 있으며, 이에 필요한 실무적 사항은 법제처에서 담당한다.[27)] 또한 국회법은 예산 또는 기금상의 조치를 수반하는 법률안을 제출하는 경우에는 그 법률안의 시행으로 수반될 것으로 예상되는 비용에 대한 추계서와 함께 이에 상응하는 재원조달방안에 관한 자료를 법률안에 첨부하도록 의무화하였다(국회법 제79조의2 제2항). 이는 국회에서 의결되는 법률안 중 대규모 재정부담을 수반하는 법률안의 대부분이 정부가 제출한 것이라는 점을 고려하여 이들 법률안에 담긴 정책적 내용의 타당성 등을 효과적으로 심사할 수 있도록 하기 위한 조치이다.

2. 의원발의 법률안

의원발의 법률안의 경우, 협의로는 국회의원이 주체가 되어 입

제도는 연혁적으로 군주국가에서 왕권신수설에 따른 군주의 무책임성을 강조하기 위한 제도로서 발달한 것이기 때문에 이념적으로는 왕권의 절대성을 옹호하기 위한 보수적인 제도로서의 성질을 가진다. 헌법 제82조는 대통령의 국법상 행위는 문서로써 하여야 하며, 이 문서에는 국무총리와 관계 국무위원이 부서한다고 규정하고 있다. 대통령의 국정행위문서에 대하여 부서하는 것은 대통령의 국정행위에 대한 보좌기관으로서의 책임을 지겠다는 의미와 대통령의 국정행위가 절차적으로 정당하게 이루어질 수 있도록 기관내 통제권을 행사한다는 의미를 함께 갖는 복합적 행위라고 보아야 할 것이다. 허영, 『한국헌법론』, 박영사(2004), 936면.

26) 헌법 제82조는 대통령의 국법상 행위는 문서로써 하며, 이 문서에는 국무총리와 관계 국무위원이 부서하도록 하고 있는데, 국무총리 및 관계 국무위원의 부서가 없는 경우 대통령의 결재행위가 그대로 유효한지가 문제되며, 이에 대해서는 학설상 견해가 일치되어 있지 아니하다. 그러나 대통령은 부서를 거부한 각료 등을 언제든지 해임할 수 있기 때문에 실제로 부서 없는 대통령의 국정행위는 희박하다고 할 수 있다.

27) 임종훈 외, 앞의 책, 186면.

안한 법률안을 의미하며, 광의로는 정당에서 입안하여 의원명의로 발의한 법률안까지 포함하는 의미로 사용된다. 즉 누가 실질적으로 입안하였는지를 불문하고 국회의원이 발의한 법률안을 말하는 것이다. 의회주의를 채택한 국가에서 국회의원에게 법률안의 발의권한을 부여하는 것은 당연하다. 하지만 정당제가 발전하면서 입법에 있어서 개별 국회의원들의 역할이 축소되고, 정당의 역할은 확대됨에 따라 정당 내에서 실질적으로 법률안을 입안하되, 법률안 발의권이 없으므로 소속 의원의 명의를 빌어 제출하게 되어 있다. 따라서 형식상으로 의원발의 법률안이라고 하더라도 엄격히 말하면 개별 국회의원이 입안한 경우와 정당이 입안한 경우로 구분할 수 있다.[28)]

의원발의 법률안의 입안과정은 ① 입법정보의 수집·분석과 입법정책의 결정, ② 법률안의 초안작성 또는 작성의뢰, ③ 초안에 대한 검토, ④ 의견수렴, ⑤ 법률안 확정, ⑥ 법률안 발의 순으로 이루어지는 것이 일반적이다. 다만, 여당이 입안할 경우에는 의견수렴 후 당정협의라는 한 단계를 더 거친 후 법률안을 결정하는 것이 그 동안의 입안 관행이었다.[29)]

(1) 입법정보의 수집·분석과 입법정책의 결정

법률안을 입안하기 위해서는 미리 입법정보를 수집하고 수집된 정보를 분석하여 입법이 필요한지를 판단하여야 한다. 즉 입법의 계기가 필요하다.

---

28) 이 밖에도 정부제출이 갖는 복잡한 과정을 회피하거나 우회하기 위한 목적으로 사실상 정부 청원적 성격의 입법안을 의원입법안으로 포장하는 경우가 비일비재하며, 정치적 이해관계의 계산에 따라 정부와 국회의원 사이에서 또는 여당과 야당 간에 이른바 정치적으로 민감한 법률안의 경우에는 일종의 '차명발의(借名發議)' 또는 '대명발의(貸名發議)' 그리고, 한 걸음 더 나아가서는 '여야 공동발의'를 하는 등도 행해지고 있다. 권영설, "입법과정의 헌법적 조명," 「공법연구」, 제34집 제3호(2006), 5~6면.

29) 임종훈 외, 앞의 책, 171면 이하.

먼저 국회의원은 다른 입안 주체에 비하여 입법노하우나 폭넓은 전문성이 떨어지고, 인적·물적 자원 부족 등 독자적인 입안에 있어 여러 가지 제약요인들을 가지고 있다. 이런 점은 국회의원이 입법정보를 획득하는 통로나 수단에서도 나타나는데, 입법에 필요한 경험과 지식의 한계를 벗어나기 위하여 국회 내 입법지원기구,[30] 정당내부조직, 정부기관, 언론, 관계전문가, 이익집단 또는 압력단체, 시민단체 등으로부터 정보를 제공받거나 협조를 받는 것이 일반적이다. 국회의원이 주관하는 세미나, 공청회, 토론회 등을 비롯하여, 1994년 국회개혁 작업의 일환으로 도입된 의원연구단체[31]제도는 입법정보의 획득통로로서 활용되고 있다.

정당은 국회의원보다는 입법정보를 수집하거나 분석하는 데 유리한 위치를 점하고 있다. 정당은 내부의 조직과 인력, 자금을 활용하여 광범위한 입법정보를 획득하는 한편, 관련기관이나 단체와의 회합, 토론회·간담회 등을 통하여 적극적으로 입법정보를 수집하거나 이익집단 또는 압력단체, 시민단체, 지역구민 등의 청원이나 진정, 언론보도 등을 통하여 이를 제공받기도 한다.

이렇게 제공받거나 보유하고 있는 입법정보를 분석·평가한 후 입법정책을 결정하게 된다. 입법정책이란 곧 법률안 입안 여부 및 입안방향을 결정하는 행위라고 할 수 있는데, 이는 입법정보

30) 국회운영위원회, 국회사무처, 국회도서관, 국회법제실 등 국회의원의 전문성을 보충하여 입법추진을 지원하는 국회 내 기구들을 의미한다.

31) 의원연구단체는 국회의원이 연구단체를 구성하여 관심 있는 분야의 연구활동을 할 수 있도록 지원함으로써 입법정책개발 및 의원입법의 활성화를 도모함을 그 목적으로 하고 있으며, 이는 국회의원연구단체지원규정에 의해 1994년부터 지원하고 있다. 이러한 의원연구단체의 구성기준은 다음과 같다.

① 의원연구단체는 2개 이상의 교섭단체(비교섭단체 포함) 소속 의원 12인 이상으로 구성하고, 지원심의위원회의 심의·의결을 거쳐 국회에 등록함.

② 각 연구단체 구성의원 중에는 다른 교섭단체 소속 국회의원 2인 이상이 포함되어야 함.

③ 국회의원은 3개 연구단체를 초과하여 가입할 수 없음.

④ 각 연구단체는 대표의원과 연구책임의원을 선정하여야 함.

의 수집·분석과정을 통해 도출된 분석결과에 따라 기존 관계법률에 대한 보완이나 수정 또는 새로운 법률의 제정여부를 결정하게 된다. 특히 정당은 총선거 등에서 제시한 공약을 반영하기 위하여 새로운 법률의 제정이나 기존법률의 개정 및 폐지를 의원발의형식으로 추진하기도 한다. 한편 입법정보의 분석·평가와 입법정책의 결정에 있어서는 전문적인 지식과 기술을 요구하기 때문에 국회 내 입법지원기구, 정당내부조직, 정부관계자, 관련 연구소 또는 관계 전문가 등의 조력을 받기도 한다. 국회의원의 경우에는 이들의 조력을 특히 필요로 한다.[32)]

최근 국회에 개설된 입법지원기구인 입법조사처의 조사·분석 요구 처리절차는 ① 조사·분석 요구서 작성(국회의 위원회 및 국회의원), ② 접수 및 분류(국회입법조사처 기획협력관), ③ 담당 팀에서 조사 및 분석업무 수행, ④ 요구 위원회 및 의원에 대한 회답(국회종합입법지원시스템에서 확인) 순으로 이루어진다.[33)]

(2) 법률안의 초안작성 및 의뢰

입법정책이 결정되면, 입안하고자 하는 법률안의 초안 작성에 들어간다. 법률안 초안은 ① 입법하고자 하는 대강의 내용을 선정하여, ② 이를 정하여진 형식과 체계에 맞추어 안으로 작성하는 순으로 이루어진다. 법률안 입안은 입법을 추진하고자 하는 국회의원 본인이 직접 입안하거나 개인적으로 관계 전문가에게 의뢰하는 경우도 있고, 국회의원보좌관·비서관 또는 소속당 정책입안부서의 전문위원·정책연구위원을 통하여 준비하는 경우도 있다. 그러나 최근에는 상당부분 국회법제실에 법률안 입안을 의뢰하여 의원발의 법률안이 성안되고 있으며 그 수요 또한 더욱 증대되고 있다.

---

32) 임종훈 외, 앞의 책, 172~173면.

33) 국회 입법조사처 홈페이지(http://nars.go.kr) 참조.

조사 · 분석 요구서

수 신: 국회입법조사처장
참 조: 기획협력관

「국회입법조사처법」 제3조에 따라 다음 사항의 조사 · 분석을 요구합니다.

1. 제 목:

2. 주요내용:

3. 회신기한: 2009년 월 일

4. 요구 위원회 · 의원실 담당자 성명:
(전화번호:)

2009년 월 일

요구 위원회 · 의원: (인)

※ 국회의원인 경우 국회등록 인장을, 위원회인 경우 직인을 날인바랍니다.
※ 요구내용이 많은 경우 첨부해주시기 바랍니다.

국회입법조사처 기획협력관실 기획팀
Tel: 788-4527, Fax: 788-4528

〈국회 입법조사처 조사 · 분석 요구서〉[34)]

34) 국회 입법조사처 홈페이지(http://nars.go.kr) 조사 · 분석 요구서식 참조.

국회에는 의원발의 법률안의 기초 및 성안 등의 법제지원을 위하여 법제실이 설치되어 있다. 1994년 국회법 개정에 따라 신설된 법제예산실이 1999년 법제실로 확대·개편되고 법제업무를 전문으로 하는 법제관(변호사·박사 등)이 확충·배치되어 의원발의 법률안에 대한 법제지원과 각종 법제자료의 제공역할을 담당하고 있으며, 법제실의 도움을 받아 법률안을 발의하고 있는 의원들이 점차 늘고 있다.[35]

의원의 법률안 입안의뢰에 따라 법제실에서 법률안이 입안되는 과정은 대체로 다음과 같다.[36]

1) **법률안 입안의뢰**: 국회의원이 법제실의 입법지원을 희망하는 경우에는 입법하고자 하는 내용이 포함된 입법요강이나 법률안 초안을 작성한 경우에는 그 초안과 관련 참고자료를 첨부하여 법률안 입안(검토)의뢰서를 제출한다.

2) **입법목적 파악 및 자료수집**: 담당법제관 또는 법제실무자는 우선 법률안 입안을 요청한 의원이 의도하고자 하는 입법목적 및 내용을 정확히 파악하고, 의뢰된 법률안의 문제점을 검토한다. 이 과정에서 법제관 등은 법률안의 입안을 의뢰한 의원 또는 보좌관과 수시로 협의한다.

좋은 법률안 입안을 위해서는 충분한 입법자료의 확보가 필요하고, 관련 법률을 전반적으로 검토하여야 할 뿐만 아니라 국내외 입법례 실태와 추세, 국가의 정책방향, 관계부처 및 전문가의 의견 등을 수집하여 법률안에 반영하여야 한다.

3) **초안의 작성**: 법률안에 수록하여야 할 조문 전체에 대하여 요강과 분석서를 작성하여, 개별조문의 작성이 끝난 다음에는 하나의 법률체제로서 법률안을 성안한다. 법문작성에 있어서는 입법자의 의도가 정확하게 표시되어야 할 뿐 아니라 법률안의 형식·내용상의 제기준에 근거하여 일반국민이 이해하는 데 알기 쉽도록 한다.

---

35) 『입법이론과 법제실무』, 국회사무처 법제실(2008), 56면.

36) 위의 책, 57~58면.

법률안 입안의뢰서

법제 번호	

수　신 : 국회사무총장
참　조 : 법 제 실 장

선결	총 장			결재·공람	차 장	
접수	일 시				실 장	전결
	번 호				심의관	
처리과					과 장	

다음과 같이 법률안의 입안을 의뢰합니다.

1. 건　　명 :
2. 제·개정의 필요성
3. 현행제도의 문제점(구체적)
4. 개정방향

의 뢰 의 원 :　　　　(인)　　의뢰일자 : 200　.　.　.
(위원회)　　　　　　　　　　전화번호 : 788 -

※ 참 고 : 법률안입안을 의뢰하실 때는 법률안의 주요내용을 구체적으로 기록하여 주시고 관련자료를 첨부하여 주시기 바랍니다.
※ 입안의뢰
- 서　식 : 국회사무처 홈페이지(http://nas.na.go.kr) - 법제 - 입안과정안내 메뉴에서 다운로드
- 온라인 의뢰 : 입안지원시스템(http://bms.assembly.go.kr/draft)

〈국회사무처 법제실 법률안 입안의뢰서 양식〉[37]

37) 국회사무처 홈페이지(http://nas.na.go.kr) 서식 자료실 참조.

작성된 초안은 관련 법제관의 합동검토와 관계기관·전문가 또는 이해관계인 등의 의견수렴을 거쳐 수정이 필요한 부분은 이를 보완한다.

4) 의뢰의원에게 제공: 성안된 법률안은 법제실 내부의 결재를 받은 후 법률안 내용이 포함된 서류 또는 e-mail 등으로 입안의뢰한 의원에게 제공하게 되는데, 이 경우 그 법률안의 성안을 담당했던 법제관이 의뢰의원에게 법률안의 내용을 직접 설명하기도 한다.

초안의 작성을 제3자에게 의뢰하는 경우에 있어서는 ① 입법목적 및 그 방향, ② 입법하고자 하는 내용, ③ 초안작성시 유의사항이나 고려사항 등을 분명하게 제시하여 당초의도와 부합하는 초안이 작성되도록 하여야 한다.

정당에 있어서는 입법 또는 정책관련부서를 두어 필요한 법률안의 초안을 입안하기도 한다. 초안은 관련 입법례나 각국 입법례를 참고하여 성안하기도 하고, 관련 이익집단이나 민간단체 등에서 청원[38]하거나 제출한 안을 검토하면서 당 차원의 초안을 만들기도 한다. 그리고 여당인 경우에는 당정협의과정에서 정부에서 마련한 안을 의원발의 형식으로 입안하기도 하고, 정부안을 토대로 초안을 성안하거나 또는 별도의 초안을 작성하지 않고 정부안을 일부 수정·보완하여 여당안으로 확정하는 경우도 있다.

---

38) 청원은 국민이 국가기관에 대하여 특정한 내용의 원하는 바를 청하는 것을 의미하며, 헌법 제26조는 "모든 국민은 법률이 정하는 바에 의하여 국가기관에 문서로 청원할 권리를 가진다"고 규정하여 청원권을 인정하고 있다. 국민의 청원에 대하여 국가는 심사할 의무를 가지고 있으며 청원법은 이를 구체화하고 있는 법률이다. 청원권의 행사는 청원내용에 대상기관이 구속되도록 하는 법적 효과를 발생시키지는 않는다. 다만 청원법은 청원을 수리하여 이를 성실·공정·신속히 심사처리하고, 그 결과를 청원인에게 통지할 의무를 인정하고 있다(청원법 제9조). 특히 국회에 대한 입법청원의 경우 국회법 제123조 내지 제126조에 규정되어 있는데, 국회에 청원하려고 하는 자는 의원의 소개를 얻어 청원서를 제출하여야 한다.

(3) 초안의 검토

초안이 성안되면 이에 대한 검토를 하게 된다. 초안의 검토는 객관적 또는 평가자적 입장에서 작성된 초안이 본래의 입법목적에 부합하는지, 입안내용이 충실한지 또는 법리나 법체계상 문제점이 없는지 등에 대하여 살펴보는 것이기 때문에 주로 초안의 성안에 참여하지 않은 제3자에 의하여 이루어진다.

국회의원이나 그 보좌진에 의하여 초안이 작성된 경우에는 국회 내 입법지원기구, 정당 내 전문부서, 관련 연구소 또는 단체, 전문가 등에게 검토를 의뢰하여 의견을 받기도 한다. 정당에서 작성한 때에는 주로 정책(조정)위원회와 같은 당내 기구를 두어 검토하게 된다. 여기서는 초안의 내용이 당의 정책방향과 부합하는지, 현실성을 담고 있는지 또는 여론이나 이해관계인의 호응을 얻을 수 있는지 등에 중점을 두어 검토한다. 제3자나 외부기관에 의뢰하여 초안이 작성된 경우에는 의뢰한 국회의원이나 정당에서 검토를 하게 된다.

검토 결과 문제점이 발견되면 초안의 내용을 일부 수정하거나 전면적으로 보완하기도 하고, 입법 자체의 타당성에 대하여 근본적인 의문이 제기된 때에는 입법 자체가 무산되기도 한다.[39]

(4) 의견수렴 및 당정협의

초안에 대한 검토를 거친 후 법률안이 성안되기도 하지만, 입법내용이 중대하거나 복잡한 이해관계를 가지고 있는 경우에는 이해관계인이나 이해집단의 의견을 수렴하는 절차를 거치게 된다. 의견수렴 과정은 반드시 거쳐야 하는 의무적 사항은 아니지만, 각계·각층의 의견을 청취하여 반영함으로써 입법하는 내용의 실효성을 제고하고 나아가 입법과정의 민주성을 도모하는 데

---

39) 임종훈 외, 앞의 책, 173~174면.

그 의의가 있다.[40]

여당의 경우에는 법률안의 확정에 앞서 정부와 협의를 거치는 관행이 있다. 그 동안 당정협의는 여당이 입법배경이나 필요성 그리고 그 내용을 설명하고, 정부는 법률안에 대한 견해를 피력하고 여당측의 요망사항을 듣는 통로가 되었다. 즉 당정협의는 법률안에 대한 사전조율을 통하여 당·정의 입장을 일치시킴으로써 입법과정에서 나타날 수 있는 여당과 행정부간의 불협화음을 미리 차단하여 능률적으로 입법을 하는 데 주된 목적이 있다. 따라서 당정협의를 거치면서 당초 여당안은 그 내용에 수정이 가해지거나 정부측 요청에 의하여 보류되기도 한다.

(5) 법률안의 확정

초안에 대한 검토 또는 의견수렴절차를 거쳐, 그 결과를 초안에 반영하여 이를 발의할 법률안으로 확정하게 된다. 법률안의 확정은, 국회의원 개인차원에서 발의하고자 하는 경우에는 그의 결정으로 하게 되지만, 정당차원에서 하는 입안한 경우에는 당내부 절차를 거쳐 확정한다. 국회에 제출할 법률안으로 결정하는 정당내부의 의사결정절차는 정당마다 차이가 있지만, 당내 정책조정기구나 의결기관의 심의를 거쳐 이루어지는 것이 일반적이다. 여당에 있어서는 당정협의를 거친 후 당내 최종 의사결정절차를 밟게 된다.

(6) 법률안의 발의

이상과 같은 과정으로 법률안이 확정되면, 그 법률안을 국회에 제출하게 된다. 의원발의로 법률안을 제출하는 경우에는 10인 이상의 찬성으로 하고(국회법 제79조 제1항), 안을 갖추고 이유를 붙

---

40) 위의 책, 174면.

여 소정의 찬성자와 연서하여 이를 국회의장에게 제출하여야 하며(동조 제2항), 예산 기금상의 조치를 수반하는 법률안의 경우에는 예상되는 비용에 대한 추계[41]서를 아울러 제출하여야 한다(동법 제79조의2). 법률과 예산과의 관계에서 볼 때 예산이 뒷받침되지 않아 집행이 곤란한 법률안은 정부에서 재의[42]요구 조치를 취하거나, 예산 성립 후 예산수반 법률의 집행을 위해서 예비비 등을 사용하게 되는 문제점을 야기할 수 있다. 현재 의원발의 법률안의 비용추계는 국회예산정책처 내에 있는 예산분석실 법안비용추계팀에서 담당하고 있다.[43]

「국회예산정책처법」 제3조 제5호에서는 국회예산정책처가 국가의 예산결산·기금 및 재정운용과 관련하여 국회의 위원회 또는 국회의원이 요구하는 사항의 조사 및 분석 업무를 수행하도록 하고 있다. 이러한 예산정책처의 업무처리는 ① 조사·분석 요구서 작성(위원회 및 의원), ② 접수·분류(기획관리관), ③ 각 실국의 조사 및 분석, ④ 요구 위원회 및 의원에 대한 회답순으로 이루어진다.[44]

의원발의 법률안의 발의·제출과 관련하여 국회법에서는, 의원이 법률안을 발의하는 때에는 발의의원과 찬성의원으로 구분하되, 당해 법률안에 대하여 그 제목의 부제로 발의의원의 성명을 기재하도록 하면서 발의의원이 2인 이상인 경우에는 대표발의의원 1인을 명시하도록 하였다(국회법 제79조 제3항). 이와 더불어, 의원이 발의한 법률안 중 국회에서 의결된 제정법률안 또는 전부개정법률안을 공표 또는 홍보하는 경우에는 법률안의 부제를 함께 표기할 수 있도록 하였다(동조 제4항).

---

41) 일부를 가지고 전체를 미루어 계산함을 의미한다.

42) 이미 결정한 사항을 같은 기관이 다시 심사하거나 의결하는 것을 의미한다.

43) 국회사무처 법제실, 앞의 책, 59면.

44) 국회 예산정책처 홈페이지(http://www.nabo.go.kr) 참조.

3. 위원회안

국회의 위원회[45]도 법률안을 입안할 수 있다. 위원회에서 입안한 안을 일반적으로 위원회안이라고 하는데, 위원회안은 협의로는 위원회에서 독자적으로 입안한 법률안을 말하고, 광의로는 이미 위원회에 계류중인 법률안을 대신하여 제출하는 안, 즉 위원회의 대안까지를 포함하며, 최광의로는 위원회의 의결을 거쳐 확정된 위원회의 수정안까지도 포함하여 이해한다. 이하에서는 이해를 돕는다는 측면에서 그 범위를 축소하여 협의의 위원회안을 의미하는 것으로 설명하고자 한다. 이러한 위원회안 등은 특별위원회가 입안하는 경우와 소관 상임위원회에서 입안하는 경우로 구분될 수 있다.[46]

(1) 특별위원회

특별위원회는 여러 개의 상임위원회 소관사항이 중첩되는 경우, 또는 특별히 필요하다고 인정되는 안건을 효율적으로 심사하기 위하여 본회의의 의결로 설치한다(국회법 제44조 제1항). 여기서 말하는 안건에는 법률안도 포함된다. 특별위원회는 법률안심사권을 가진 특별위원회와 이러한 심사권이 없는 특별위원회로 관행상

---

45) 국회의 규모가 커지면서 전체 국회의원들이 모여서 모든 의안을 심도 있게 검토하는 것은 현실적으로 불가능할 뿐만 아니라 의사일정 운영에 있어 효율성을 저해하게 되었다. 그 결과 오늘날 국회는 본회의 중심이 아니라 위원회를 중심으로 활동하게 되었다. 현행 국회법상 위원회는 상임위원회와 특별위원회로 구분된다(국회법 제35조). 상임위원회에는 국회운영위원회를 비롯한 17개 위원회가 있으며(동법 제37조), 특별위원회에는 예결산특별위원회(동법 제45조), 윤리특별위원회(동법 제46조), 인사청문특별위원회(동법 제46조의3) 등이 필요에 따라 구성된다. 특수한 형태의 위원회로 전원위원회가 있는데, 전원위원회는 위원회중심주의가 보편화됨에 따라 본회의에서의 안건심사가 형식화되는 문제점을 최소화시키기 위하여 도입된 것이다[장영수, 『헌법학』, 홍문사(2006), 1127~1128면].

46) 임종훈 외, 앞의 책, 177면 이하.

구분되는데 전자의 경우에만 위원회안을 입안할 수 있으며, 법률안 심사권의 유무는 일반적으로 특별위원회 구성시에 정한다.

특별위원회에서는 회부된 법률안에 대한 심사과정에서 기존의 안을 수정하거나 대안을 입안하기도 하며, 위원회에서 독자적인 법률안의 제안할 목적으로 입안하기도 한다. 위원회안을 입안하는 과정은 다음과 같다. ① 여야간 쟁점이 되는 특정 법률안을 입안하기로 정치적 합의를 도출하고, ② 이 법률안을 입안하기 위하여 특별위원회를 설치하며, ③ 동 위원회 구성과 법률안의 처리일정을 확정하고, ④ 위원회 내에 소위원회를 설치하여 소위원회안을 마련하며, ⑤ 위원회 전체회의에서 소위원장으로부터 소위원회안을 보고받은 후 축조심사[47]와 찬반토론을 거쳐 이를 위원회안으로 제안하기로 결의함으로써 위원회안이 입안된다. 입안된 위원회안은 법제사법위원회[48]의 체계·자구심사를 거쳐 위원장 명의로 의장에게 제출하게 된다. 위원회안을 기초하는 과정에서 필요시 공청회를 개최하며, 축조심사는 의결로서 생략할 수 있으나 제정법률안과 전부개정법률안의 경우에는 반드시 이를 거쳐야 한다(국회법 제58조 제5항). 위원회안은 국회의원이나 정당에서 법률안을 입안하는 경우와 비교하여볼 때 그 과정에 차이점이 있다. 위원회안을 입안하는 과정에서는 국회 전문위원 이하 직원들로 구성된 실무지원팀의 조력을 받게 된다. 그 외 위원회의 대안이나 수정안을 입안하는 과정은 이하에서 살펴볼 상임위원회에서 대안이나 수정안을 입안하는 과정과 유사하다고 할 수

---

47) 한 조목씩 차례로 모두 심사함을 의미한다.

48) 법제사법위원회는 법무부소관에 속하는 사항, 법제처소관에 속하는 사항, 감사원소관에 속하는 사항, 헌법재판소사무에 관한 사항, 법원·군사법원의 사법행정에 관한 사항, 친일반민족행위자재산조사위원회 소관에 속하는 사항, 탄핵소추에 관한 사항 등을 그 소관사항으로 하며, 이와 더불어 국회에서 만들어지는 대부분의 "법률안·국회규칙안의 체계·형식과 자구의 심사에 관한 사항"을 소관사항으로 하고 있는 데에 그 특색이 있다.

있겠다.

(2) 상임위원회

상임위원회 차원에서 법률안을 입안하는 과정을 살펴보면 상임위원회는 특별위원회와 같이 법률안이 회부됨으로써 심사권이 부여되는 것이 아니라, 소관사항(국회법 제36조 및 제37조)[49]에 대하여 심사권을 가지고 있으므로 그 소관에 관하여 법률안을 스스로 입안하여 제출할 수 있다(동법 제51조).

먼저 '위원회안'을 입안하는 과정은 다음과 같다. ① 위원회에서 특정한 법률안의 입안을 위하여 이미 구성되어 있는 소위원회 중에서 하나의 소위원회를 지정하거나 아니면 별도의 소위원회를 구성하기로 하고, ② 동 소위원회에서 법률안 초안을 작성·검토하여 소위원회안을 마련하며, ③ 위원회 전체회의에서 소위원장으로부터 소위원회안을 보고받은 후 축조심사와 찬반토론을 거쳐 위원회안으로 제안하기로 의결함으로써 위원회안이 입안된다. 입안된 위원회안은 이후 법제사법위원회의 체계·자구심사를 거쳐 위원장 명의로 의장에게 제출하게 된다.

상임위원회의 위원회안을 기초하는 과정에서 위원회는 제정법률안과 개정법률안에 대하여 공청회 또는 청문회를 개최하여야 하며, 위원회의 의결로 이를 생략할 수 있다(국회법 제58조 제1항). 또한 제정법률안과 전부개정법률안이 아닌 일부개정법률안에 대하여는 의결로 축조심사를 생략할 수 있다(동조 제5항).

'대안'을 입안하는 과정은 다음과 같다. ① 상임위원회에서 이미 회부되어 있는 법률안을 전체회의에 상정하여 대체토론[50]을

49) 특히 각 위원회별 소관사항에 대해서는 국회법 제37조에 자세하게 규정하고 있으므로 반드시 참조할 것을 권한다.

50) 대체토론이라 함은 법률안 등 안건전체에 대한 문제점 등에 관하여 일반원칙을 토론하는 것을 말한다.

거쳐 소위원회에 회부하고, ② 소위원회에서 회부된 법률안을 심의하여 원안을 대신하는 소위원회안을 입안하며, ③ 위원회 전체회의에서 소위원장으로부터 소위원회안을 보고받은 후 축조심사와 찬반토론을 거쳐 이를 위원회의 대안으로 제안하기로 의결함으로써 대안이 입안된다. 입안된 대안은 법제사법위원회의 체계・자구심사를 거쳐 위원장 명의로 의장에게 제출한다.

위원회안과 위원회 대안의 차이점은 전자는 국회에 발의 또는 제출된 법률안이 없는 상태에서 스스로 입안한 법률안인 데 비하여, 후자는 이미 국회에 발의 또는 제출되어 심사중인 한 개 이상의 법률안이 있는 상태에서 이들 안과는 다른 새로이 입안한 법률안이라는 점이다.

'수정안'을 입안하는 과정은 상임위원회에 상정된 법률안에 대하여 전문위원이 검토한 수정의견이나 의원의 수정동의를 위원회 수정안으로 전체회의에서 채택하거나, 대안의 경우처럼 전체회의에서 대체토론[51]을 거쳐 소위원회에 회부하여 여기서 수정안을 입안한 후 전체회의에서 질의・토론과 축조심사를 거쳐 소위원회 수정안을 위원회 수정안으로 채택하는 방식으로 이루어지기도 한다. 이와 더불어, 수정안과 관련하여 국회법은 전원위원회제도[52]를 채택하면서 전원위원회도 심사한 의안에 대하여 전원위원장 명의로 수정안을 제출할 수 있도록 규정하고 있다(국회법 제63조의2 제2항). 다만 전원위원회의 심사대상이 되는 안건은 위원회의 심사를 거치거나 위원회가 제안한 의안 중 정부조직에 관한 법률안, 조세 또는 국민에게 부담을 주는 법률안 등으로 하고 있으므로, 전원위원회의 수정안은 심사대상이 되는 해당 주요 법률안에

---

51) 법률안 등 안건전체에 대한 문제점 및 당부사항 등과 관련한 일반원칙에 대한 토론을 의미한다.

52) 주요 의안이 본회의에 상정되기 전이나 상정된 뒤에 국회의원 전원이 참석해 의안을 심사하는 회의를 의미한다. 전원위원회 제도에 대해서는 추후 다시 설명하도록 한다.

대해서만 가능하다.

대안과 수정안의 차이점은 전자는 원안을 본회의에 부의(附議)[53]하지 아니하기로 하고 새로이 입안한 안인 데 비하여, 후자는 원안의 목적·성격을 변경하지 않는 범위 내에서 원안에 추가, 삭제 또는 내용변경을 가하는 안이라는 점에 있다. 수정안은 원안과 함께 본회의에 심사보고하며, 위원회에서 심사보고한 수정안은 본회의에서의 수정동의와는 달리 의원들의 찬성 없이 본회의의 의제가 된다(국회법 제95조 제2항). 전원위원회에서 심사하여 수정안을 입안하는 경우, 위원회의 수정안에 포함되지 않은 내용을 반영하거나 위원회의 수정안과 다른 내용으로 수정할 수 있다.[54]

국회법 제51조 제2항은 위원회에서 제안한 의안을 위원장이 제출자가 되도록 하고 있으므로, 독립된 의안이 아닌 수정안을 제외한 위원회안 또는 대안이 마련되려면 위원장 명의로 의장에게 직접 제출되어야 한다. 국회법 제82조의2는 위원회는 심사대상인 법률안에 대하여 의장에게 미리 보고하고 그 입법취지·주요내용 등을 국회공보 등에 게재하여 입법예고 할 수 있도록 하고 있다. 위원회에서 제출한 위원회안이나 대안은 이미 해당 위원회의 심사과정을 거쳤기 때문에 그 위원회에 회부하지 아니한다. 다만, 의장은 제출된 위원회안 등을 국회운영위원회의 의결에 따라 해당 위원회가 아닌 다른 위원회에 회부할 수 있다(국회법 제88조).

Ⅱ. 법률안의 국회회부

법률안이 국회에 발의 또는 제출되면 국회의 심의과정(이하에서

53) 토의에 붙임을 의미한다.

54) 임종훈 외, 앞의 책, 180면.

논의될 Ⅱ, Ⅲ, Ⅳ 포함)이 진행된다. 국회심의과정을 개괄적으로 살펴보면 ① 발의 또는 제출된 법률안의 본회의 보고, ② 소관위원회 회부, ③ 입법예고, ④ 소관위원회 심사, ⑤ 법제사법위원회의 체계자구심사 및 예외적으로 ⑥ 전원위원회 심사, ⑦ 본회의 의결 및 공포순으로 이루어진다.[55]

안건이 갑자기 회부·상정되거나 정기국회에 안건이 몰려드는 경우에는 심사와 검토시간이 매우 부족하게 된다. 따라서 정기국회시 안건이 집중되는 현상을 개선하기 위해 2003년 1월 개정 국회법은 정기국회 기간 중에는 원칙적으로 예산부수법안만 처리하되, 긴급하고 불가피한 사유로 위원회 또는 본회의 의결이 있는 때에는 예산부수법안이 아닌 것도 처리할 수 있도록 하였다(국회법 제93조의2 제2항). 또한 2005년 7월 개정 국회법은 법률안의 위원회 회부시부터 상정시까지의 기간을 종전의 일괄 15일에서 일부개정법률안은 그대로 15일, 제정법률안 및 전부개정법률안은 20일(법제사법위원회의 체계·자구심사의 경우에는 5일)로 연장하였다.

1. 본회의 보고

국회의장은 법률안이 발의 또는 제출되면 이를 인쇄하여 의원들에게 배부하고 본회의에 보고한다. 본회의 보고는 법률안이 발의 또는 제출된 사실을 의원들에게 고지하는 행위라고 할 수 있는데, 국회 관행상 국회의장을 대신하여 국회사무처 의사국장이 보고한다. 그러나 국회가 폐회 또는 휴회 등을 비롯하여, 회기중이라도 의사일정합의가 이루어지지 않았거나 정치적 상황으로 본회의를 열지 못해 휴회결의를 하지 못한 상태에서 국회가 공전되는 때에는 본회의 보고를 생략하고 소관 상임위원회에 회부할 수

55) 위의 책, 214면 이하.

있다(국회법 제81조 제1항 단서). 법률안이 제출되었음을 보고하는 것은 보고된 법률안이 국회에서 심의될 예정이니 그 정확한 내용을 파악하여 의견을 개진할 준비를 하라는 촉구의 의미가 있다고 할 수 있다.[56] 이런 의미에서 국회법은 의장이 법률안을 의원에게 배부할 때 이를 전산망에 입력하여 의원이 이용할 수 있게 하도록 규정하고 있다(동조 제4항).

2. 소관위원회 회부

국회의장이 본회의에 보고한 뒤에는 소관위원회에 회부한다. 위원회는 본회의의 예비적 심사기관이지만, 현실적으로 국회가 위원회중심주의를 채택하고 있기 때문에 입법과정에서 위원회심사과정은 중요한 의미를 지닌다.

소관위원회 회부란 국회의장이 제출된 법률안을 소관위원회에 보내어 심사에 착수하도록 하는 것을 말한다. 국회의장은 위원회에 회부함에 있어 법률안의 신속한 심사 등을 위하여 심사기간을 지정할 수 있고, 그 기간 내에 심사를 마치지 아니한 때에는 의장은 중간보고를 들은 후 다른 위원회에 회부하거나 바로 본회의에 회부할 수 있다(국회법 제85조).

소관위원회 회부는 법률안을 심사할 특별위원회가 별도로 구성되어 있는 경우를 제외하고는 소관 상임위원회에 회부하여 관련된 위원회가 있는 경우 관련위원회에도 회부한다.[57]

---

56) 위의 책, 214면.

57) 이러한 소관위원회 회부와 관련하여 참고로, 국회법은 법률안이 2개 이상의 상임위원회의 소관사항과 관련이 있을 때에는 회부받은 소관위원회가 관련위원회와 연석회의를 열어 의견을 교환할 수 있도록 하고 있다(국회법 제63조 제1항). 그러나 이러한 연석회의는 그 활용이 미흡한 실정이다.

(1) 상임위원회 회부

국회는 정부의 부·처 등 국가기관에 속하는 사항을 기준으로 소관 상임위원회를 구분하고 있는데(국회법 제37조), 정부제출 법률안의 경우에는 관계국무위원의 부서를 기준으로 소관 상임위원회를 정하여 회부하고, 의원발의 법률안의 경우에는 법률안의 내용에서 규정하고 있는 사항을 담당하는 주무부처 등을 기준으로 소관 상임위원회를 정하여 회부한다. 특히 부처공동소관 법률에 대한 개정 법률안은 법률안에서 규정한 사항의 소관부처를 기준으로 하여 소관 상임위원회를 정한다. 그리고 위원회가 그 소관에 속하는 사항에 관하여 입안하여 법제사법위원회의 체계·자구심사를 거쳐 제출한 위원회안이나 대안은 해당 위원회의 심사를 거쳤으므로 다시 해당 위원회에 회부하지 않고 본회의에 부의한다(국회법 제88조 본문). 다만, 위원회에서 제출한 법률안의 내용이 불충분하다고 판단되거나 중대한 사정변경이 있는 등 다시 심사할 필요가 있다고 인정할 경우 국회의장은 국회운영위원회의 의결에 따라 이를 다른 위원회에 회부할 수 있다(동조 단서). 이 경우 "다른 위원회"라 함은 국회법이 정한 위원회 소관주의를 벗어날 수 없으므로 법률안이 상임위원회에 제출된 경우에는 특별위원회를, 특별위원회에서 제출된 경우에는 소관 상임위원회 또는 다른 특별위원회를 의미한다고 해석된다.[58]

국회법은 의장이 발의 또는 제출된 의안(법률안 등)과 직접적인 이해관계를 가지는 위원이 소관 상임위원회 재직위원 과반수로 해당 의안의 심사에 공정을 기할 수 없다고 인정하는 경우에는 국회운영위원회와 협의하여 소관 상임위원회가 아닌 다른 위원회에 회부하여 심사할 수 있도록 하고 있다(제81조 제3항). 여기서 다른 위원회에는 특별위원회도 포함된다.

---

58) 『위원회 편람』, 국회사무처(1996), 514면.

그리고 소관 상임위원회를 결정함에 있어 어느 상임위원회의 소관에 속하는지 명백하지 아니할 때에는 국회의장은 국회운영위원회와 협의하여 소관 상임위원회를 결정하여 회부하되 협의가 이루어지지 아니할 때에는 의장이 이를 직권으로 결정하도록 하고 있다(국회법 제82조 제2항).

법률안이 소관 상임위원회에 회부된 후 해당 법률안을 심사할 특별위원회가 구성된 때에는 해당 법률안을 소관 상임위원회에서 회송받아 특별위원회에 회부한다.

(2) 특별위원회 회부

국회는 수개의 상임위원회 소관과 관련되거나 특히 필요하다고 인정한 안건을 심사하기 위하여 본회의 의결로 특별위원회를 둘 수 있고(국회법 제44조 제1항), 의장은 특히 필요하다고 인정되는 법률안에 대하여 본회의의 의결을 얻어 특별위원회에 회부할 수 있도록 하고 있다(국회법 제82조 제1항).

법률안이 특별위원회에 회부된 때에도 상임위원회에서와 동일한 절차를 거쳐 법률안을 심사하게 됨은 물론이다.

(3) 관련위원회 회부

국회법은 의장이 법률안 등 안건을 소관위원회에 회부하는 경우 그 안건이 다른 위원회의 소관사항과 관련이 있다고 인정할 때에는 관련위원회에 회부할 수 있도록 하고 있고, 안건이 소관위원회에 회부된 후에라도 다른 위원회로부터 회부요청이 있는 경우 의장이 필요하다고 인정할 때에도 또한 회부할 수 있는 제도를 두고 있다(국회법 제83조 제1항). 이러한 제도를 관련위원회 회부라고 한다. 관련위원회 회부제도는 소관위원회의 법률안 심사와 관련하여 관련위원회가 의견을 제시할 수 있도록 함으로써 위원회 상호간의 의견대립 등을 사전에 방지하는 기능을 한다.[59]

국회법은 관련위원회 회부시 의장이 의견제시기간을 정하도록 하고 있다(동조 제2항). 그리고 소관위원회는 관련위원회의 의견제시기간이 경과하지 않는 한 법률안의 심사를 종료하여서는 안 되며, 필요한 경우 관련위원회는 의장에게 의견제시기간의 연장을 요청할 수 있도록 하고 있다. 그러나 관련위원회에서 의견을 제시하였다고 하여 소관위원회에서 그 의견대로 결정을 하여야 하는 기속력이 있는 것은 아니며, 만일 관련위원회에서 정하여진 기간 내에 의견을 제시하지 않은 때에는 소관위원회에서 바로 심사보고를 할 수 있다(동조 제3항).

3. 입법예고

위원회는 심사대상인 법률안에 대하여 미리 의장에게 보고하고 그 입법취지・주요내용 등을 국회공보 등에 게재하여 입법예고할 수 있다(국회법 제82조의2). 국회가 이 제도를 도입한 취지는 의원발의 법률안이 점증하고 있고 그 중요성도 높아지고 있는 데 반하여, 국민은 법률안의 발의사실을 알 수 없을 뿐만 아니라 그 내용도 알 수 없으므로 제도 개선의 필요성에 따라 국회법을 개정하여 반영하게 된 것이다.

그러나 ① 입법예고제도에 관한 국회규칙의 제정논의는 계속되고 있으나 관련규칙이 마련되지 않고, ② 일간신문과 대중매체가 아닌 국회공보에 게재할 경우 홍보효과가 미미하며, ③ 입법예고가 의무적 사항이 아닌 위원회의 재량사항으로 규정되어 있는 등 문제점이 제기되고 있다. 다만 입법예고와 관련하여 국회 각 상임위원회 홈페이지 및 국회 의안정보시스템을 통하여 심의예정법률안이 입법예고되고 있는 실정이다.[60]

59) 임종훈 외, 앞의 책, 220면.

60) 위의 책, 221면.

Ⅲ. 법률안의 심사

1. 소관위원회 심사

법률안이 소관위원회에 회부되면 소관위원회는 그 법률안에 대한 심사에 들어간다. 위원회의 법률안 심사과정은 ① 위원회 상정, ② 제안자 취지설명, ③ 전문위원 검토보고, ④ 대체토론, ⑤ 공청회·청문회, ⑥ (상설)소위원회심사, ⑦ 축조심사, ⑧ 찬반토론, ⑨ 표결 순으로 이루어지는 것이 일반적이다. 한편 국회법은 기획예산처 소관에 속하는 법률안과 상당한 규모의 예산 또는 기금상의 조치를 수반하는 법률안을 심사하는 소관위원회는 미리 예산결산특별위원회와 협의를 거치도록 하는 제도(국회법 제83조의2)를 신설하였다. 이 제도를 도입한 이유는 국회법 제83조의 관련위원회 협의제도가 임의적 절차일 뿐만 아니라, 사실상 구속력이 없는 상태에서 제대로 활용이 되지 못하였고, 국가의 재정제도를 변경하거나 재정부담을 수반하는 법률안 심의가 국가 전체의 재정측면을 고려하지 않은 채 이루어져 법률시행 이후 사업재원조달이나 재정의 효율적 운영 등에 어려움을 초래하였다는 반성에서 출발한 것이다. 결국 예산결산특별위원회 협의제도는 국회의 재정통제기능을 강화하고 법률의 실효성을 확보하는 데 그 목적이 있는 것이다.[61] 이와 관련하여 국회법은 예산결산특별위원회와 사전협의가 필요한 법률안의 범위나 기준 등에 관한 세부적인 사항을 국회규칙으로 정하도록 하였다.

61) 위의 책, 222면.

(1) 위원회 상정

법률안이 위원회에 회부되었다고 하여 곧바로 위원회 심사절차가 개시되는 것은 아니다. 법률안에 대한 위원회 심사절차는 법률안 심사를 위한 의사일정을 정하고 그 일정에 따라 위원회에 상정됨으로써 개시되는데, 국회법 제49조 제2항은 위원장이 간사와 협의하여 의사일정과 개회일정을 정하도록 하고 있으므로 법률안 심사착수 여부는 사실상 의사일정 협의과정에서 결정된다고 할 수 있다.

위원회 상정과 관련하여 주의할 점은 법률안의 위원회 상정대상과 상정시기에 대한 제한규정이 있다는 것이다. 국회법은 정기국회 중 위원회의 처리대상 법률안을 제한하는 규정을 두고 있다. 즉 위원회가 정기회 기간 중에 위원회에 상정하는 법률안은 다음 연도의 예산처리에 부수하는 법률안에 한하고 있다(국회법 제93조의2 제2항 본문). 다만, 긴급하고 불가피한 사유로 위원회 의결이 있는 경우에는 예외로 한다(동조 단서). 이렇게 정기국회 중 위원회 상정안건을 제한하는 이유는 정기국회 본연의 임무라고 할 수 있는 예산안에 대한 심사가 일반법률안의 심사에 밀려 소홀히 이루어지는 것을 방지하려는 데 있다.

또한 현행 국회법 제59조는 "위원회는 발의 또는 제출된 법률안이 그 위원회에 회부된 후 일부개정법률안은 15일, 제정법률안 및 전부개정법률안은 20일(법제사법위원회의 체계 · 자구심사의 경우에는 5일)을 경과하지 아니한 때에는 이를 의사일정으로 상정할 수 없다"고 규정하고 있다. 이와 같이 상정시기에 제한을 둔 것은 의원이 법률안의 내용을 검토할 수 있는 최소한의 기간을 확보함으로써 통과위주의 의례적 법률안 심사관행을 개선하고 나아가 졸속입법의 가능성을 방지하는 데 목적이 있다.

(2) 제안자 취지설명

법률안이 상정되면 제안자는 위원회에 출석하여 제안취지를 설명한다(국회법 제58조 제1항). 제안설명자는 의원발의 법률안인 경우에는 발의한 의원(발의자가 다수인 경우에는 그 중 대표자 1인), 정부제출 법률안인 경우에는 관계국무위원(또는 정부위원)이 된다. 다만, 의원발의 법률안인 경우 발의자가 설명할 수 없는 사정이 있을 때에는 발의에 찬성한 의원이 발의자를 대신하여 설명할 수 있다.

제안설명은 국회법상 생략할 수 있는 법적 근거가 없기 때문에 제안설명자의 출석이 필요하지만, 불가피한 경우에는 위원장의 양해를 얻어 출석하여 설명하지 않고 유인물로 대체하는 방식으로 이루어지기도 한다.

(3) 전문위원 검토보고

제안자가 설명을 마치게 되면 위원회 소속 전문위원이 해당 법률안에 대하여 검토한 사항을 보고한다. 전문위원 검토보고는 국회법상 거치도록 되어 있는 필수절차로서(국회법 제58조 제1항), 의원들이 전문적 지식을 가진 전문위원의 의견을 청취하는 절차라고 할 수 있다. 전문위원은 국회법 제42조와 국회사무처법 제8조 및 제9조에 의하여 위원회에 두는 국회공무원으로서 각 위원회별로 1인씩 두는 수석전문위원(차관보급)과 그 외 위원회 업무량을 감안하여 각 위원회별로 두고 있는 전문위원(2급)이 있는데, 이들 전문위원은 위원장과 위원의 입법활동을 지원하고 법률안 등 안건에 대한 검토보고를 주된 직무로 한다.[62]

전문위원은 소속 입법심의관, 입법조사관의 보좌를 받아 법률안의 실체적인 측면인 입법필요성, 내용의 타당성, 기존법과의 관

62) 임종훈 외, 앞의 책, 224~225면.

계 등에 대한 의견과 필요한 경우에는 해당 법률안에 대한 수정의견 등을 제시한 검토보고서를 작성하는데, 특별한 사정이 없는 한 법률안의 위원회 상정일 48시간 전까지 소속위원들에게 배부하여 위원들이 그 내용을 사전에 알 수 있도록 하고 있다(국회법 제58조 제8항).

1) **검토보고 대상안건**: 전문위원 검토보고의 대상은 원칙적으로 위원회의 심사안건 모두에 대하여 이루어질 수 있다고 보지만, 법률안, 예산안, 결산 및 예비비 지출, 조약 동의안, 청원 등의 안건이 검토보고의 대상이 되며, 그 밖에 위원회 의견제시의 건에 대한 검토보고가 있다. 이외에도 행정입법, 기금운용계획안 및 기금결산, 국정감사의 시정조치에 대해서는 검토보고서를 작성하고 있다.

그러나 위원회에서 제안하는 의안에 대해서는 그 제안과정에 전문위원이 참여하는 것이 보통이므로 별도로 전문위원이 검토보고를 하지 않는다.

2) **검토보고서의 작성주체**: 검토보고서는 위원회 전문위원이 작성하고(국회법 제42조 제4항), 실제로는 검토보고서의 방향설정은 전문위원이, 세부적인 내용은 담당 입법조사관이 초안을 작성하여 최종적으로 전문위원이 확정함으로써 작성이 완료된다. 검토보고서의 작성은 위원회 전문위원의 주된 업무 중의 하나이다.

3) **작성 시기**: 국회법 제59조(법률안의 상정시기)에 의하면 위원회는 발의 또는 제출된 법률안이 그 위원회에 회부된 후 일부개정법률안의 경우 15일, 제정법률안 및 전부개정법률안의 경우 20일이 경과된 후 의사일정으로 상정되고, 동법 제58조 제8항에 의해 전문위원의 검토보고서는 특별한 사정이 없는 한 당해 안건의 위원회 상정일로부터 48시간 전까지 소속위원에게 배부되도록 규정되어 있다.

검토보고서는 위원회에 안건이 회부되어 온 이후부터 담당 입법조사관이 관련 자료를 수집하여 초안을 작성하고 전문위원이 검토보고서를 확정하되, 늦어도 안건의 위원회 상정일 48시간 전까지 이를 위원회 소속의원들에게 배포하며 인터넷을 통해 국민들에게 알려주기도 한다.

4) **법률안 검토보고서**: 국회에서 다루어지는 안건 중 중요한 것이 법률안이므로 법률안에 대한 검토보고서는 매우 중요하며, 법률안 검토보고서 작성시 전문위원의 수정의견을 첨부할 것인가에 대해서는 사안에 따라 다르나, 문제점이 명확하고 법률안 심사시 반영되어야 함이 바람직한 내용은 첨부하는 것이 통례이다. 그러나 중요한 내용이 아닌 단순한 자구의 수정만 필요한 경우에는 소위원회 심의시 반영하거나 법제사법위원회의 체계·자구 수정시 이를 반영하도록 협조 요청하는 경우도 있다.

검토보고서의 형식에는 특정한 것이 없으나, 대개 제안경위, 제안이유, 주요내용, 검토의견의 네부분으로 나누어진다. 이 중 검토의견이 검토보고서의 핵심부분이라 할 수 있으며, 객관적이며 중립적인 시각에서 최선의 결론이 유도될 수 있도록 검토되어야 한다.

검토되어야 할 내용으로는 안건의 내용소개와 연혁, 외국의 입법례, 관련법(다른 위원회 소관 포함)과의 상충여부, 위헌성 여부, 안건 내용의 타당성과 실효성, 대안의 가능성과 제시, 예산조치사항(특히 의원입법의 경우), 안건에 대한 수정의견 제출시에는 수정의견 대비표 등이 포함된다.[63]

(4) 대체토론

전문위원의 검토보고에 이어 대체토론(大體討論)에 들어간다. 대체토론(General Debate)이라 함은 법률안 등 안건전체에 대한 문제점과 당부(當否)에 관하여 일반원칙을 토론하는 것을 말하는데, 국회법은 여기에 제안자와의 질의·답변을 포함한다고 규정하고 있다(국회법 제58조 제1항). 이러한 대체토론은 ① 안건에 대한 소위원회의 심사방향이 불분명하고, ② 소위원회의 심사결과가 위원회 위원 다수의견과 배치될 가능성이 있으며, ③ 소위원회의 권한과 책임의 한계가 불분명하다는 문제점을 보완하기 위해서 도입된 절차라고 할 수 있다.[64]

---

63) 『입법이론과 법제실무』, 국회사무처 법제실(2008), 64~66면.

64) 임종훈 외, 앞의 책, 225면.

한편 질의·응답은 위원회 위원이 해당 법률안에 대한 의문점을 묻고 제안설명을 한 의원이나 국무위원 등이 이에 답변하는 방식으로 이루어진다. 위원회에서 질의는 일문일답 방식으로 하여야 하지만(국회법 제60조 제2항 본문), 위원회의 의결이 있는 경우 위원들이 일괄적으로 먼저 질의를 하고(동항 단서) 이에 대하여 국무위원 등이 일괄적으로 답변하는 방식으로 이루어지기도 한다. 질의방식은 구두질의가 원칙이나 질의할 의원에게 사정이 있거나 시간절약 등 회의진행상의 사정이 있는 경우 서면질의를 허용하고 후에 서면 또는 구두로 답변을 구하는 경우도 있다. 다만, 서면질의를 하고자 하는 경우에도 회의에 출석하는 것이 필요한지에 대하여는 우리 국회법에서 명시적인 규정을 두고 있지 않아 논란이 있다.

한편, 법률안이 예산상의 조치를 수반하는 경우에는 정부의 의견을 듣도록 하고 있으므로(국회법 제58조 제7항), 이미 정부입법과정에서 예산협의를 거친 정부제출 법률안이 아닌 의원발의 법률안인 경우에는 대체토론과정에서 이에 관한 정부의 의견을 청취하는 것이 바람직하다고 볼 것이다.[65)]

답변은 제안자나 보고자가 위원의 질의에 대하여 구두로 답변하는 것이 원칙이나 회의의 신속한 진행을 위하여 위원장이 질의한 의원의 양해를 얻어 서면으로 답변하는 것을 용인하고 있다. 그리고 질의받은 제안자나 보고자가 직접 답변하는 것이 원칙이지만, 보다 구체적이고 상세한 답변을 필요로 하는 경우에는 위원장이 질의위원의 양해를 얻어 정부위원 등 소관부처관계자로 하여금 답변하게 하기도 한다.

65) 위의 책, 226면.

(5) 공청회 · 청문회

1) 공 청 회

국회법은 위원회(소위원회를 포함한다)가 중요하거나 전문지식을 요하는 안건을 심사하기 위하여 위원회(소위원회를 포함한다)의 의결 또는 재적위원 3분의 1 이상의 요구로 공청회를 열어 이해관계자 또는 학식 · 경험이 있는 자 등으로부터 의견을 들을 수 있도록 하고 있다(국회법 제64조 제1항 본문). 법률안 가운데 제정법률안과 전부개정법률안에 대하여는 원칙적으로 공청회 또는 청문회를 개최하도록 의무화하되(동법 제58조 제6항 본문), 운영의 묘를 기한다는 측면에서 '위원회의 의결'로 생략할 수 있도록 하였다.

공청회의 개최는 본회의가 아닌 위원회에 인정된 권한으로서 상임위원회는 물론 특별위원회에서도 개최할 수 있다. 공청회는 법률안 심의에 필요한 의견수렴 과정이라고 볼 수 있으므로 그 개최시기는 법률안에 대한 대체토론이 끝난 이후여야 한다고 볼 수 있다. 공청회는 주관하는 위원회의 회의로 하기 때문에(국회법 제64조 제4항) 일반적인 회의절차에 따라 하게 된다. 진술인과 위원의 발언시간은 위원회에서 정하며 진술인의 발언은 의견을 듣고자 하는 안건의 범위를 넘어서는 안 되고(동법 제64조 제3항), 그 외 공청회 운영에 필요한 사항은 국회규칙으로 정하도록 하고 있다(동조 제5항). 위원회(소위원회를 포함한다)에서 공청회를 열 때에는 안건 · 일시 · 장소 · 진술인 · 경비 기타 참고사항을 기재한 문서로 의장에게 보고하여야 한다(동조 제2항).

2) 청 문 회

공청회 외에 청문회제도를 두고 있는데, 청문회는 국정감사 및 조사를 포함하여 중요한 안건의 심사에 필요한 경우 증인 · 감정인 · 참고인으로부터 증언 · 진술을 청취하고 증거를 채택하기 위하여 개최하는 제도로서 국회법에 규정되어 있다.

청문회는 위원회가 중요한 안건(법률안 등)의 심사에 필요한 경우 위원회의 의결 또는 재적위원 3분의 1 이상의 요구로 개최하는데 증인·감정인·참고인으로부터 증언과 진술을 청취하고 증거를 채택하는 데 주목적이 있다. 공청회는 전문가의 의견청취를, 청문회는 증인 등으로부터 증언과 진술청취를 주목적으로 한다는 점에서 차별성을 지니고 있다. 또한 청문회의 경우 전문가를 위촉하여 청문회에 필요한 사전조사를 실시할 수 있으며, 공청회에서의 진술과는 달리 청문회에서 증언·감정은 「국회에서의 증언·감정 등에 관한 법률」이 적용되어 범죄구성요건에 해당하는 경우 위증죄·불출석죄·국회모욕죄 등의 처벌이 따르게 된다는 점이 다르다. 공청회와 청문회 모두 주관하는 위원회의 회의로 하여 진행하고(국회법 제64조 제4항, 제65조 제7항), 공개하는 것이 원칙인 점에서는 동일하다.

(6) (상설)소위원회 심사

국회법은 위원회가 특정한 안건의 심사를 위하여 소위원회를 둘 수 있고(국회법 제57조 제1항), 상임위원회는 그 소관사항을 분담·심사하기 위하여 상설소위원회(정보위원회 제외)를 둘 수 있도록 규정하고 있다(동조 제2항). 위원회는 그 동안 법률안 등의 심사를 목적으로 소위원회를 설치하여 운영하여 왔고, 1998년 8월 「국회상설소위원회설치 등에 관한 규칙」이 제정됨에 따라 각 상임위원회에 상설소위원회가 설치되기에 이르렀다. 국회법 제57조 제2항의 상설소위원회 설치는 임의규정으로, 대체토론 후 안건을 소위원회에 회부하거나 상설소위원회에 회부하여 심사할 수 있도록 하고 있다.

국회가 위원회에 소위원회를 두는 방식은 전문분야별 또는 사안의 종류별로 미리 소위원회를 설치하여 두고 필요할 때 법률안을 해당 소위원회에 회부하여 심사하게 하거나(상설소위원회 방식)

또는 필요할 때마다 수시로 소위원회를 구성하여 여기에서 법률안을 심사하도록 한 다음 회부된 법률안의 심사가 종료되면 소위원회를 해체하는 방법(임시소위원회 방식)이 있다. 소위원회 활동은 위원회의 의결로 정하는 범위에 한한다(국회법 제57조 제4항). 이러한 소위원회제도는 그것이 상설소위원회이든 임시소위원회이든 법률안 기타 안건의 심사를 전문적·효율적으로 하는 데 주된 목적이 있다. 즉 법률안 등 안건에 대한 집중적이고도 심도 있는 심사를 하게 함으로써 안건심사의 효율성·전문성을 제고하게 되는 것이다. 법률안의 내용이 단순하거나 문제가 없다고 보여지는 경우에는 굳이 소위원회에 회부할 필요가 없을 수도 있지만, 국회법은 내용에 관계없이 모든 법률안을 상설소위원회나 소위원회에 회부하게 하고 있다(국회법 제58조 제2항).

소위원회의 심사절차는 위원회 심사절차(국회법 제58조)와 같은 명문규정은 없으나, 국회법에서 다르게 정하거나 소위원회의 성질에 반하지 아니하는 한 위원회에 관한 규정이 적용되도록 하고 있으므로(동항), 일반적으로 취지설명·질의·토론·축조심사·표결 순으로 진행된다. 다만 위원회심사에서는 그 의결로 축조심사를 생략할 수 있으나, 소위원회심사에 있어서는 축조심사를 생략할 수 없도록 하고 있다(동항 단서). 소위원회에서는 법률안에 대한 구체적·실질적 심사를 통하여 수정안을 작성하거나 대안 또는 위원회안을 기초하게 된다.

소위원장은 소위원회에서 호선하거나 위원회에서 선임하는데, 상설소위원회 위원장은 위원회에서 소위원회 위원 중에서 선출하고 이를 본회의에 보고하도록 하고 있다(동조 제3항). 소위원회의 역할이 증대되어 회의록작성이 요구됨에 국회법은 제68조에서 소위원회의 심사보고시 소위원회 회의록 또는 요지를 심사보고서에 첨부토록 의무화하고 있으며, 동법 제69조 제4항 단서에서 소위원회 회의록 작성을 의무화하고 있다. 그리고 소위원회의 회의도

소위원회의 의결로 비공개를 결정하는 경우를 제외하고는 공개해야 한다(동조 제5항).

(7) 축조심사

대체토론이 끝나게 되면 보다 심도 있는 심사를 위하여 소위원회로 회부하거나 축조심사에 들어간다. 또한 소위원회에 회부한 법률안이 전체 위원회에 보고된 이후에도 축조심사는 가능하다. 축조심사는 법률안을 한 조항씩 차례차례 심사하는 방식이다. 국회법은 "축조심사는 위원회의 의결로 생략할 수 있다. 다만, 제정법률안 및 전부개정법률안에 대하여는 그러하지 아니하다"(제58조 제5항)라고 규정하여, 적어도 소관 위원회에서 심사하는 제정법률안과 전부개정법률안에 대하여는 축조심사를 의무화하였다. 축조심사시에는 법률안의 개별 조항마다 표결하는 축조표결제도가 바람직하다는 견해[66]가 있으나, 현행 국회법은 이에 대한 명문의 규정을 두고 있지 않다.[67]

(8) 찬반토론

축조심사·소위원회 심사보고를 마치면 법률안의 통과 여부에 대한 의사결정을 하기에 앞서 찬성과 반대의견을 개진하는 찬반토론이 있게 된다.

찬반토론은 찬성이나 반대하는 주장을 피력하는 것이기 때문에 질의와 같이 상대방의 견해를 묻거나 의문점을 제기할 수 없으며, 자신의 찬반입장과 그 이유를 밝히는 방식으로 하여야 한다. 토론하고자 하는 의원은 미리 반대 또는 찬성의 의사를 위원장에게 통지하여야 하며, 위원장은 찬반토론에 관한 통지를 받은 순서와 소속 교섭단체[68]를 고려하여 반대자와 찬성자를 교대로 발

66) 위의 책, 234면.

67) 우리 국회는 제헌국회 때부터 제4대 국회까지 축조표결제도를 두고 있었다.

언하게 하되 반대자에게 먼저 발언을 하게 하여야 한다(국회법 제71조 및 제106조). 그러나 반대토론은 반드시 찬성토론을 전제로 하는 것은 아니기 때문에 반대토론자만 있고 찬성토론자가 없는 때에는 반대토론만 하게 된다.

(9) 표　　결

법률안에 대한 질의·찬반토론이 끝난 때에는 위원장이 그 종결을 선언하고 표결할 것을 선포한다. 표결은 심사하는 법률안에 대하여 최종적인 의사결정을 하는 것이고, 표결선포 후에는 해당 법률안에 대한 표결 이외에 다시 수정안을 제출하거나 소위원회에 회부 또는 심사 보류할 수 없다.

위원회의 표결에 관하여는 별도의 규정을 두지 않고 본회의의 표결방법을 준용하도록 하고 있다(국회법 제71조). 표결은 위원장이 위원으로 하여금 기립하게 하여 가부를 결정하지만 위원장의 제의 또는 위원의 동의로 위원회의 의결이 있을 때에는 기명 또는 무기명 투표로 표결할 수 있다. 보통 위원장은 법률안에 대한 이의의 유무를 물어서 이의가 없을 때에는 가결되었음을 선포하는데, 이 때 만일 이의가 있을 때에는 기립 또는 투표의 방법으로 표결하여야 한다. 이의가 있을 경우 거의 예외 없이 기립투표로 표결하는 것이 통례이다. 그리고 특히 위원회의 경우에는 의

---

68) 국회에서의 의사진행의 효율성을 위하여 일정 수 이상의 의원들로 구성된 의원단체를 의미한다. 국회법 제33조는 다음과 같이 규정하고 있다.

국회법 제33조(교섭단체) ① 국회에 20인 이상의 소속의원을 가진 정당은 하나의 교섭단체가 된다. 그러나 다른 교섭단체에 속하지 아니하는 20인 이상의 의원으로 따로 교섭단체를 구성할 수 있다.

② 교섭단체의 대표의원은 그 단체의 소속의원이 연서·날인한 명부를 의장에게 제출하여야 하며, 그 소속의원에 이동이 있거나 소속정당의 변경이 있을 때에는 그 사실을 지체없이 의장에게 보고하여야 한다. 다만, 특별한 사유가 있을 때에는 당해 의원이 관계서류를 첨부하여 이를 보고할 수 있다.

③ 어느 교섭단체에도 속하지 아니하는 의원이 당적을 취득하거나 소속정당을 변경한 때에는 그 사실을 즉시 의장에게 보고하여야 한다.

사를 능률성을 고려하여 거수로도 표결할 수 있도록 하고 있다(국회법 제71조).

표결이 끝나면 위원장이 표결결과를 선포하는데, 법률안은 재적위원 과반수의 출석과 출석위원 과반수의 찬성으로 의결하며, 가부동수인 때에는 부결된 것으로 본다(헌법 제49조 및 국회법 제109조).

표결결과 나타나는 법률안의 통과형태는 원안의결, 수정의결, 위원회안과 위원회대안의의결, 폐기 등으로 구분된다. 원안의결은 원안의 내용상에 아무런 변경이 없음을 의미하며 문맥의 교정차원에서 행하여지는 단순 토씨의 변경이나 오·탈자, 한자의 한글로의 표기 등에 변경이 있더라도 실무상 원안의결로 본다. 수정의결은 원안의 기본취지와 성격이 변경되지 아니하는 범위 안에서 원안의 내용·체계·형식 및 자구의 일부를 추가·삭제·변경 등을 하는 것이다. 위원회안과 대안은 앞서의 설명과 같으며, 폐기는 본회의에 부의하지 아니하기로 결정하는 것으로 위원회에서 본회의에 부의하지 아니하기로 결정한 사실이 본회의에 보고된 날로부터 폐회 또는 휴회중의 기간을 제외한 7일 이내에 의원 30인 이상이 본회의에 부의할 것을 요구하면 위원회의 폐기의결과 관계없이 본회의에 부의되고,[69] 이러한 요구가 없는 경우에는 위원회에서 폐기의결된 법률안은 확정적으로 폐기된다.

2. 법제사법위원회의 체계·자구 심사

소관 상임위원회에서 법률안의 심사를 마쳤을 때에는 법제사법위원회에 회부하여 체계와 자구에 대한 심사를 거쳐야 한다(국회법 제86조 제1항). 여기서 '체계의 심사'란 법률안 내용의 위헌 여

---

69) 이를 위원회의 해임(discharge of committee)이라 한다.

부, 관련 법률과의 저촉 여부, 자체 조항간의 충돌 여부 등을 심사하는 동시에 법률 형식을 정비하는 것이고, '자구의 심사'란 법규정에 쓰인 용어의 적합성과 통일성 등을 심사하여 각 법률 간에 용어의 통일 등을 기하기 위한 것이다.

법제사법위원회는 법률안의 체계·자구심사를 끝낸 후 그 심사결과를 소관위원회에 통보하고 소관위원회에서는 법제사법위원회의 체계·자구심사결과를 포함한 법률안 심사보고서를 작성하여 의장에게 제출하게 된다. 의장은 법제사법위원회의 체계·자구심사와 관련, 각 교섭단체 대표의원과 협의를 거쳐 심사기간을 정할 수 있으며, 법제사법위원회가 정당한 이유 없이 그 기간 내에 심사를 마치지 아니한 때에는 바로 해당 법률안을 본회의에 부의할 수 있다. 이 경우 의장은 본회의의 위임을 받아 법률안이 의결된 후 서로 저촉되는 조항·숫자 그 밖의 정리를 할 수 있다.

법제사법위원회의 체계·자구심사는 모든 안건에 적용되는 것은 아니다. 그 예외는 다음과 같다.

(1) 위원회에서 의장이 정한 심사기간을 경과한 때(국회법 제85조 제2항 및 제86조 제2항)
(2) 위원회에서 본회의에 부의할 필요가 없다고 결정된 법률안을 30인 이상의 요구로 본회의에 부의한 경우(동법 제87조 제1항 단서)
(3) 본회의 심의과정에서 수정된 법률안이나 국회규칙안
(4) 법제사법위원회가 구성되기 전에 본회의에서 의결한 법률안 또는 국회규칙안
(5) 본회의 의결 후 의장의 의안정리사항(동법 제97조)
(6) 위원회심사를 거치지 아니하는 헌법개정안

3. 전원위원회 심사

현행 국회법은 1948년 10월의 제정 국회법에서 도입되었다가

1960년 9월 개정 국회법에서 폐지된 '전원위원회' 제도를 다시 도입(2002. 2)하였다. 즉 국회는 위원회의 심사를 거치거나 위원회가 제안한 의안 중 정부조직에 관한 법률안, 조세 또는 국민에게 부담을 주는 법률안 등 주요 의안의 본회의 상정 전이나 본회의 상정 후에 재적의원 4분의 1 이상의 요구가 있는 때에는 그 심사를 위하여 의원 전원으로 구성되는 전원위원회를 개회할 수 있다. 전원위원회제도는 상임위원회를 중심으로 국회가 운영됨으로써 본회의의 법안심의가 형식화되는 것을 보완하기 위하여 주요 법률안에 대해서 심사할 수 있게 한 제도이지만 아직까지 제대로 활용되지 못하고 있다. 이와 관련된 국회규칙으로 「전원위원회 운영에 관한 규칙」이 있다.

Ⅳ. 본회의 의결 및 공포

1. 본회의 의결

소관위원회 위원장의 법률안심사보고서가 의장에게 제출된 때에는 본회의에서 의제가 되기 전에 이를 인쇄하여 의원에게 배부한다(국회법 제66조 제3항 본문). 이와 같이 의장이 법률안 심사보고서의 인쇄물을 의원에게 배부하는 이유는 본회의에서 의제가 될 법률안에 대하여 의원이 그 내용을 미리 숙지하고 본회의에서의 심의에 참고할 수 있도록 하기 위한 것이다. 한편 현재는 국회가 디지털시설·장비를 갖춤에 따라 인쇄물이 아닌 본회의장내 개별단말기를 통하여 심사보고서를 배부하고 있다.

본회의 심의는 ① 본회의 상정, ② 위원장 심사보고(또는 제안설명), ③ 질의, ④ 토론, ⑤ 표결순으로 진행된다.

본회의 상정은 본회의 의사일정에 해당 법률안을 포함시켜 본회의에서 의제가 되도록 하는 것을 말한다. 본회의 상정과 관련하여 유의할 점은 위원회에서와 마찬가지로 상정대상과 상정시기에 대한 제한규정을 두고 있다는 것이다. 먼저 본회의 상정대상의 제한을 살펴보면 위원회의 경우와 마찬가지로 정기국회 중 처리대상법률안을 제한하고 있다. 국회법은 정기회 기간 중에 본회의에 상정하는 법률안을 위원회의 경우와 같이 다음 연도의 예산처리에 부수하는 법률안에 한정하고 있다. 다만, 긴급하고 불가피한 사유로 본회의 의결이 있는 경우에는 예외로 하고 있다(국회법 제93조의2 제2항). 국회법은 정기국회에서 예산안과 예산안 부수법안을 심도 있게 처리하며 일반 법률안의 경우 연중 분산심의를 유도하고, 아울러 정부제출 법률안이 정기국회 전후 집중제출되는 현상을 방지하기 위하여 이와 같은 규정을 두고 있다.

상정시기에 대한 제한을 본회의에도 두고 있다. 국회법 제93조의 2 제1항은 "본회의는 위원회가 법률안에 대한 심사를 마치고 의장에게 그 보고서를 제출한 후 1일을 경과하지 아니한 때에는 이를 상정할 수 없다. 다만, 의장이 특별한 사유로 각 교섭단체대표의원과의 협의를 거쳐 이를 정한 경우에는 그러하지 아니하다"고 하여 1일 제한규정을 두고 있다.

회기중 본회의 의사일정은 국회법 제76조 제3항의 규정에 따라 의장이 국회운영위원회와 협의하여 작성하도록 되어 있으나, 실제로는 국회운영일정에 관한 각 교섭단체대표의원간 협의가 선행된 후 그 합의안을 의장이 국회운영위원회에 협의 요청하여 그 의결로 확정하고 있다. 특별한 사정이 없는 한 미리 마련된 의사일정에 따라 위원회의 법률안 등 의안에 대한 심사일정이 잡히고, 본회의는 위원회에서 가결한 법률안 등 의안을 처리한다.

본회의에서 의제가 되는 법률안은 ① 의장이 회부한 법률안으로서 소관위원회에서 심사·가결되어 본회의 의사일정에 상정된 법률안, ② 소관위원회에서 입안하여 제출한 법률안(국회법 제51

조), ③ 위원회에서 부결된(본회의에 부의하지 아니하기로 결정된) 법률안으로서 본회의에 보고된 날로부터 폐회 또는 휴회중의 기간을 제외한 7일 이내에 의원 30인 이상의 요구가 있어 본회의의 의제가 된 법률안(국회법 제87조 제1항 단서), ④ 위원회가 이유 없이 법률안을 심사기간 내에 심사를 마치지 아니하여 의장이 중간보고를 듣고 바로 본회의에 부의하여 의제가 된 법률안(국회법 제85조 제2항, 제86조 제2항)이 된다.

본회의에 상정되면 소관위원회에서 심사를 마친 법률안인 경우에는 위원장 또는 위원장이 지정하는 위원회 소속 의원이 심사보고를 하고, 위원회안 또는 위원회 대안인 법률안인 경우에는 위원장 또는 위원장이 지정하는 위원회 소속 의원이 제안설명을 하며, 위원회의 심사를 거치지 아니한 법률안(본회의에서 수정안, 위원회 심사기간이 경과한 법률안)인 경우에는 제안자가 취지를 설명하여야 한다. 여기서 위원회안 또는 위원회 대안인 법률안인 경우에는 위원장의 심사보고가 아닌 제안설명 형식으로 함에 유의하여야 한다. 위원장의 심사보고 또는 제안설명이나 제안자의 취지설명이 있는 후에는 질의·토론을 하게 된다.

질의·토론은 위원회의 심사를 거친 법률안과 위원회의 심사를 거치지 않은 법률안으로 구분할 수 있다. 국회법은 안건을 심사한 위원장의 심사보고를 듣고 질의·토론을 거쳐 표결하되(국회법 제93조 본문), 의결로 질의와 토론 또는 그 중의 하나를 생략할 수 있다(동조 단서)고 규정하고 있다.

그러나 위원회를 거치지 아니한 법률안에 대해서는 "제안자가 그 취지를 설명하여야 하고"(동조 단서)라고만 언급하고 있는데, 이는 제안설명 후 질의·토론을 거쳐 표결하는 것을 당연히 전제하고 있는 것으로 해석되며, 질의·토론의 생략에 대해서도 명문규정은 없으나 질의나 토론신청자가 없는 때에는 이를 생략할 수 있는 것으로 보아야 한다. 질의·토론이 끝나면 표결에 들어간다.

질의과정은 의원이 심사보고자나 제안설명자를 상대로 법률안의 내용과 관련하여 궁금한 점을 물어보거나 자기의 견해를 피력하고 그에 대한 답변을 듣는 과정으로 법률안의 본회의 심의를 위하여 필수불가결한 단계라고 할 수 있다. 그러나 유감스럽게도 본회의에서의 법률안 심사과정에서 질의제도는 거의 활용되지 못하고 있는 실정이다.

토론은 법률안에 대한 표결 전에 법률안에 대하여 반대하는 의원이 있을 때에 있게 되는데 법률안의 대부분은 본회의에서 토론신청 없이 이를 생략하고 표결로 들어가고 있는 상황이다.

표결은 최종적으로 국회의 의사를 결정하는 행위인데 기립, 기명, 전자·호명 또는 무기명투표, 이의유무의 확인의 방법으로 행하고 위원회에서와 같은 기수의 방법은 인정되지 않는다(국회법 제112조). 국회법은 책임정치를 강화한다는 측면에서 전자투표에 의한 기록표결제도를 투표의 일반적인 방법으로 채택한 이래 전자투표는 일반적인 표결방법으로 정착되었다고 할 수 있다(국회법 제112조 제1항). 그러나 종전과 같이 중요한 안건으로서 의장의 제의 또는 의원의 동의로 본회의의 의결이 있거나 재적의원 5분의 1 이상의 요구가 있을 때에는 기명·호명 또는 무기명 투표로 표결하도록 하였다(동조 제2항).

법률안에 대한 의결정족수는 재적의원 과반수의 출석과 출석의원 과반수의 찬성이다.

2. 법률안의 정리

(1) 의 의

우리 국회법은 본회의에서 법률안 의결이 있는 후 서로 저촉되는 조항·자구·숫자 등과 관련하여 정리를 필요로 할 때에는 이를 의장 또는 위원회에 위임할 수 있다(국회법 제97조)고 하여 법률안의 정리제도를 두고 있다. 이는 본회의에서 의결된 법률안의 체계나 형식 및 법문표현을 최종적으로 확인하고 여기서 발견된 경미한 사항을 정리하여 반영하는 데 그 목적이 있다.

따라서 본회의에서 의결된 의안 가운데 조문이나 자구·숫자 등의 정리가 필요할 때, 의결된 내용이나 취지를 변경하지 않는 범위 안에서 그 정리를 의장이나 위원회에 위임할 수 있다. 이는 의사운영의 효율성을 높이기 위한 편의적인 조치로서 정리차원의 수정을 의장 또는 위원회에 위임하려는 것이다. 의안정리는 법률안이 본회의에서 의결된 후에 이루어지는 것으로서, 의안접수단계에서 의장의 명을 받아 국회사무처에서 행하여지는 의원발의안의 서식·용어의 정리와는 구분된다고 하겠다.

(2) 위임의 범위

의장 또는 위원회에 대한 위임이 범위는 어디까지나 자구·숫자의 수정 또는 단순한 조항의 정리에 국한되어야 하며, 그 범위를 넘어서 의장 또는 위원회에 폭넓은 재량여지를 주는 위임의결은 인정될 수 없다. 일반적으로 법률안의 정리가 필요한 경우 해당 법률안에 대한 의결시에 의장 또는 위원장에게 그 정리를 위임하는 방식을 택하고 있다.

통상 법률안의 체계·자구상의 오류는 그 대부분이 법제사법위원회의 체계·자구심사과정에서 시정되므로 본회의 의결 후의 의안정리는 비중이 크다고 보기 어렵다. 그러나 다음과 같은 경우에는 법제사법위원회의 체계·자구심사를 거칠 수 없으므로 본회의의 의결이 있는 후 반드시 의안정리를 할 필요가 있다.

첫째, 의장이 심사기간을 정하여 법률안을 위원회에 회부하였으나, 이유 없이 그 기간 내에 심사를 마치지 아니하여 의장이 바로 법률안을 본회의에 부의한 경우(국회법 제85조 제2항 및 제86조 제2항)

둘째, 위원회에서 의원 30인 이상의 요구로 본회의에 부의한 경우(동법 제87조 제1항 단서)

셋째, 본회의 심의과정에서 수정동의에 의하여 수정된 법률안(동법 제95조 제1항)

넷째, 특별한 사정(국회개원 지연 등)으로 상임위원회를 구성하지 못하여 특별위원회를 구성하고 법률안을 제출하여 이를 바로 본회의에 부의한 경우

본회의에서 법률안을 의결하면서 그 자구정리에 대하여 위임하는 의결을 하지 아니한 경우에도 의장의 명을 받아 법제사법위원회, 전문위원 또는 국회사무처 의사국(의안과)에서 그 법률안을 정리하는 것이 관례로 인정되고 있다.

3. 법률안 공포와 재의요구

대통령은 이송된 법률안을 15일 이내에 공포하여야 하나 이의가 있을 경우 15일 이내에 이의서를 붙여 국회에 환부하고, 그 재의(再議)를 요구할 수 있다. 국회가 폐회 중에도 또한 같다. 대통령에 의한 법률안의 거부는 환부거부[70]라야 하고, 국회의원의 임기가 만료한 경우[71]를 제외하고는 보류거부[72]가 인정되지 않는다. 또한 대통령은 법률안의 일부에 대하여 또는 법률안을 수정하여 재의를 요구할 수 없다.

---

70) 환부거부라 함은 국회에서 의결되어 정부에 이송되어 온 법률안에 대하여 이의가 있을 때에 대통령이 지정된 기일 안에 이의서를 붙여 국회로 환부하고 재의를 요구하는 방식을 말한다.

71) 이 경우는 "임기만료에 따른 법률안 폐기"라고 부른다.

72) 보류거부라 함은 대통령이 국회에서 의결된 법률안을 국회에 환부하지 않고 그대로 폐기시키는 방식을 말한다. 보류거부는 미국과 같이 회기 불계속의 원칙에 따라 운영되는 회기제도에서는 큰 위력을 발휘하지만, 우리처럼 회기계속의 원칙에 따르는 국회에서는 그 제도적인 의의가 없다. 허영, 앞의 책, 925면 참조.

대통령으로부터 재의가 요구된 법률안은 국회에서 소관위원회에 회부되지 않고 바로 본회의에 부의되어 무기명투표로 표결하는데, 재적의원 과반수의 출석과 출석의원 2/3 이상의 찬성으로 재의결되면 그 법률안은 법률로서 확정된다. 확정된 법률안은 대통령이 이를 지체 없이 공포하여야 하며, 공포나 재의요구를 하지 아니하여 법률로서 확정된 후 또는 국회에서 재의결된 확정법률이 정부에 이송된 후 5일 이내에 대통령이 공포하지 아니할 때에는 국회의장이 이를 공포한다(헌법 제53조 제6항).

입법절차와
사법절차

제2부 | 사법절차

제2장

민사소송절차

Ⅰ. 보전조치

민사재판절차[1])를 거쳐 승소 확정판결[2])(집행권원)[3])을 얻는다 하더라도 상대방이 판결의 내용대로 이행을 할 것인지 여부는 불분명하며, 실제로 승소한 당사자는 확정판결을 집행권원으로 하여 강제집행을 통해 만족을 얻게 되는 경우가 많다. 그런데 통상 민사소송절차에는 많은 시일이 소요 되므로 그 사이에 채무자의 재산상태에 변동이 생기거나 다툼의 대상(계쟁물)에 관하여 멸실·처분 등 사실적 또는 법률적 변경이 생기게 되면 채권자는 많은 시간과 비용을 들였음에도 불구하고 권리의 실질적 만족을 얻을 수 없게 되는 경우가 많이 있다.[4])

---

1) 소의 종류로는 권리 또는 법률관계의 존부확인을 구하는 확인의 소, 이행청구권의 존부확인 및 이행명령을 구하는 이행의 소, 권리 또는 법률관계의 발생, 변경, 소멸을 구하는 형성의 소가 있다. 이 중에서 특히 이행의 소에서 보전조치가 중요한 역할을 한다.

2) 확정판결이란 확정된 종국판결을 의미하는 것으로, 여기서 확정은 법원이 한 종국판결에 대하여 당사자의 불복으로 상소법원에 의해 취소할 수 없게 되어 판결이 형식적으로 확정된 것을 말한다.

3) 집행권원이란 실체법상의 청구권의 존재와 범위를 표시하고 법률상 집행력을 인정한 공문서를 말한다.

이러한 문제를 미연에 방지하기 위해 채권자는 확정판결을 받기 전에 미리 채무자의 일반재산이나 다툼의 대상의 현상을 동결시켜 두거나 임시로 잠정적인 법률관계를 형성시켜 두는 조치를 취함으로써 나중에 확정판결을 얻었을 때 그 판결의 집행을 용이하게 하고 그때까지 채권자가 입게 될지 모르는 손해를 예방할 수 있는 방법을 필요로 하게 된다.[5] 즉, 가압류 또는 가처분이라는 보전조치를 취하여 상대방의 재산을 묶어 놓고 소송을 해야 할 필요가 있다는 것이다. 이러한 보전조치는 권리의 만족을 얻고자 하는 것이 아니라 집행을 보전하고자 하는 것이므로 그 권리의 존부에 대해 자세한 심리를 하지 않고도 행하여질 수 있어야 하며, 신속하게 진행될 수 있어야 한다. 하지만 채권자의 일방적 편의만을 위하여 이러한 보전수단을 너무 넓고 쉽게 인정한다면 채무자는 불필요하게 재산의 처분 및 이용에 제한을 받게 되어 손해를 입게 될 것이다. 따라서 법원은 채권자의 신청을 받아 필요최소한의 심리를 거쳐 집행보전을 위한 잠정적 조치를 명하는 재판을 하고 그 재판의 집행을 통해 현상을 동결하거나 임시적 법률관계를 형성하게 한다.[6]

구체적으로 채권자가 금전의 지급을 구하는 이행의 소를 제기하고자 하는 경우 먼저 채무자의 동산이나 부동산에 대한 가압류(민사집행법 제276조)를 통해 재산권의 이동을 방지함으로써 강제집행의 대상으로 할 수 있는 집행재산을 확보할 수 있다. 그리고 채권자가 금전이 아닌 특정물에 관한 청구를 하는 경우 처분금지

4) 예를 들어, 채무자가 소송이 진행되는 동안 자신의 재산을 은닉 또는 낭비하거나 현재 소송의 대상이 되고 있는 물건을 처분해 버릴 경우 집행을 할 수 없게 되어 판결의 실효성을 얻지 못하는 결과를 초래하게 된다.

5) 『법원실무제요 민사집행Ⅳ』, 법원행정처(2003), 2면.

6) 보전조치가 시간적으로는 가장 앞서 실행되어야 할 절차이지만 재판절차와 집행절차가 간이하게 결합된 형태라는 특성상 강학상으로는 재판절차(민사소송법)와 집행절차(민사집행법)을 배운 뒤에 마지막으로 배우게 되는 것이 일반적이다.

가처분이나 점유이전금지가처분 등의 가처분(동법 제300조)을 통해 대상물의 처분을 막은 후에 소송을 하여야 판결의 실효성을 확보할 수 있다. 이와 같은 가압류와 가처분의 절차를 보전절차 또는 보전소송이라 한다.

Ⅱ. 소의 제기

일반적으로 소송은 분쟁당사자가 분쟁해결을 위해 관할권 있는 법원에 소장을 제출함으로써 시작된다.[7]

1. 관할권 있는 법원

(1) 법원과 관할

법원은 사건을 심리하고 재판을 하기 위해 1인 또는 수인의 법관으로 구성된 재판기관(재판부)를 의미하며,[8] 관할은 재판권을 행사하는 법원들 간에 어느 법원이 어느 사건을 담당하는지에 대한 재판권의 분장관계를 미리 정해놓은 것을 말한다.

(2) 심급제도

민사소송은 원칙적으로 3심제를 취하는데, 사물관할에 따라 지방법원 단독판사(단독사건) 또는 합의부(합의사건)가 제1심을 담당하고, 단독사건에 대한 제2심은 지방법원 본원의 합의부가 담당하며,[9] 합의사건에 대한 제2심은 고등법원이 담당한다. 제3심은

---

7) 이하에서 설명되는 재판절차는 1대1 당사자를 기준으로 설명하기로 한다.

8) 이는 법원의 소송법상 의미이며, 헌법상으로 법원은 재판사무를 처리하는 재판기관, 법원사무관·집행관 등의 사법기관, 대법원장·각급법원장·대법관회의 등의 사법행정기관, 법원행정처·각급법원의 판사회의 등 사법행정을 뒷받침하는 기관 등을 포함하는 복합적 국가관서를 의미한다.

법률심[10]으로 대법원이 모든 상고사건을 담당한다.

(3) 관할의 종류

재판권 분장의 표준에 따라 직분관할,[11] 사물관할,[12] 토지관할[13] 등으로 구분되고, 관할발생 근거에 따라 법정관할,[14] 재정관할,[15] 합의관할,[16] 변론관할[17] 등으로 구분되며, 관할에 관한 법규의 강행성 정도에 따라 전속관할[18]과 임의관할[19]로 구분된다.

(4) 관할권 있는 법원의 선택

제1심은 지방법원이 관할하게 되고(심급관할), 다수의 지방법원 중 관할권을 가지는 법원에(토지관할) 소장을 제출하면 되는데, 원

---

9) 단독사건 중 소송목적의 값이 8천만원을 초과하는 사건은 고등법원이 제2심을 담당한다(민사 및 가사소송의 사물관할에 관한 규칙 제4조).

10) 소송은 구체적 사실에 추상적 법규를 해석·적용하여 판단을 내리는 절차이므로, 먼저 사실의 존부를 확정한 후 법규의 해석·적용이 이루어지게 되는데, 이때 전자를 사실문제, 후자를 법률문제라 한다. 일반적으로 제1심과 항소심 및 항고심이 사실심에 해당하며, 상고심과 재항고심은 법률심에 해당한다.

11) 담당직분을 기준으로 한 여러 법원 사이에 재판권의 분장관계를 말한다.

12) 사건의 성질에 따른 지방법원 및 동 지원의 단독판사와 합의부간의 업무분장관계를 말한다.

13) 관할구역에 따른 동종법원간의 재판권의 분장관계를 말한다.

14) 법규에 근거하여 발생하는 관할을 말한다.

15) 구체적인 사건에 대해 상급법원이 관할법원을 재판을 통해 지정함으로써 발생하는 관할을 말하며, 지정관할이라고 하기도 한다.

16) 당사자 간의 합의에 의해 생긴 관할을 말하며, 임의관할의 경우에 한해 인정된다.

17) 관할위반의 제소에 대해 피고가 응소함으로써 발생하는 관할을 말하며, 이 역시 임의관할의 경우에 한해 인정되며, 2002년 「민사소송법」 개정전에는 "응소관할"이라는 명칭을 사용하였다.

18) 법정관할 가운데서 재판의 적정, 공평 등 고도의 공익적 견지에서 정해진 것으로 오로지 특정법원만이 배타적으로 관할권을 갖도록 한 것을 말한다.

19) 주로 당사자의 편의와 공평을 위한 사익적 견지에서 정해진 것으로 당사자 간의 합의나 피고의 응소에 의하여 다른 법원에 관할을 발생시킬 수 있는 것을 말한다.

칙적으로 피고의 주소지를 관할하는 법원에 소장을 제출하면 된다(민사소송법 제3조, 제5조).[20] 다만 의무이행지, 불법행위지, 부동산소재지 등을 관할하는 법원에도 관할권이 인정되므로, 이에 따라 해당 법원에 소장을 제출해도 무방하다(제7조 이하). 나아가 전속관할이 인정되는 경우가 아닌 한 분쟁당사자가 합의에 의해 관할법원을 정할 수도 있고(합의관할, 제29조), 원고가 관할권이 없는 지방법원에 소를 제기한다 하더라도 피고가 이에 대해 아무런 이의를 제기하지 않고 응소하게 되면 변론관할이 발생하여 적법한 소제기가 된다(제30조).

(5) 소송의 이송

관할권 없는 법원에 소를 제기한 경우, 변론관할이 발생하지 않는 한 수소법원(소가 제기된 법원)은 직권으로 관할법원으로 이송을 해 주는 것이 원칙이다(제34조). 또한 법정관할 법원에 소가 제기된 경우라 하더라도 다른 법원에서 심리하는 것이 더 편리하다고 생각되는 경우, 법원이 직권으로 또는 당자의 이송신청을 통해 이송할 수 있다(제35조). 하지만 수소법원이 전속관할 법원인 경우에는 심리의 편의를 위해 다른 법원으로 이송할 수 없다.

2. 소제기의 방식

민사소송법은 소의 제기 방식[21]에 대해 몇 가지 규정을 두고 있는데, 소는 원칙적으로 서면으로 소장을 작성하여 이를 법원에 제출함으로써 제기할 수 있고(제248조), 예외적으로 구술제소가 가능한 경우[22]와 소제기가 의제되는 경우[23]가 있다.

---

20) 본장의 이하에서 별도로 법명이 표시되지 않은 것은 모두 민사소송법을 뜻한다.

21) 소송법에서 등장하는 방식의 종류는 서면이나 구술 두 가지가 대부분이다.

소장을 작성하여 제출하는 경우 소장에는 원고, 피고, 법정대리인, 청구취지, 청구원인 등과 같은 필요적 기재사항을 기재한 후, 작성자인 원고나 그의 대리인이 기명날인 또는 서명을 하고, 소가(소송목적의 값)에 따라 인지를 첩부(貼付)[24]하여야 한다. 그리고 피고에게 송달하기 위해 피고 수만큼의 소장부본[25]을 함께 제출해야 하고(민사소송규칙 제48조 제1항), 소송서류의 송달에 필요한 비용을 예납해야 한다(제116조 제1항). 소장의 제출을 반드시 원고 본인이나 대리인이 할 필요는 없으며, 제출방법 역시 직접제출이 가장 일반적인 방법이나 우편으로 제출하는 것도 가능하다.[26]

3. 소장의 작성

사회의 각종영역에서 사용되는 신청서식에는 일반적으로 반드시 기재해야 하는 필수적 기재사항과 기재해도 되고 하지 않아도 되는 임의적 기재사항이 존재하기 마련이다.[27] 이러한 방식은 소

22) 소액사건(소액사건심판법 제4조)이나 가사비송사건(가사소송법 제36조)의 경우 구술제소가 가능하다.

23) 독촉절차에서 지급명령에 대한 이의나 배상명령신청(소송촉진 등에 관한 특례법 제26조)의 경우 소제기가 의제된다.

24) 첩부와 첨부를 혼동하는 경우를 종종 보게 되는데 첩부는 발라서 붙인다는 것을 의미하며, 안건이나 문서 따위를 덧붙이는 것을 의미하는 첨부와는 전혀 다른 용어이므로 반드시 구별하여 사용하여야 한다.

25) 원래 부본이라 함은 원본과 동일한 내용의 문서를 말하는데, 여기서 소장부본은 소장의 복사본을 의미하는 것이다.

26) 이메일이나 팩스에 의한 소장제출도 가능하다고 할 수 있지만, 전화에 의한 제소는, 구술제소 역시 법원사무관 등의 앞에서 진술하도록 하고 있음에 비추어 소액사건에서도 인정되기 어렵다[이시윤, 『신민사소송법』 제4판, 박영사(2008), 232면].

27) 예를 들어, 은행에 가서 계좌를 하나 만들어 본 경험이 있다면, 계좌개설신청서에는 필수적 기재사항과 임의적 기재사항이 구분되어 있음을 볼 수 있었을 것이고, 이에서 나아가 은행직원이 반드시 기재해야 할 사항에는 친절하게 볼펜으로 표시를 해 주는 것을 경험해 보았을 것이다. 소장의 작성도 역시 방식에 있어서는 큰 차이가 없다.

장의 작성에도 동일하게 적용된다.

접 수 인

소 장

사 건 번 호	
배당순위번호	
담 당	제 단독

사 건 명

원 고 (이름) (주민등록번호 -)

(주소) (연락처)

피 고 (이름) (주민등록번호 -)

(주소) (연락처)

소송목적의 값	원	인지	원
(인지첩부란)			

청 구 취 지

1. (예시)피고는 원고에게 55,000,000원 및 이에 대하여 소장 부본 송달 다음 날부터 다 갚는 날까지 연 20%의 비율로 계산한 돈을 지급하라.
2. 소송비용은 피고가 부담한다.
3. 제1항은 가집행할 수 있다.

라는 판결을 구함.

청 구 원 인

1. 대여금반환청구
2.

입 증 방 법

1. 계약서
2.

휴대전화를 통한 정보수신 신청

위 사건에 관한 재판기일의 지정·변경·취소 및 문건접수 사실을 예납의무자가 납부한 송달료 잔액 범위 내에서 아래 휴대전화를 통하여 알려주실 것을 신청합니다.

▣ **휴대전화 번호 :**

20○○. . .

신청인 원고 (날인 또는 서명)

※ 문자메시지는 재판기일의 지정·변경·취소 및 문건접수 사실이 법원재판사무시스템에 입력되는 당일 이용 신청한 휴대전화로 발송됩니다.
※ 문자메시지 서비스 이용금액은 메시지 1건당 17원씩 납부된 송달료에서 지급됩니다(송달료가 부족 하면 문자메시지가 발송되지 않습니다).
※ 추후 서비스 대상 정보, 이용금액 등이 변동될 수 있습니다.

첨 부 서 류

1. 위 입증서류 각 1통
1. 소장부본 1부
1. 송달료납부서 1부

20○○. ○. ○.

위 원고 ○○○ (서명 또는 날인)

○○ 지방법원 귀중

◇ 유의사항 ◇

1. 연락처란에는 언제든지 연락 가능한 전화번호나 휴대전화번호, 그 밖에 팩스번호·이메일 주소 등이 있으면 함께 기재하여 주시기 바랍니다. 피고의 연락처는 확인이 가능한 경우에 기재하면 됩니다.
2. 첨부할 인지가 많은 경우에는 뒷면을 활용하시기 바랍니다.

〈소장 양식〉[28]

28) 대법원 홈페이지 전자민원센터(http://help.scourt.go.kr/minwon/min_main/index.html).

(1) 필수적 기재사항

소장에는 소송절차를 진행하는데 필요한 기본적인 정보, 즉 누가(원고) 누구를 상대로(피고) 무엇을(청구취지) 어떠한 근거에서(청구원인) 청구하는지를 명확히 하는 정보가 기재되어야 한다. 즉 소장에는 당사자와 법정대리인, 청구의 취지와 원인이 기재되어야 하며 이러한 요소가 필수적 기재사항이 된다(제249조 제1항). 필수적 기재사항이 제대로 갖추어 지지 않은 경우 재판장은 소장심사의 단계에서 보정을 명할 수 있고, 이에 불응하거나 보정이 불가능한 경우에는 소장각하명령을 하게 된다.

1) 당사자와 법정대리인

여기서 당사자는 원고와 피고를 말하는데, 이를 기재할 때 단순히 해당 당사자의 이름만을 쓰는 것이 아니라 다른 사람과 구별할 수 있을 정도로 표시하여 기재해야 한다. 일반적으로 자연인의 경우에는 성명과 주소를 기재하며,[29] 이것으로 불충분한 때에는 연령이나 직업 등을 적어 특정이 가능하도록 해야 한다. 또한 특정인을 지칭하는 것이 명확한 경우(예: 연예인)에 한해 예명이나 아호 등으로 표시하는 것도 가능하다. 법인 등의 경우에는 상호・명칭과 본점・주사무소의 소재지를 기재함으로써 표시하는 것이 일반적이다. 그리고 파산관재인 등과 같이 일정한 자격에 의하여 당사자가 되는 사람(제3자 소송담당)[30]은 그 당사자적격의 근거를 표시해야 하며, 채권자대위권[31]을 행사하는 채권자는 단

29) 법원에 제출하는 서면의 기재사항에 관한 규정인 민사소송규칙 제2조 제1항 제2호는 성명과 주소 그리고 전화번호・팩시밀리번호 또는 전자우편주소 등의 연락처도 기재하도록 하고 있다.

30) 제3자 소송담당이란 법률상 이해관계가 대립하지 않는 제3자(소송물인 권리나 법률관계의 귀속주체가 아닌 제3자)가 관리처분권(소송수행권)을 얻어 당사자적격을 가지는 경우를 말한다.

31) 채권자대위권이란 채무자가 제3자에 대한 자신의 권리를 행사하지 않는 경우에 채권자가 자신의 이름으로 채무자의 제3자에 대한 권리를 행사할 수 있

순히 당사자인 채권자의 성명, 주소만을 적는 것이 실무관행이다.[32)]

당사자가 소송무능력자(미성년자·한정치산자·금치산자)인 경우에는 원칙적으로 법정대리인이 소송무능력자를 대리하여 소송을 수행하기 때문에(제55조), 법정대리인을 기재해야 한다. 또한 법인이 소송의 당사자가 되는 경우에도 해당 법인의 대표자가 법정대리인에 준하여 취급되므로(제64조) 해당 대표자를 기재해야 한다. 그리고 소송대리인이 있는 경우에 해당 소송대리인의 기재는 필수적 기재사항은 아니지만 송달의 편의상 적는 것이 실무관행이다.

소장에 당사자나 법정대리인을 잘못 기재한 경우라 하더라도 이를 일정한 범위 내에서 보충하거나 정정하는 것이 인정되지만(표시정정), 경우에 따라서는 당사자의 변경[33)]의 수준에 이르는 것일 수 있는데 이 경우에는 당사자 변경에 관한 요건 및 효과에 따른다.

2) 청구취지

청구취지는 원고가 청구의 내용 및 범위를 특정하여 어떠한 내용의 판결을 구하는지를 간결·명료하게 표시하는 소의 결론부분에 해당한다. 따라서 일반적으로 원고가 소를 통해 얻고자 하는 판결의 주문에 대응하는 형식으로 기재한다. 예를 들어 이행의 소에서는 "피고는 원고에게 금 1억원을 지급하라"는 판결을 구한다와 같이 이행의 대상 및 내용과 함께 이행판결을 구하는 취지를 기재하면 되고, 확인의 소에서는 "별지 기재의 부동산이 원고

는 권리를 말한다.

32) 전병서, 『기본강의 민사소송법』, 홍문사(2008), 10면.

33) 소송계속 중 피고적격자를 오인하여 소를 제기하였음이 명백한 경우, 원고가 피고경정신청을 하고 법원이 이에 대해 허가를 한 경우 피고의 경정이 가능하다.

의 소유임을 확인한다"는 판결을 구한다와 같이 확인을 구하는 권리관계의 대상 및 내용과 함께 확인판결을 구하는 취지를 기재하면 되며, 형성의 소에서는 "원고와 피고는 이혼한다"라는 판결을 구한다와 같이 형성의 대상 및 내용과 함께 형성판결을 구하는 취지를 기재하면 된다. 즉 어떠한 형태의 소를 제기하든지 청구의 취지는 소송상 청구를 특정하는 것이다.

청구취지는 원칙적으로 판결을 확정적으로 요구하여야 하므로 기한 또는 조건을 붙일 수 없다. 예를 들어 제3자가 동의할 것을 정지조건으로 판결을 구하는 조건부 청구취지와 같이 소송 외의 장래 발생사실(소송외의 조건)을 조건으로 붙이는 것은 절차의 안정을 해하므로 허용되지 않는다. 하지만 예비적 청구, 예비적 반소[34]와 같이 소송내에서 밝혀질 사실(소송내의 조건)로 절차안정에 위해를 끼칠 우려가 없는 경우에는 허용된다. 또한 소가 일반적으로 현재의 권리관계를 주장하는 것이라는 점에 비추어 장래의 이행을 청구하는 소(제251조)[35]는 제한적 범위에서 인정된다.

그리고 소장의 청구취지란에는 소송비용을 피고의 부담으로 한다는 내용과 가집행선고[36]를 구하는 내용을 함께 적는 것이 관행이다.

---

34) 반소(反訴)란 소송계속중에 피고가 당해 소송절차를 이용하여 원고를 상대로 제기하는 소를 말한다.

35) 장래이행의 소는 "미리 청구할 필요"가 있는 경우에 한해 소의 이익이 인정되며, 통상 청구권의 기초가 되는 사실상, 법률상 관계가 변론종결시까지 존재하여야 하고, 그 상태가 계속될 것이 확실히 예상되어야 한다. 미리 청구할 필요가 인정되는 경우로는 "계속적·반복적 이행청구에 있어 현재 이행기 도래분을 이행하고 있지 않은 경우"나 "이행기 미도래의 부작위채무 때에 이미 당해 의무를 위반하고 있거나 위반의 객관적 염려가 인정되는 경우" 등이 있다.

36) 재산권의 청구에 관한 판결에는 상당한 이유가 없는 한, 당사자의 신청 유무를 불문하고 직권으로 가집행을 할 수 있다는 것을 선고하여야 한다(민사소송법 제213조 제1항).

3) 청구원인

청구원인은 넓은 의미로는 소송물인 권리관계의 발생원인에 해당하는 사실관계를 뜻하고, 좁은 의미로는 청구취지를 보충하여 소송물(청구)을 특정하기 위해 필요한 사실을 말하는데,[37] 소장의 필수적 기재사항에서의 의미는 좁은 의미의 청구원인이다.[38] 즉 소장에서 기재해야 할 청구원인은 청구를 다른 것과 구별시키고 오인 혹은 혼동시키지 않을 정도의 사실을 의미한다. 사실관계를 기재할 때에는 해당 사실을 법적으로 평가하여 법률적 용어로 표현할 필요는 없다. 청구원인의 기재에 관해서는 민사소송규칙 제62조에서 청구를 뒷받침하는 구체적 사실, 피고가 주장할 것이 명백한 방어방법에 대한 구체적인 진술, 입증이 필요한 사실에 대한 증거방법을 적도록 하고 있다.[39]

(2) 임의적 기재사항

임의적 기재사항은 소장에 기재해도 되지만 소장의 효력과 관

---

37) 소송물의 특정을 위해 청구원인을 반드시 적어야 하는가에 관해서는 소송물이론에 따라 다른 결론에 이를 수 있다. 통상적으로 확인의 소에 있어서는 이론적 대립이 거의 없으나, 이행의 소와 형성의 소에 있어서는 대립이 있고[김홍규, 『민사소송법』 제8판, 삼영사(2005), 184면], 신소송물이론 중 일지설을 제외한 나머지 이론에서는 이를 요구하고 있다는 주장도 있다[정동윤, 유병현, 『민사소송법』 제2판, 법문사(2007), 77면].

38) 청구원인에 어떠한 사실을 기재해야 하는지에 관해 식별설과 이유기재설의 대립이 있다. 식별설은 청구인 권리관계를 다른 권리관계와 구별하기에 필요한 사실을 기재하면 되며, 좁은 의미의 청구원인을 기재하면 된다는 견해이고, 이유기재설은 청구를 이유 있게 하는 모든 사실을 기재해야 하며, 넓은 의미의 청구원인을 기재해야 한다는 견해이다. 적시제출주의를 취하고 있는 현행법 하에서 소장은 심판의 대상인 청구를 명확히 하는 정도면 충분하고, 청구를 이유 있게 하는 사실은 피고가 청구를 인낙하지 않는 경우에 한해 뒤에 공격방법으로 주장할 수 있고, 준비서면에 적어도 되기 때문에(민사소송법 제274조 제1항 제4호) 식별설이 타당하다.

39) 이는 소장이 준비서면으로서의 기능을 겸하게 하여 소송촉진을 기할 수 있게 하기 위함과 상대방 및 법원에 대하여 이후의 소송을 예상할 수 있게 하기 위함이다.

련이 없기 때문에 기재하지 않아도 소장각하명령의 대상이 되지 않는 것을 말한다. 소장에는 준비서면[40]에 관한 규정이 준용되므로(제249조 제2항) 준비서면의 기재사항으로 규정된 사항을 적을 수 있다. 이는 소장으로 하여금 원고의 최초의 준비서면으로서의 역할을 하게 하려는 취지이다.[41]

통상적으로 기재되는 것은 사건의 표시,[42] 덧붙인 서류의 표시, 작성한 날짜, 법원의 표시 등이며, 그 밖에도 소송대리인의 성명과 주소, 관할원인 등 소송요건의 기초가 되는 사실, 청구를 이유있게 하기 위한 사실과 이를 뒷받침하는 증거방법 등이 있다.

4. 소송대리

민사재판절차에서 본인에 의해 이루어지는 소송행위는 대리에 친한 행위로써 대리인에 의한 대리가 가능하다. 다만 민법상 대리와는 달리 소송절차의 안정을 위해 소송상의 대리권의 증명은 반드시 서면에 의하도록 되어 있고(제58조, 제59조), 대리권이 소멸된 경우 이를 통지해야 하며(제63조, 제97조), 대리권의 범위가 법정되어 있는 경우도 있으며(제56조, 90조), 민법상 표현대리의 원칙을 배제(판례)하는 등 대리권의 존재와 범위를 명확히 하고 있다.

당사자의 이름으로 당사자에 갈음하여 소송행위를 하거나 상대방으로부터 소송행위를 받아 그 효과를 당사자본인에게 귀속시키는 자를 소송상의 대리인이라 하며,[43] 법정대리인과 임의대리인

---

40) 준비서면이란 당사자가 변론에서 주장하고자 하는 사실상·법률상 사항을 기일 전에 예고적으로 기재하여 법원에 제출하는 서면을 말하며, 준비서면인지 여부는 서면의 표제에 따른 것이 아니라 담고 있는 내용에 의해 정해진다.

41) 『법원실무제요 민사소송Ⅱ』, 법원행정처(2005), 19면.

42) "대여금청구의 소"라고 적는 것과 같은 것을 말한다.

43) 대리인에 의한 소송행위의 효과는 본인에게만 미치고 대리인에게는 미치지 않는다.

으로 나누어 살펴볼 수 있다. 법정대리인이란 본인의 의사에 의하지 아니하고 대리인이 된 자를 말하며,[44] 실체법상의 법정대리인(제51조), 소송법상의 특별대리인(제62조, 제378조), 법인 등의 대표자(제64조) 등이 있다. 임의대리인이란 당사자 본인의 의사에 기해 대리권이 발생하는 대리인을 말하며, 법령상 소송대리인, 소송위임에 의한 소송대리인 등이 있다.

좁은 의미의 소송대리인은 소송위임에 의한 소송대리인을 가리키는데, 이는 특정사건의 소송수행을 위해 당사자 본인으로부터 위임을 받은 대리인을 말하며, 원칙적으로 변호사만이 소송대리인이 된다(제87조).[45] 예외적으로 단독사건에서 법원의 허가를 얻은 자(제88조), 소액사건에서 당사자와 일정한 관계에 있는 자(소액사건심판법 제8조 제1항) 등은 변호사가 아니라 하더라도 소송대리인이 될 수 있다.

5. 소송구조

당사자가 민사소송을 수행할 때에는 각종의 비용이 소요되는데, 이러한 소송비용을 지출할 자금능력이 부족한 사람에게 법원이 당사자의 신청 또는 직권으로 재판에 필요한 비용(인지대, 변호사 보수, 송달료, 증인여비, 감정료 기타 재판비용)의 납입을 유예 또는 면제시킴으로써 그 비용을 내지 않고 재판을 받을 수 있도록 하는 소송구조제도[46]가 있다(제128조 내지 제133조).[47]

---

44) 이처럼 법정대리인을 인정하는 것은 소송무능력자의 소송상 권익을 보호하기 위함이다.

45) 본인 소송이 가능하지만, 대리인을 통해 소송을 수행하고자 하는 경우 대리인은 원칙적으로 변호사의 자격을 가진 자에 한한다.

46) 다른 한편으로는 경제적으로 어렵거나 법을 몰라서 법의 보호를 충분히 받지 못하는 자에게 법률구조를 함으로써 기본적 인권을 옹호하고 나아가 법률복지를 증진하는 데에 이바지함을 목적으로 하는 「법률구조법」이 제정되어

이와 같은 소송구조를 받기 위해서는 신청인의 무자력과 승소가능성이라는 두 가지의 요건이 충족되어야 한다. 먼저 무자력은 자연인의 경우에는 경제적으로 빈곤하여 자기 및 가족에게 필요한 생활을 해하지 않고서는 소송비용을 지출할 수 없는 상태를 의미하고, 이에 대한 소명자료로 "소송구조 재산관계진술서"를 작성해서 제출하면 된다. 다음으로 승소가능성은 신청인이 그 소송에서 패소할 것이 분명하지 않을 경우 인정되며, 법원이 재판절차에서 현출된 자료를 기초로 판단한다.

소송구조는 소를 제기하려는 사람과 소송계속 중의 당사자가 신청할 수 있으며, 자연인은 물론 외국인과 법인도 신청이 가능하며, 소 제기 전에는 소를 제기하려는 법원, 소 제기 후에는 소송기록을 보관하고 있는 법원에 신청할 수 있다.

Ⅲ. 소장의 적식과 소제기의 적법성 판단

1. 사건의 배당과 사물관할

(1) 사건의 배당

소장이 법원에 제출되면, 사건기록을 작성한 뒤에 사무배당에 의하여 법원은 소송사건을 특정한 재판부(단독판사 또는 합의부)에 배당하는데, 이때 사물관할에 따라 배당한다.

사물관할이란 제1심 민사사건을 다루는 지방법원 단독판사와 지방법원 합의부 사이에서 사건의 경중을 표준으로 재판권의 분

있고, 이를 위해 대한법률구조공단이 설립 및 운영되고 있다.

47) 소송구조의 대상은 민사소송에만 한정되어 있는 것이 아니며, 행정소송, 가사소송의 본안사건은 물론이고, 독촉사건, 가압류・가처분신청사건도 그 대상이 된다.

담관계를 정해 놓은 것을 말한다.[48] 원칙적으로 제1심 민사사건에 대해서 법률에 특별히 규정된 사건을 제외하고는 원칙적으로 지방법원 단독판사의 관할에 속한다(법원조직법 제7조 제4항). 하지만 지방법원 합의부는 단독판사의 관할에 속하는 경우라도 상당하다고 인정하면 스스로 심판할 수 있고(제34조 제3항), 단독판사도 그 관할에 속하는 소송이 상당하다고 인정될 때에는 지방법원 합의부로 이송할 수 있도록 하고 있다(제34조 제2항).

(2) 합의부사건과 단독사건

합의부에서 관할하는 사건은 재정합의사건(법원조직법 제32조 제1항 제1호), 소송목적의 값이 1억원을 초과하는 사건(민사 및 가사소송의 사물관할에 관한 규칙 제2조),[49] 비재산권을 목적으로 하는 소와 재산권상의 소로서 소송목적의 값을 산정할 수 없는 사건(민사소송 등 인지법 제2조 제4항), 법률에 의해 합의부의 관할로 된 사건[50], 견련사건[51] 등이 있다.

단독판사가 관할하는 사건은 원칙적으로 제1심 민사사건 중 합의부의 관할사건을 제외한 모든 민사사건이다. 통상적으로 소송목적의 값이 1억원 이하의 사건,[52] 사안이 단순한 사건,[53] 재정단

---

48) 지방법원 단독판사와 지방법원 합의부는 같은 지방법원 내의 재판기관이기 때문에 조직상 별개의 법원은 아니나, 외국과 달리 우리나라에서는 소송상으로 별개의 법원으로 보기 때문에, 양자의 재판권의 분담관계는 사무분담의 문제가 아니라 관할의 문제이다.

49) 수표금·어음금청구사건은 가액에 상관없이 단독사건에 해당한다.

50) 회생사건 및 파산사건(채무자 회생 및 파산에 관한 법률 제3조), 등록취소의 심판청구(신문 등의 자유와 기능 보장에 관한 법률 제21조 제3항) 등이 있다.

51) 본소가 합의사건인 경우는 이에 견련되는 반소(민사소송법 제269조), 중간확인의 소(제264조), 독립당사자참가(제79조) 등의 관련청구는 소가가 1억원 이하라도 합의부가 관할한다.

52) 소가 1억원까지의 단독사건은 소액단독사건, 중액단독사건, 고액단독사건으로 분류된다. 먼저 소액단독사건은 소가 2,000만원 이하의 사건을 말하는 것으로, 시·군법원관할구역 내의 사건이면 시·군법원만이 전속적 사물관할권

독사건(민사 및 가사소송의 사물관할에 관한 규칙 제2조 제4호) 등이 있다.

(3) 소액사건에 관한 특례

소송목적의 값이 2,000만원 이하인 금전 그 밖의 대체물·유가증권의 일정수량의 지급을 구하는 사건은 소액사건으로 분류되어 「소액사건심판법」에 따르게 된다.[54]

소액사건심판절차는 처분권주의나 변론주의와 같은 민사소송의 기본원칙[55]은 그대로 유지하면서, 소제기, 변론, 증거조사, 판결서 작성 등에 관해 특례[56]를 두고 있다. 구체적으로 소를 제기함에 있어 구술제소와 임의출석에 의한 제소를 인정하고 있고(소액사건심판법 제4조, 제5조), 비변호사가 법원의 허가 없이도 소송대리를 할 수 있으며(배우자, 직계혈족, 형제자매)(동법 제8조), 야간 및 공휴일에도 개정할 수 있고(동법 제7조의2), 서면심리에 의한 청구기각이 가능하며(동법 제9조 제1항), 판결이유의 기재를 생략할 수 있고(동법 제11조의2),[57] 상고 및 재항고 이유가 매우 제한적[58]이다(동법 제3조).

을 가지며 「소액사건심판법」의 적용을 받는다. 중액단독사건은 소가 2,000만원 초과 8,000만원 이하의 사건을 말하며, 2심은 지방법원합의부가 담당한다. 고액단독사건은 소가 8,000만원 초과 1억원까지의 사건을 말하며, 2심은 고등법원이 담당한다(민사 및 가사소송의 사물관할에 관한 규칙 제4조).

53) 수표금·어음금 청구사건, 금융기관 등이 원고인 대여금·구상금·보증금 청구사건, 자동차나 철도운행·산업재해로 인한 손해배상청구사건 및 채무부존재확인 사건 등을 말한다.

54) 「소액사건심판법」은 제1심에 한해 적용되고 항소심부터는 민사소송법에 따라 심리한다.

55) 후술하는 "변론의 실시[2. 변론절차 - (1) 심리의 기본원칙]"를 참조하라.

56) 간이집행절차의 부재로 인해 아쉬움이 남는다.

57) 주문이 정당함을 인정할 수 있는 범위 내에서 이유의 요지를 구술로 설명할 수 있다.

58) 사실상 2심제에 가깝게 운영되고 있다.

소액사건의 경우 이행권고제도가 마련되어 있어 법원은 소액사건이 제기된 경우 특별한 사정이 없으면 원고가 낸 소장부본을 첨부하여 피고에게 원고의 청구취지대로 의무이행을 할 것을 권고하는 취지의 결정을 할 수 있다(동법 제5조의3). 법원으로부터 결정서등본을 송달받은 피고는 그 날로부터 2주 이내(불변기간)에 서면으로 이의신청을 할 수 있다(동법 제5조의4). 피고가 이행권고결정의 송달을 받고 이의기간내에 이의신청을 하지 아니한 때, 이의신청각하결정이 확정된 때 그리고 이의신청이 취하된 때에는 이행권고결정은 확정판결과 동일한 효력을 갖는다.

2. 재판장의 소장심사

사건이 배당되면 재판장(합의체의 재판장 또는 단독사건에서의 단독판사)이 소장의 형식적 사항을 심사하며(제254조 제1항),[59] 구체적으로 소장에 필수적 기재사항이 모두 기재되었는지 여부 그리고 소정의 인지가 첩부(貼付)되어 있는지 여부 등을 살핀다.[60]

재판장이 소장을 심사한 결과, 소장에 흠이 있다고 판단되면 상당한 기간을 정하여 보정을 명하여야 하며(제254조 제1항), 이를 보

59) 각종 소송서류의 접수와 관련하여 법원사무관 등이 접수된 소송서류의 보완을 위하여 필요한 사항을 지적하고 보정을 권고할 수 있는데(민사소송규칙 제5조 제1항・제3항), 접수서류의 요건에 관하여 그 적부를 판단하는 정식의 권한을 갖는 것은 재판장 또는 수소법원이고, 접수담당 법원사무관 등이 접수서류에 관하여 심사하는 것은 수소법원 등을 보좌하는 입장에서 행하는 것일 뿐이므로, 소송서류가 제출된 경우 접수담당 법원사무관 등은 이를 일단 접수하여야 한다. 따라서 접수담당자는 소송서류 그 밖의 사건관계 서류(이하 "소송서류등"이라 한다)에 인지부족 등 흠을 발견하였을 때에는 바로 서류제출자에게 그 흠을 보정하도록 촉구하고, 이를 거절하거나 또는 우편제출・당직접수로 인하여 흠을 보정하지 못한 서류는 그 서류에 간명하게 흠의 내용을 적은 부전지를 첨부하고 접수처리하여야 한다(법원민원사무처리내규 제5조, 접수예규 제6조).

60) 주의할 것은 소송요건의 구비여부나 청구의 당부는 재판장의 소장심사대상이 아니라는 사실이다.

정명령이라 한다. 보정명령에 대해서는 독립하여 이의신청이나 항고를 할 수 없으며, 보정기간의 연장신청에 대한 허용 여부는 재판장의 재량에 속한다.[61] 이러한 보정명령에 불응하여 원고가 보정기간 이내에 소장의 흠을 보정하지 않는 경우에는 재판장은 명령으로 소장을 각하하게 되는데(제254조 제2항), 소장각하명령을 받은 원고는 즉시항고를 하여 그 위법을 다툴 수 있다(동조 제3항).

재판장은 소장을 심사하면서 필요하다고 인정되는 경우에는 원고에게 청구하는 이유에 대응하는 증거방법을 구체적으로 적어내도록 명할 수 있고, 원고가 소장에 인용한 서증의 등본 또는 사본을 붙이지 아니한 경우에는 이를 제출하도록 명할 수 있다(제254조 제4항).[62]

3. 소장부본의 송달

재판장은 제출된 소장을 심사하여 적식하다고 인정한 때(소장에 흠이 없는 경우 또는 흠이 보정된 경우)에는 특별한 사정이 없는 한 소장의 부본을 바로 피고에게 송달하여야 하며(제255조 제1항), 송달에 관한 사무는 법원사무관 등이 담당한다(제175조 제1항). 피고에 대한 소장부본의 송달에 의해 소송계속[63]의 효과가 발생하고, 소장에 피고에 대한 최고, 계약의 해제, 해지의 통지 기타 실체법

61) 대법원 1969.12.19. 69마500 결정.

62) 이는 2002년「민사소송법」개정 당시 신설된 조문으로서 이를 통해 소장의 충실화를 도모하고, 소송절차가 개시되는 처음의 단계에서부터 주장과 증거를 정리하고, 피고의 방어준비를 용이하게 하여 실질적 내용이 담긴 답변서를 유도함으로써 쟁점을 조기에 부각시켜 집중심리의 효율화를 꾀하고자 한 것이다.

63) 소송계속은 특정한 청구에 대해 법원에 판결절차가 현실적으로 진행중인 상태, 즉 법원이 판결을 함에 있어 필요한 행위를 할 수 있는 상태를 말한다. 이러한 소송계속은 판결절차에 의해 처리되는 상태를 의미하기 때문에 판결절차가 아닌 강제집행절차, 가압류・가처분절차, 증거보전절차 등에서는 소송계속이 발생하지 않는다.

상의 의사표시가 기재되어 있는 때에는 그 부본이 피고에게 송달됨으로써 최고 기타의 의사표시를 한 것으로 된다.[64]

소장에 적힌 피고의 주소가 잘못되어 송달할 수 없게 된 경우, 재판장은 원고에게 상당한 기간을 정하여 보정을 명하고, 보정이 불가능하거나 보정에 응하지 않으면 소장각하명령을 하여야 한다(제255조 제2항). 당사자의 주소 등 또는 근무장소를 알 수 없는 경우 또는 외국에서 하여야 할 송달에 관하여 제191조[65]의 규정에 따를 수 없거나 이에 따라도 효력이 없을 것으로 인정되는 경우에는 재판장은 직권으로 또는 당사자의 신청에 따라 공시송달[66]을 명할 수 있고(제194조 제1항), 당사자의 신청에 의할 경우 당사자는 그 사유를 소명하여야 한다(동조 제2항).

4. 피고의 답변서제출의무와 무변론판결

피고가 원고의 청구를 다투는 때에는 소장부본을 송달받은 날부터 30일 이내에 답변서를 제출해야 한다. 다만 공시송달의 방법에 따라 소장부본을 송달받은 경우에는 그러하지 아니하다(제256조 제1항). 그리고 법원은 소장부본을 송달할 때에 위의 취지를 피고에게 알려야 하는데(제256조 제2항), 실무상으로는 소송절차안내서[67]를 보내고 있다.

---

64) 대법원 1982.5.11. 선고 80다916 판결.

65) **민사소송법 제191조 (외국에서 하는 송달의 방법)** 외국에서 하여야 하는 송달은 재판장이 그 나라에 주재하는 대한민국의 대사·공사·영사 또는 그 나라의 관할 공공기관에 촉탁한다.

66) 공시송달이란 당사자의 주소등 행방을 알기 어려워 송달장소의 불명으로 통상의 송달방법에 의해서는 송달을 할 수 없게 된 경우 하는 송달로 법원사무관 등이 송달서류를 보관하고 그 사유를 법원게시판에 게시하거나 관보·공보·신문에 게재하거나 전화자동응답시스템·PC통신·인터넷 등 전자통신매체를 이용한 공시 중 하나의 방법으로 알린다(민사소송규칙 제54조 제1항). 현재 법원 홈페이지에 공시송달 게시판이 별도로 마련되어 있으며, 이를 통해 공시송달이 주로 이루어지고 있다.

답변서의 작성에 관해서는 준비서면에 관한 규정이 준용되므로(제256조 제4항) 원고의 청구와 공격 또는 방어의 방법에 대한 진술과 사실상 주장을 증명하기 위한 증거방법 및 상대방의 증거방법에 대한 의견, 그리고 청구의 취지에 대한 답변과 소장에 기재된 개개의 사실에 대한 인정여부 및 이에 관한 증거방법, 항변과 이를 뒷받침하는 구체적 사실 및 이에 관한 증거방법 등을 기재해야 한다(민사소송규칙 제65조 제1항).

이후 피고가 원고의 청구를 다투는 답변서를 법원에 제출하면 재판장은 그 부본을 원고에게 송달하고(제256조 제3항), 변론준비절차에 부칠 필요가 있는 사건을 제외하고는 원칙적으로 변론기일[68]을 바로 지정해야 한다(제258조 제1항).

피고가 답변서 제출기간 내에 답변서를 제출하지 아니한 경우 또는 피고가 원고의 청구의 원인이 된 사실을 모두 자백하는 취지의 답변서를 제출하고 따로 항변을 하지 아니한 경우에는 청구원인사실에 대해 자백한 것으로 보고 변론 없이 판결을 선고할 수 있다(제257조 제1항, 제2항). 다만 직권으로 조사할 사항이 있거나 판결이 선고되기까지 피고가 원고의 청구를 다투는 취지의 답변서를 제출한 경우에는 그러하지 아니하다. 그리고 법원은 피고에게 소장부본을 송달할 때에 위 규정에 따라 변론 없이 판결을 선고할 기일을 함께 통지할 수 있다(제257조 제3항).

---

67) 민사 사건에 대하여 소장부본을 송달할 때에는 단독 및 합의사건은 소송절차안내서(전산양식 A1176)와 같은 양식으로 인쇄된 소송절차 안내 서면을 반드시 함께 송달하여야 한다. 다만, 각급법원은 당해 법원의 실정, 사건의 특수성 등을 감안하여 위 소송절차 안내서 양식을 변형하여 사용할 수 있다[『법원실무제요 민사소송Ⅱ』, 법원행정처(2005), 62면].

68) 기일이란 법원, 당사자, 기타 소송관계인이 모여서 소송행위를 하기 위하여 정해진 시간을 말하며, 그 목적에 따라 변론기일, 변론준비기일, 증거조사기일, 화해기일, 판결선고기일 등이 있다.

답 변 서

사건번호 20 가 [담당재판부 : 제 (단독)부]
원 고 (이름)
(주소)
피 고 (이름) (주민등록번호 -)
(주소) (연락처)

위 사건에 관하여 피고는 다음과 같이 답변합니다.

청구취지에 대한 답변

청구원인에 대한 답변

20 . . .

피고 (날인 또는 서명)

○○지방법원 귀중

◇ 유의사항 ◇

1. 연락처란에는 언제든지 연락 가능한 전화번호나 휴대전화번호를 기재하고, 그 밖에 팩스번호, 메일 주소 등이 있으면 함께 기재하기 바랍니다.
2. 답변서에는 청구의 취지와 원인에 대한 구체적인 진술을 적어야하고 상대방 수만큼의 부본을 첨부하여야 합니다.
3. 「청구의 취지에 대한 답변」에는 원고의 청구에 응할 수 있는지 여부를 분명히 밝혀야 하며, 「청구의 원인에 대한 답변」에는 원고가 소장에서 주장하는 사실을 인정하는지 여부를 개별적으로 밝히고, 인정하지 아니하는 사실에 관하여는 그 사유를 개별적으로 적어야 합니다.
4. 답변서에는 자신의 주장을 증명하기 위한 증거방법에 관한 의견을 함께 적어야 하며, 답변사항에 관한 중요한 서증이나 답변서에서 인용한 문서의 사본 등을 붙여야 합니다.

〈답변서 양식〉[69]

69) 대법원 홈페이지 전자민원센터(http://help.scourt.go.kr/minwon/min_main/index.html).

5. 적법한 소제기를 위한 소송요건

(1) 소송요건의 의의

소장이 피고에게 송달되어 원고와 피고 사이에 소송계속이 발생하면 본안판결을 받기 위한 전제로서 일정한 요건이 구비되어야 하는데, 이처럼 소가 적법한 취급을 받기 위하여 구비해야 될 사항을 소송요건이라 한다.

소송요건의 조사시기는 논리적으로는 소장심사 이후 본안심리 이전이 되므로, 통상 피고의 답변서 제출기한이 지난 후 재판장이 최초로 기록에 대한 실질적 심사를 하게 될 때 소송요건에 대한 조사를 하는 것이 타당하다. 하지만 실무에서는 소장심사를 할 때 소송요건에 대한 조사를 할 수도 있고, 반드시 본안심리에 앞서 조사를 끝내야 하는 것도 아니므로 본안심리 중에도 수시로 심사하여 그 흠이 드러나면 더 이상의 본안심리를 그치고 보정을 명하며, 소장심사 또는 본안심리의 어느 단계에서든지 보정이 불가능함이 밝혀졌거나 또는 보정명령에 불응한 경우에는 판결로 소를 부적법 각하한다.[70]

(2) 구체적 소송요건

법원에 관한 소송요건으로는 첫째, 피고 및 사건이 우리나라의 재판권에 속할 것,[71] 둘째, 법원이 관할권을 가질 것,[72] 셋째, 민사소송사항일 것 등이 있다.

70) 『법원실무제요 민사소송Ⅱ』, 법원행정처(2005), 73면.

71) 우리나라 법원이 재판권을 행사할 수 없는 경우로 재판권의 대인적 제약(재판권면제자에 대한 재판권의 배제), 대물적 제약(국내법원과 외국법원 사이의 재판권의 분장 한계에 따른 재판권의 배제) 등이 있다. 한편 외국법인이 우리나라 재판권에 복종할 의사로 우리나라 법원에 스스로 소를 제기한 이상 그 소는 적법하다(대법원 1978.2.14. 선고 77다2310 판결). 위의 책, 74면.

72) 법원의 관할은 소송요건이기는 하지만, 관할위반은 소각하판결을 할 사유가 아니며 결정으로 관할법원에 이송하여야 한다(민사소송법 제34조).

당사자에 관한 소송요건으로는 첫째, 당사자가 실재하고 당사자능력[73]이 있을 것,[74] 둘째, 당사자적격[75]이 있는 정당한 당사자일 것, 셋째, 소송능력,[76] 법정대리권, 소송행위[77]에 필요한 수권, 법인 등의 대표권이 있을 것, 넷째, 원고에게 소송비용담보 제공의무가 있는 경우에는 이를 이행할 것[78] 등이 있다.

소송물에 관한 소송요건으로는 소의 이익을 필요로 하는데, 국가적·공익적 입장에서의 소의 이익은 무익한 소송제도의 남용을 통제하는 것이고, 당사자 입장에서의 소의 이익은 소송제도를 이용할 정당한 이익 또는 필요성을 의미한다. 소의 유형에 상관없이 공통적인 소의 이익으로는 첫째, 청구가 소구할 수 있는 구체적인 권리 또는 법률관계일 것, 둘째, 법률상 또는 계약상의 소제기 금지사유[79]가 없을 것, 셋째, 소제기 장애사유[80]가 없을 것,

---

73) 당사자능력이란 민사소송의 당사자(소송주체)가 되어 소송상 여러 가지 효과의 귀속주체가 될 수 있는 일반적 능력을 말하며, 민법상의 권리능력에 상응하는 개념이다. 다만 권리능력 없는 법인에 대해서도 당사자능력을 인정하고 있어 민법상의 권리능력과 완전히 동일하지는 않다.

74) 사망자를 상대로 한 소, 민사소송법 제52조의 요건에 해당되지 않는 단체·시설 등을 상대로 한 소는 모두 이러한 소송요건이 결여된 것이고, 소장이 제1심 법원에 접수되기 전에 원고가 사망한 경우 그 원고 명의의 소제기 역시 부적법한 것이다(대법원 1990.10.26. 선고 90다카21695 판결). 『법원실무제요 민사소송Ⅱ』, 법원행정처(2005), 75면.

75) 당사자적격이란 어느 특정한 분쟁에 관해 당사자로서 소송을 수행하고 본안판결을 유효하게 받을 수 있는 자격을 말한다.

76) 소송능력이란 당사자로서 유효하게 소송행위를 하거나 소송행위를 받기 위해 갖추어야 하는 능력을 말하며, 민법상의 행위능력에 상응하는 개념으로 소송상의 행위능력이라 불리기도 한다.

77) 소송행위란 소송절차를 형성하고 그 요건과 효과가 소송법에 의해 규율되는 행위를 말한다.

78) 원고가 국내에 주소·사무소·영업소를 두지 않은 경우에 피고의 신청이 있을 때에는 법원이 원고로 하여금 소송비용의 담보를 제공하도록 명하여야 하는데, 이에 따라 법원이 담보제공명령을 한 때에는 원고가 필요한 담보를 제공하여야 한다(민사소송법 제117조). 만일 원고가 담보를 제공하여야 할 기간 이내에 이를 제공하지 아니하는 때에는 법원은 변론 없이 판결로 소를 각하할 수 있다(동법 제124조). 『법원실무제요 민사소송Ⅱ』, 법원행정처(2005), 76면.

넷째, 원고가 동일 청구에 대하여 승소확정판결을 받은 경우가 아닐 것, 다섯째, 신의칙위반의 소제기가 아닐 것 등이 있다.

(3) 소송요건의 조사와 법원의 조치

소송요건에는 항변사항[81]과 직권조사사항[82]이 있다. 먼저 항변사항은 소송요건 가운데 그 존재를 피고가 주장하지 않는 한 문제로 삼지 않는 사항으로서 주로 당사자의 이익을 중심으로 하여 소송요건으로 인정된 것이므로 소송절차에 관한 이의권의 포기·상실의 대상이 된다. 반면 직권조사사항은 법원이 직권으로 조사하여 참작해야 하는 사항으로서 소송절차에 관한 이의권의 포기·상실이나 자백의 대상이 되지 않는다.

소송요건의 존부를 판단하는 시기는 원칙적으로 사실심의 변론종결시이다.[83] 따라서 소제기 시점에 소송요건이 구비되지 않았더라도 변론종결시까지 이를 구비하면 적법한 소가 된다. 하지만 소제기 시점에 소송요건이 구비되어 있었다 하더라도 소송계속 중에 해당 소송요건에 흠결이 발생하면 본안판결을 할 수 없음이 원칙이다.

---

79) 법률상 소제기금지 사유로는 중복제소금지(민사소송법 제259조)와 재소금지(동법 제267조 제2항) 등이 있고, 계약상 소제기금지 사유로는 부제소특약이 있는데, 부제소특약은 분쟁이 발생한 경우 당사자간에 협의를 통해 장차 민·형사상 소송을 제기하지 않겠다고 합의를 하는 경우(예: 교통사고 발생시)를 말한다.

80) 법률이 통상의 소 아닌 간이하고 경제적인 특별구제절차를 마련하고 있는 경우(예: 소송비용확정절차에 의할 것인데도 신체감정비용 등 소송비용의 상환이나 가압류비용청구의 소를 제기)가 이에 해당한다.

81) 항변사항에 해당하는 사유로는 임의관할(민사소송법 제30조, 제411조) 위반, 소송비용의 담보제공(민사소송법 제117조) 불이행, 중재계약(중재법 제9조), 부제소합의(대법원 1993.5.14. 선고 92다21760 판결), 소취하계약(대법원 1982.3.9. 선고 81다1312 판결) 등이 있다.

82) 항변사항들을 제외한 나머지 소송요건의 대부분은 직권조사사항에 해당한다.

83) 대법원 1977.5.24. 선고 76다2304 전원합의체 판결.

소송요건에 흠결이 있는 경우, 이를 보정할 수 없거나 보정을 명하였음에도 불구하고 당사자가 이에 응하지 아니한 때에는 소각하의 판결을 하게 된다. 보정이 불가능한 경우에는 변론 없이 판결로 소를 각하할 수 있다(민사소송법 제219조).

소송요건의 흠결을 간과하고 판결을 한 경우에는 확정 전에는 상소로, 확정 후에는 재심사유에 해당하는 경우에 한해 재심을 통해 다툴 수 있다.

6. 법관의 제척 · 기피 · 회피

공정한 재판을 위해 법관이 당해 사건과 특정한 관계가 있는 경우 해당 법관을 그 사건의 직무집행에서 배제토록 하는 제도를 법관의 제척 · 기피 · 회피라 한다. 이는 법관만을 그 대상으로 하는 것은 아니며, 사법보좌관, 법원사무관, 감정인, 집행관 등에 대해서도 그 업무의 성격상 일부 내지 전부에 대해서 각 해당 법률에서 규정하고 있다.

법관의 제척이란 법관이 구체적인 사건에 대해 법률에서 정한 특수한 관계[84]가 있는 경우 법률에 의해 당연히 그 사건에서 직무집행을 할 수 없게 되는 경우를 말한다. 제척이유의 존부는 해당 법관과 그 소송합의부의 직권조사항이며, 제척이유에 대해 다툼이 있거나 의심이 있는 경우 직권 또는 당사자의 신청에 의해 제척의 재판을 해야 한다.

---

84) 제척이유는 「민사소송법」 제41조에 열거적으로 규정되어 있으며, 다음과 같다. 1. 법관 또는 그 배우자나 배우자이었던 사람이 사건의 당사자가 되거나, 사건의 당사자와 공동권리자 · 공동의무자 또는 상환의무자의 관계에 있는 때 2. 법관이 당사자와 친족의 관계에 있거나 그러한 관계에 있었을 때 3. 법관이 사건에 관하여 증언이나 감정(감정)을 하였을 때 4. 법관이 사건당사자의 대리인이었거나 대리인이 된 때 5. 법관이 불복사건의 이전심급의 재판에 관여하였을 때. 다만, 다른 법원의 촉탁에 따라 그 직무를 수행한 경우에는 그러하지 아니하다.

법관의 기피란 법률상 정해진 제척이유 이외에 재판의 공정을 기대하기 어려운 사정이 있는 경우 당사자의 신청을 기다려 재판에 의해 비로소 법관이 직무집행에서 배제되는 것을 말한다. 기피제도는 제척제도를 보충하기 위해 비유형적인 형태를 갖추고 있는데, 기피사유에 해당하는 "재판의 공정을 기대하기 어려운 사정"은 일반인의 판단으로 법관이 당해 사건에 대해 불공평한 재판을 할 우려가 있는 객관적인 사정을 말한다. 기피는 합의부 소송법관에 대한 것은 소속합의부에, 단독판사, 수명법관·수탁판사[85]에 대한 것은 당해 법관에게 그 이유를 밝혀 신청을 한다(제44조 제1항).[86]

법원은 제척 또는 기피신청이 있는 경우 재판이 확정될 때까지 소송절차를 정지해야 한다. 다만, 제척 또는 기피신청이 각하된 경우 또는 종국판결을 선고하거나 긴급을 요하는 행위를 하는 경우에는 그러하지 아니하다(제48조). 제척이유가 있는 법관이나 기피재판을 받은 법관이 재판에 관여한 경우 확정 전에는 절대적 상고이유에 해당하고, 확정 후에는 재심사유가 되어 이에 대해 다툴 수 있다.

법관의 회피란 법관 스스로가 제척 또는 기피이유가 있다고 판단해서 감독권 있는 법원의 허가를 얻어 자발적으로 직무집행에서 물러나는 것을 말한다(제49조). 회피는 재판이 아닌 허가에 의한 것이므로 실제 계속 직무집행을 하더라도 그 행위의 효력에는

---

85) 수명법관이란 합의체의 구성법관 중 법률에 규정된 사항의 처리를 위임받은 법관을 말하며, 수탁판사란 수소법원이 같은 급의 다른 법원에 일정한 재판사항의 처리를 부탁한 경우 그 처리를 맡은 다른 법원의 단독판사를 말한다.

86) 기피이유 및 소명방법은 신청한 날로부터 3일 이내에 서면으로 제출해야 한다(민사소송법 제44조 제2항). 만일 기피이유가 있음을 알면서 즉시 기피신청을 하지 않고, 본안에 관해 변론하거나 준비절차에서 진술한 경우에는 기피권을 상실한다. 그리고 당사자의 기피신청이 방식을 위반하였거나, 그 목적이 소송지연인 것이 명백한 경우에는 기피당한 법관 스스로가 신청을 각하할 수 있고, 다른 합의부에서 재판하는 경우 결정으로 재판한다.

영향이 없으며, 당사자가 제척 혹은 기피신청을 한 경우라 하더라도 당해 법관이 스스로 회피를 하면 그 신청은 효력이 없는 것으로 본다. 실무에서는 문제되는 법관이 정식의 절차를 거치지 않고 당해 사건의 담당을 피하기 위해 사건의 재배당신청을 하여 사실상 회피의 목적을 달성하는 일이 많다.[87]

Ⅳ. 변론의 실시

1. 변론준비절차

(1) 변론준비절차의 의의

변론준비절차는 변론이 효율적이고 집중적으로 실시될 수 있도록 당사자의 주장과 증거를 정리하기 위한 절차를 말한다(제279조 제1항). 재판장은 변론 없이 판결을 하는 경우 외에는 바로 변론기일을 지정하는 것이 원칙이고, 해당 사건을 변론준비절차에 부칠 필요가 있는 경우에 한해 변론준비절차에 부친다(제258조 제1항).[88] 재판장은 변론준비절차가 끝나면 바로 변론기일을 정하여야 한다(제258조 제2항). 변론준비절차는 변론절차와는 별개의 절차이므로 변론준비절차에서 수집된 소송자료와 증거자료는 변론에서 진술되거나 변론에 상정되어야 심리와 판단의 자료가 된다.

---

87) 이시윤, 앞의 책, 78면.

88) 구법 당시 변론준비절차가 임의적 절차임으로 인해 실무상 잘 활용되지 못하였으나, 2002년 개정 당시 변론준비절차를 원칙적으로 거쳐야 하는 절차로 변경하여 재판의 효율성을 도모하였다. 하지만 본인소송이 일반적인 현실적 상황에서 변론준비절차의 실효성에 대한 의문이 제기되고 오히려 재판을 지연시키는 효과가 있다는 지적에 따라 2008년 개정을 통해 다시 변론준비절차를 임의적 절차로 환원한 바 있다.

(2) 변론준비절차의 개시

재판장은 소의 변경, 반소의 제기, 소송참가 등으로 절차가 복잡해진 경우 등과 같이 특별한 사정이 있는 때에는 변론기일을 연 뒤에도 사건에 대한 변론준비절차를 개시할 수 있다(제279조 제2항). 민사소송규칙 제70조 제3항에서는 변론준비절차에서 재판장 등은 당사자와 변론의 준비 및 진행에 관한 협의를 할 수 있도록 하였고, 동조 제4항에서는 준비서면의 횟수, 분량 및 양식에 관한 협의도 가능하게 하였다. 뿐만 아니라 절차에 대한 협의를 당사자 쌍방과 재판장 등의 3자간의 통화를 통한 전화회의의 형태로 진행할 수 있는 근거를 마련하고 있다.

(3) 변론준비절차의 실시

변론준비절차의 진행은 재판장이 담당한다. 합의사건의 경우 재판장은 합의부원을 수명법관으로 지정하여 변론준비절차를 담당하게 할 수 있고, 재판장은 필요하다고 인정하는 때에는 변론준비절차의 진행을 다른 판사에게 촉탁할 수 있다(제280조 제2항, 제3항, 제4항).

변론준비절차를 진행하는 재판장 등은 변론의 준비를 위하여 필요하다고 인정하면 증거결정을 할 수 있으며, 재판장 등은 필요한 범위 안에서 증거조사를 할 수 있다. 다만, 증인신문 및 당사자신문은 일정한 제한이 있어 증인 등이 변론기일에 출석하기 어려운 경우 등 「민사소송법」 제313조에 해당하는 경우에만 할 수 있다(제281조).[89] 뿐만 아니라 변론준비절차에서 화해나(제286조, 제145조) 조정을 권고할 수 있고, 화해권고결정을 할 수 있다(제286조, 제225조 이하).

---

89) 변론준비절차에서 서증, 검증, 감정 등을 행하여 주장 및 증거의 정리를 하고, 이를 바탕으로 나아가 변론에서는 증인신문 및 당사자신문만으로 집중적 심리를 하여 변론을 종결할 수 있도록 하기 위함이다.

(4) 변론준비절차의 종류

변론준비절차의 종류로는 서면에 의한 방식과 기일에 의한 방식 두 가지가 있다. 변론준비절차에 회부되면 일단 서면에 의한 준비절차를 실시하고, 재판장 등은 필요한 경우에 변론준비기일을 열어 쟁점정리를 할 수 있다.

서면에 의한 변론준비절차는 기간을 정하여 당사자로 하여금 준비서면, 그 밖의 서류를 제출하게 하거나 당사자 사이에 이를 교환하게 하고 주장사실을 증명할 증거를 신청하게 하는 방법으로 진행한다(제280조 제1항).[90] 여기서의 기간은 일종의 재정기간[91]이지만 기간 중 준비서면을 제출하지 않으면 변론준비절차가 종결될 뿐 실권되지는 않는다.

서면에 의한 변론준비절차에 부쳐진 뒤 변론준비기일이 지정됨이 없이 4개월이 지난 때에는 재판장 등은 즉시 변론준비기일을 지정하거나 변론준비절차를 끝내야 한다(제282조 제2항).[92]

재판장 등은 서면공방방식에 의한 변론준비절차를 진행하는 중에 좀 더 주장 및 증거를 정리하기 위하여 필요하다고 인정하는 때에는 변론준비기일을 열어 당사자를 출석하게 할 수 있고(제282조 제1항), 이 절차가 실시되는 경우 실권효[93]의 제재가 따른다(제285조 제1항).

변론준비기일에는 소송대리인의 선임 여부와 상관없이 사건의 실체나 증거에 대하여 잘 알고 있는 당사자 본인을 출석시킬 수 있고(제282조 제1항), 당사자는 재판장 등의 허가를 얻어 제3자를

---

90) 실무상 소장부본의 송달을 받은 피고가 답변서를 제출하면, 그 부본을 원고측에 보내어 반박준비서면을 제출하게 하고, 이를 다시 피고측에 보내어 재반박준비서면을 제출하게 하는 방식으로 양쪽 당사자에게 통상적으로 약 1.5회에서 2회 정도의 기회가 주어진다.

91) 재정기간이란 법원, 재판장, 수명법관이 재판으로써 정하는 기간을 말한다.

92) 변론준비절차로 인해 오히려 소송이 지연되는 것을 방지하기 위함이다.

93) 후술하는 “(6) 실권효”를 참조하라.

대동할 수 있다(동조 제3항). 법원은 석명권[94] 행사나 석명처분(동조 제5항)이 가능하고, 필요한 경우 수회에 걸쳐 실시해도 되지만 서면준비절차와 합하여 6개월을 넘기지 못한다(제284조 제1항).

변론준비기일은 준비절차실 또는 심문실에서 비공개로 진행한다. 당사자는 변론의 준비에 필요한 주장과 증거를 정리하여 제출하여야 한다. 매기일마다 법원사무관 등이 원칙적으로 변론준비기일조서를 작성하여야 하는데, 공격 또는 방어방법, 상대방의 청구와 공격 또는 방어방법에 대한 진술을 적어야 하고, 특히 증거에 관한 진술을 명확히 해야 하며, 변론준비기일조서에는 변론조서에 관한 규정이 준용된다(제283조). 당사자가 불출석한 경우 진술간주, 자백간주 및 쌍불취하 등이 적용되며(제286조),[95] 준비절차를 종료시킬 수도 있다(제284조 제1항).

(5) 변론준비절차의 종결

재판장 등은 사건을 변론준비절차에 부친 뒤 6개월이 지난 때, 정한 기간 내에 준비서면 등을 제출하지 아니하거나 증거의 신청을 하지 아니한 때, 당사자가 변론준비기일에 출석하지 아니한 때에는 변론준비절차를 종결하여야 한다. 다만, 변론의 준비를 계속하여야 할 상당한 이유가 있는 때에는 계속한다(제284조 제1항). 변론준비절차를 종결하는 경우에 재판장 등은 변론기일을 미리 지정할 수 있다(동조 제2항).

---

94) 석명권이란 소송관계를 명확히 하기 위해 당사자에게 질문을 하거나 입증을 촉구할 뿐만 아니라 당사자가 간과한 법률상 사항을 지적하여 의견진술의 기회를 주는 법원의 권능을 말한다. 변론주의 원칙에 따라 소송자료의 제출책임은 당사자에게 주어지나 당사자가 소송수행과정에서 이를 제대로 행하지 못하는 경우가 있는데, 이 경우 법원이 당사자의 소송자료수집에 협력하여 변론주의의 결함을 시정하는 것이 바로 석명권행사의 역할이다.

95) 변론준비기일에서의 불출석의 효과가 변론기일에 승계되지는 아니하므로 변론준비기일에서 1회, 변론기일에서 1회 불출석 하였다고 하여 소취하로 간주되지는 아니한다.

(6) 실 권 효

변론준비기일에 제출하지 아니한 공격방어방법은 그 제출로 인하여 소송을 현저히 지연시키지 아니하는 때, 중대한 과실 없이 변론준비절차에서 제출하지 못하였다는 것을 소명한 때, 법원이 직권으로 조사할 사항인 때 이외에는 변론에서 제출할 수 없다(제285조 제1항). 서면에 의한 변론준비절차에서는 이러한 실권효가 발생하지 않고, 기일에 의한 변론준비절차에서만 실권효를 인정하고 있다.

실권효의 예외에 해당하여 이후 변론에서 해당 사항을 공격방어방법으로 제출할 수 있다하더라도 준비서면에 이를 적지 않은 경우에는 상대방이 불출석한 때에는 이를 변론에서 주장할 수 없다(제285조 제2항). 하지만 소장 또는 변론준비절차 전에 제출한 준비서면에 기재된 사항은 실권효 규정에도 불구하고 변론에서 주장할 수 있다(민사소송법 제285조 제3항 본문). 다만 이 경우에 준비서면에 기재된 사항이라 하더라도 변론준비절차에서 철회되거나 변경된 때에는 변론에서 주장할 수 없다(제285조 제3항 단서).

제1심의 변론준비절차는 항소심에서도 그 효력을 가지므로(제410조), 변론준비기일을 연 사건은 항소심에서도 실권효가 그대로 유지된다.

(7) 변론준비절차 이후의 변론기일의 운영

법원은 변론준비절차를 마친 경우에는 첫 변론기일을 거친 뒤 바로 변론을 종결할 수 있도록 하여야 하고, 당사자는 이에 협력하여야 한다(제287조 제1항).[96] 당사자는 변론준비기일을 마친 뒤, 변론기일에서 변론준비기일의 결과를 진술하여야 한다. 다만, 서

96) 「민사소송법」 제287조는 2002년 개정 당시 변론준비절차의 필수화에 따라 신설된 조문이었으나, 2008년 변론준비절차의 임의화에 따라 그 의미가 퇴색하였다.

면절차로 마친 경우 또는 변론준비절차를 거치지 않은 경우에는 소장, 답변서, 준비서면에 따라 구술로 변론한다(동조 제2항). 법원은 변론기일에 변론준비절차에서 정리된 결과에 따라 바로 증거조사를 하여야 하며(동조 제3항), 1회 기일로 종결되지 않는 경우에는 연속해서 실시하여야 한다(민사소송규칙 제72조 제1항).

2. 변론절차

(1) 심리의 기본원칙

1) 쌍방심리주의

쌍방심리주의란 공격·방어방법의 제출에 있어 대립하는 양쪽 당사자에게 대등한 기회를 주어야 한다는 원칙을 말하며, 당사자 대등주의, 당사자평등의 원칙, 무기평등의 원칙이라고도 한다. 이는 심리를 적정·공평하게 하기위한 것이다.

쌍방심리주의는 필수적 변론의 경우에 가장 전형적으로 나타나는데, 판결을 위한 필수적 변론절차에서는 언제나 같은 기일에 양쪽 당사자를 모두 소환해서 양쪽 모두에게 공평하게 변론의 기회를 부여해야 한다. 소송절차의 중단·중지제도[97]를 인정하고, 당사자가 책임질 수 없는 사유로 불변기간을 준수치 못한 경우에 추완[98]할 수 있도록 하며, 특정 사유로 본인이나 대리인이 출석하지 않고 패소판결을 받은 경우 대리권의 흠결을 이유로 상소나 재심에 의한 구제의 기회를 주고 있는 등으로 이를 구체화하고 있다.

독촉절차[99]나 가압류·가처분과 같이 간이하고 신속을 요하는

97) 후술하는 "4. 소송절차의 정지"를 참조하라.

98) 불변기간 내에 해야 할 소송행위를 본인의 책임이 아닌 다른 사유로 하지 못한 당사자가 나중에 그 행위를 하는 것을 말한다.

99) 독촉절차란 금전 기타 대체물이나 유가증권의 일정수량을 목적으로 하는 청구권에 관해 채무자가 다투지 않을 것으로 예상될 경우 채권자로 하여금 통

절차에 있어서는 일방심리주의에 의한 재판이 허용되지만, 그 재판에 대해서 상대당사자로부터 이의신청이 제기되면 쌍방심리주의로 옮겨간다. 강제집행절차는 판결절차와 상이하여 본질적으로 당사자대등은 존재하지 않으며 또 쌍방심리의 필요도 없다.

2) 공개주의

공개주의란 변론, 증거조사, 판결 등 소송의 심리 및 재판은 일반인이 방청할 수 있는 상태에서 행해져야 한다는 원칙을 말하며, 이는 재판의 공정성 확보와 사법권에 대한 신뢰구축을 위해 헌법상 요청되고 있는 원칙이다(헌법 제109조).

변론의 공개여부는 변론조서의 필수적 기재사항(제153조)이며, 공개원칙 위반시 상고이유가 된다(제424조 제1항). 당사자나 이해관계를 소명한 제3자는 대법원규칙이 정하는 바에 따라 소송기록의 열람·복사, 재판서·조서의 정본[100)]·등본[101)]·초본[102)]의 교부 또는 소송에 관한 사항의 증명서의 교부를 법원사무관 등에게 신청할 수 있다(제162조).

공개주의는 변론 및 판결에 한정되어 인정된다. 따라서 변론준비절차, 수명법관에 의한 증거조사 및 필수적 변론을 거치지 아니하는 결정절차에 관한 심리에는 적용되지 않는다. 개인의 사생활의 비밀이나 영업비밀의 침해에 따른 금지청구소송이나 손해배상청구와 같이 일반공개가 오히려 개인의 이익에 반하고 분쟁의

상의 판결절차보다 간이·신속·경제적으로 집행권을 얻게 하는 절차를 말한다. 2006년 「독촉절차에서의 전자문서 이용 등에 관한 법률」의 제정과 함께 전자독촉시스템이 구축된 바 있으며, 현재 대법원 홈페이지에서 전자독촉절차를 진행할 수 있도록 되어 있다.

100) 정본이란 "정본"이라 표시한 문서의 등본으로서 원본과 같은 효력이 인정되는 것을 말한다.

101) 등본이란 원본전부의 사본을 말한다.

102) 초본이란 원본일부의 사본을 말한다.

적정한 해결을 저해할 우려가 있어 「민사소송법」은 제162조에서 비밀보호를 위한 열람 등의 제한을 규정하고 있다. 재판의 심리는 국가의 안전보장, 안녕질서 또는 선량한 풍속을 해할 염려가 있는 때에는 결정으로 공개가 정지될 수 있으며, 이 경우 이유를 밝혀야 한다(법원조직법 제57조 제1항, 제2항). 다만 적당하다고 인정되는 자의 재정(在廷)[103]을 허가할 수 있다.

3) 구술주의와 서면주의

구술주의란 변론 및 증거조사에 관한 당사자 및 법원의 소송행위는 말로 하여야 한다는 원칙을 말하며, 판결절차에서 공격·방어방법의 제출에 있어 진술과 증거조사(증인신문 등)가 말로 이루어져야 함을 의미한다. 이에 반해 서면주의란 당사자의 변론이나 법원의 증거조사를 모두 서면으로 하는 주의를 말한다. 구술주의는 듣는 사람으로 하여금 신선한 인상을 주고 진술이 불명확하면 바로 석명을 통해 명확히 할 수 있다는 장점이 있지만 진술이 복잡한 경우 내용을 망각할 우려가 있고, 재판서를 만들어 재판내용을 당사자에게 통지할 필요가 있으므로 구술주의만으로 일관할 수는 없다. 따라서 절차의 영역별로 구술주의 또는 서면주의를 채택하는 것이 문제되고 있다.

현행법은 구술주의를 원칙으로 하고 예외적인 경우에 서면주의를 가미하고 있다. 소의 제기, 상소의 제기, 반소, 소의 변경 등 중요한 소송행위를 서면으로 하도록 되어 있는데, 개정법은 답변서 제출의 의무화, 필요적 서면에 의한 준비절차의 실시로 서면주의의 영역을 넓혔다.[104]

103) 재정이란 "법정에 나와 있음"을 말한다.

104) 최근 구술주의를 실질적으로 운영하기 위한 여러 가지 시도들이 진행되고 있지만 지나친 구술주의의 강조 또한 많은 문제점을 가지고 있으므로 신중을 기해야 할 것으로 판단되며, 일본의 경우 오히려 서면주의를 강화하고 있다.

4) 직접심리주의와 간접심리주의

직접심리주의란 변론의 청취나 증거조사를 그 소송사건에 관하여 재판을 하는 법원이 직접 행하는 주의를 말한다. 간접심리주의란 변론의 청취나 증거조사를 심리기관 이외의 타인에게 시켜서 그 보고에 의거하여 재판을 하는 주의를 말한다.

직접심리주의는 사안의 진상을 정확히 파악할 수 있는 장점이 있으나 시간 및 비용의 문제로 이 주의만을 철저히 관철시킬 수는 없으며 간접주의와 병용할 수밖에 없다. 직접주의는 구술주의와 결합되어 소송자료의 수집에 그 장점이 있으나 구술심리와 동일한 것은 아니며, 구술심리의 경우에도 수소법원 이외의 타인이 행하는 경우에는 간접심리가 되고, 서면에 의한 진술인 경우도 수소법원이 직접 수리해서 읽은 경우에 직접심리가 된다.

「민사소송법」은 원칙적으로 직접심리주의를 채택하고 있으므로 판결절차에 있어 당사자는 수소법원의 앞에서 변론을 하여야 하고, 변론에 관여한 법관만이 판결을 할 수 있도록 하고 있다(제204조). 여기서의 판결은 판결내용을 형성하는 것을 의미하며 판결의 선고는 포함되지 않는다. 직접주의의 효과가 잘 나타나는 증인신문의 경우 단독판사나 합의부의 법관의 과반수가 바뀐 경우에 당사자가 종전에 신문한 증인에 대하여 다시 신문을 신청하면 법원은 그 신문을 해야 한다고 하고 있다(제204조 제3항). 예외적으로 변론의 갱신절차는 법관이 바뀐 경우에 당사자는 종전의 변론결과를 진술하면 되도록 하여(제204조 제2항) 직접주의를 완화하고, 수명법관·수탁판사에 의한 증거조사의 경우 그 결과를 기록한 조서를 증거자료로 하도록 함으로써(제297조, 제298조) 간접주의를 취하고 있다. 다만 소액사건의 경우에는 변론의 갱신절차를 배제하고 있다(소액사건심판법 제9조 제2항).

5) 처분권주의

처분권주의란 소송의 개시, 소송의 대상, 소송의 종료에 대해 당사자에게 주도권을 주어 그의 처분에 맡기는 것을 말한다(제203조).

소송은 당사자의 소제기에 의해 개시되며 법원의 직권으로 개시되지 않는다. 다만 예외적으로 소송비용재판, 가집행선고, 판결의 경정, 추가판결, 배상명령 등은 당사자의 신청이 없어도 직권으로 재판할 수 있다. 소송의 대상은 당사자가 신청한 범위 내로 정해지게 되고, 법원은 그 범위내에서만 판단을 해야 하며 당사자가 제시한 심판의 형식(확인의 소, 이행의 소, 형성의 소)이나 심리의 순서에도 구속된다. 소송은 당사자의 소 또는 상소의 취하, 청구의 포기·인낙, 화해, 불상소의 합의, 상소권의 포기 등으로 인해 종결될 수 있다.

가사소송, 행정소송과 같이 공익과 관련되어 당사자의 자유처분이 허용되지 않는 사안에서는 처분권주의가 제한된다. 다만, 제한되더라도 소송의 개시면에서의 처분권주의나 소송의 대상의 면에서는 제한할 수 없고 소의 취하도 막지 못한다. 따라서 소송상 화해, 청구의 포기·인낙 등만을 제한할 수 있을 뿐이다. 다만 이혼소송이나 파양소송에서는 화해가 인정된다.

처분권주의에 위배된 판결은 원칙적으로 상소 등으로 불복하여 취소를 구할 수 있을 뿐[105] 당연무효라고 할 수는 없으므로 재심의 대상은 되지 못한다. 다만, 원고의 소제기 없는 판결, 전혀 다른 소송물에 대한 재판이나 소 취하 후의 본안판결 등은 무효라 할 것이다.

6) 변론주의

변론주의란 소송자료 즉 사실과 증거의 수집 및 제출의 책임을

105) 처분권주의 위반은 재판의 내용에 관한 것이고, 소송절차에 관한 것이 아니므로 이의권(민사소송법 제151조)의 대상이 되지 아니한다.

당사자에게 맡기고, 당사자가 수집하여 변론에서 제출한 소송자료만을 재판의 기초로 삼아야 한다는 주의를 말하며, 그 내용은 대체로 다음의 3가지로 요약된다. 첫째, 법원은 당사자가 주장한 사실을 판결의 기초로 삼아야 한다. 둘째, 당사자 간에 다툼이 없는 사실은 그대로 판결의 기초로 삼아야 한다. 셋째, 당사자 간에 다툼이 있는 사실을 인정하는 경우 반드시 당사자가 제출한 증거에 의하여야 한다.

변론주의는 소송자료의 수집에 관한 원칙이므로, 그 적용대상이 구체적인 사실관계(주요사실)[106]에 한정되어 있으며, 이렇게 주장된 사실관계를 기초로 한 법적 판단과 제출된 증거의 가치평가는 법원의 고유한 직책에 속하는 것이다. 따라서 법률해석적용이나 증거에 대한 가치평가는 이에 대한 당사자 간의 의견의 일치가 있다 하더라도 법원은 이에 구속되지 않는다. 사실인정의 전제가 되는 경험법칙도 변론주의의 적용범위 밖이며, 간접사실·보조사실[107]에 대하여도 변론주의가 적용되지 않는다.

변론주의는 자유주의의 소산으로 당사자 사이의 소송수행능력의 평등을 그 전제로 하고 있었다. 하지만 19세기 후반 실체법상 자유주의가 여러 면에서 수정이 되었고 실제로 당사자들의 능력이 동일하지 않다는 사실을 깨닫게 되었다. 이에 따라 당사자 간의 능력의 불균형을 바로잡기 위해 법원의 협력조치로서 석명권을 확대하고 법적관점 지적의무[108]를 신설하는 한편, 당사자들이 허위사실을 주장함으로써 법원의 판단을 흐리게 하는 것을 막기

---

106) 주요사실이란 권리의 발생·변경·소멸이라는 법률효과의 판단에 직접 필요한 사실을 말하며, 직접사실이라고도 하고 법규의 구성요건에 해당하는 사실이라 하여 요건사실이라고도 한다.

107) 간접사실은 주요사실의 존부를 추인하는데 이바지하는 사실을 말하며, 보조사실은 증거방법의 증거능력과 증거력에 관한 사실을 말한다.

108) 법적관점 지적의무란 정당한 재판을 받을 권리의 보장을 위해 당사자가 법적 관점을 명백히 빠뜨린 경우 법원이 의견진술의 기회를 부여해야 하는 것을 말한다.

위해 진실의무[109]를 부과하기에 이르렀다.

7) 적시제출주의

적시제출주의란 당사자가 공격방어방법을 소송의 정도에 따라 적절한 시기에 제출하여야 한다는 것을 말한다. 이는 공격방어방법의 제출시기에 관한 기본원칙이며, 소송당사자에게 일반적인 소송촉진의무를 지도록 한 규정으로 변론주의가 적용되는 범위에 한해 인정되며, 직권탐지주의나 직권조사사항에 관해서는 적용되지 아니한다.[110]

적시제출주의에 따르면 공격방어방법을 소송의 상태에 따라 적절한 시기에 제출하여야 하는데, 여기서 적절한 시기는 개개의 소송절차에서 구체적 상황에 맞게 판단할 문제이나 소송절차의 취지와 신의성실의무가 판단기준이 될 수 있다.

이러한 적시제출주의의 실효성 확보를 위해 당사자가 공격방어방법을 적시에 제출하도록 재판장이 제출기간을 정하여 그 기간을 넘길 경우 이를 제출할 수 없도록 하고(제147조), 당사자가 적시에 사실자료와 증거자료를 제출하지 않은 경우에 당사자의 고의 또는 중과실에 의해 시기에 늦고 또 이로 인해 소송의 완결을 지연케 하는 것으로 인정되는 때에는 직권 또는 신청에 의해 당해 공격방어방법을 각하할 수 있도록 하고 있다(제149조 제1항).

---

109) 진실의무란 변론주의에 의해 사실주장의 책임이 당사자에게 있다 하더라도 진실에 반하는 것으로 알고 있는 사실을 주장하여서는 안 되고, 진실에 맞는 것으로 알고 있는 상대방의 주장에 대해 다투어서도 안 되는 소송법상의 의무를 말하며, 변론주의의 탈선가능성을 방지하여 적정한 재판을 하기 위해 인정되는 것이다. 다만 이러한 진실의무가 인정된다고 하더라도 상대방 당사자를 위해 소송자료를 제공할 의무까지 인정된다고 보기는 어렵다.

110) 이는 당사자의 태만을 이유로 공격방어방법을 각하하여 소송절차의 촉진을 돕는 것 보다는 실체적 진실발견이 더 중요하기 때문이다.

8) 집중심리주의

집중심리주의란 소송의 초기단계에서 사건을 분류하고 이에 따라 적합한 처리방법을 정하여 조기에 쟁점과 증거를 정리하여 증명의 대상이 되어야 할 사실을 명확히 한 다음 이에 초점을 맞추어 효율적이고 집중적인 증거조사를 실시하는 집중심리방식(계속집중형심리)을 따르는 것을 말한다.

과거 우리나라는 병행심리방식[111]을 취하고 있었는데, 이는 한정된 시간에 최대한 많은 사건을 처리할 수 있고 또 소송진행 정도에 따라 유연하게 대처할 수 있는 장점이 있기는 했으나, 소송지연의 초래, 구술주의의 형해화, 직접주의와의 마찰, 비효율적 증인신문 등의 문제점을 초래하였다. 이러한 병행심리방식의 구조적 문제점을 근본적으로 해결하고 이를 통해 소송촉진을 도모하면서 사건당사자와 법원의 부담을 경감시키기 위해 적시제출주의와 구술주의를 실질화하고 직접주의를 실현하여 심리의 충실화를 추구한다는 목표아래 1990년 「민사소송법」개정에서 "변론은 집중되어야 한다(제272조)"고 규정하여 집중심리원칙을 선언하였다. 나아가 1991년부터 본격적으로 시험재판부를 지정하여 집중심리방식을 시범 실시한 다음 2001년 3월의 이른바 "새로운 민사사건 관리모델"을 거쳐 2002년에 신법을 마련함으로써 집중심리주의를 민사소송의 원칙적인 심리방식으로 삼기에 이르렀다.

9) 직권진행주의와 소송지휘권

소송절차의 진행과 그 정리를 법원의 주도 하에 행하는 형식을 직권진행주의라 하고, 이를 당사자에게 일임하는 입장을 당사자

111) 병행심리주의란 사건이 접수되는 순서에 따라 동일한 시간대에 여러 사건의 기일을 동시에 정하여 심리를 진행하고 여러 차례의 변론기일을 통해 준비서면을 교환하고 이를 통해 쟁점을 정리함과 동시에 증인신문을 비롯한 증거조사도 병행하는 방식(산발형심리)을 말한다.

주의라 말한다. 우리 「민사소송법」은 소송물의 특정과 소송자료 제출에 대해서는 당사자주의를 취하여 원칙적으로 처분권주의와 변론주의의 입장에 있으나, 소송의 진행에 대해서는 법원이 주도권을 가지는 직권진행주의를 따르고 있다.

소송지휘권이란 소송절차를 원활하고 신속하게 진행하여 분쟁을 신속하고 적정하게 해결하기 위해 법원에게 인정되는 소송주재권능을 말하며, 이는 법원의 직권인 동시에 책무이기도 하다. 소송지휘권은 원칙적으로 법원에 속한다(제140조 내지 제145조). 소송지휘는 통상 종국판결 이외의 법원의 소송행위 전반을 일컫는 개념으로 사용되며 그 구체적인 내용은 다음과 같은 것을 들 수 있다. 절차의 진행, 심리의 정리, 절차의 합리적인 진행, 심리의 집중과 촉진, 기일에 하는 소송행위의 정리, 불분명한 소송자료의 보충 및 정리를 위한 석명권의 행사, 간과한 법률적 관점의 지적, 석명처분, 불필요한 증거의 각하, 불필요한 변론의 불허, 명백히 이유 없는 청구나 주장의 철회 및 취하 종용, 화해의 권고 등이 이에 해당한다.

(2) 변론의 내용

1) 본안의 신청

변론은 원고가 소장에 기재된 청구취지에 따라 특정 내용의 판결을 구하는 뜻의 진술을 하는 것으로 시작된다. 이는 본안재판의 대상과 내용에 관계되는 신청이기 때문에 본안의 신청이라 한다. 피고의 경우 원고의 본안신청에 대하여 소의 각하나 청구기각의 판결을 구하는 반대신청을 할 수 있으나 이는 본안의 신청은 아니며, 소송상의 신청에 해당한다. 여기서의 신청이란 서면 또는 구술로 당사자가 법원에 대해 재판이나 증거조사 그리고 송달 등의 일정 소송행위를 요구하는 것을 의미한다. 본안의 신청은 종국판결의 요구를 의미하고 소송상의 신청은 소송절차에 관한 신청(예: 관할지정의 신청, 이송신청, 제척·기피신청)을 의미한다.

이러한 신청을 함에 있어 당사자가 신청권을 가지고 있는지 유무에 따라 절차진행의 모습이 달라진다. 먼저 신청권에 기한 신청의 경우 법원은 반드시 이에 대한 응답을 해야 하며, 법원이 이를 받아들이지 않을 경우 불복이 가능하고, 인지를 붙여야 한다. 하지만 신청권이 없는 신청(예: 관할위반에 의한 이송신청)의 경우 단지 법원의 주의환기 또는 직권발동을 촉구하는 의미를 갖는 것에 불과하다. 따라서 법원은 이에 대해 응답할 의무가 없으며, 응답하였다 하더라도 이에 대하여 당사자는 불복할 수 없고, 인지를 붙일 필요가 없다.

2) 공격방어방법

당사자는 자신의 신청을 뒷받침하는 소송자료를 제출하게 되는데, 이를 공격방어방법이라 한다. 여기서 공격방법은 원고가 자신의 청구를 이유 있게 하기 위해 제출하는 소송자료를 말하고, 방어방법이란 피고가 원고의 청구를 배척하기 위해 제출하는 소송자료를 말한다. 공격방어방법은 법률상·사실상의 주장, 부인 그리고 입증이 주된 것이며, 증거항변이나 개개 소송행위의 효력·방식의 당부에 관한 주장도 포함된다.

3) 항 변

항변이라 함은 피고가 원고의 청구를 배척하기 위해 소송상 또는 실체상의 이유를 들어 적극적인 방어를 하는 것을 말한다. 소송법상의 항변은 실체법상의 항변(동시이행의 항변, 최고·검색의 항변 등)과는 구별된다. 항변은 소송절차에 관한 항변인 소송상의 항변과 청구기각을 목적으로 하는 실체관계에 관한 본안의 항변[112]으로 나누어지며, 후자가 좁은 의미의 항변이다.

(3) 변론의 실시

변론은 통상 변론준비기일을 거친 사건의 경우 변론준비기일의 결과를 진술함으로써, 그렇지 않은 사건의 경우 원고가 제출된 소장에 기해 본안의 신청을 진술함으로써 개시된다. 이에 대응해 피고가 소각하나 청구기각의 신청 등과 같은 반대신청을 하고, 각 당사자는 법률상·사실상의 주장을 하고 당사자 간에 사실에 관한 다툼이 있는 경우 증거신청을 하는 등 공격·방어방법을 제출하는 과정을 거친다. 또한 변론은 제한,[113] 분리,[114] 병합[115]의 방법으로 정리가 가능하다.

변론의 경과를 명확히 기록보존하기 위해 법원사무관 등이 변론조서를 작성하는데, 이에는 형식적 기재사항과 실질적 기재사항을 적어야 하며, 형식적 사항 중 주요사항을 빠뜨릴 경우 조서 전체가 무효가 된다.[116]

---

112) 부인과 항변의 구별이 중요한데, 부인과 항변은 상대방의 주장을 반박하는 방어방법의 일종이라는 점에서 동일하지만, 부인은 상대방의 주장사실을 부정하는 진술임에 반해, 항변은 일단 상대방의 주장을 시인하면서 상대방의 청구를 배척하기 위하여 상대방의 주장사실과 양립할 수 있는 다른 사실을 주장하는 진술이다. 예를 들어, 원고가 금 3,000만원을 피고에게 대여하였다고 주장한 경우, 피고게 이에 대해 "대여 받은 사실이 없다"라고 답하는 것은 부인에 해당하며, "대여 받았으나 변제하였다"라고 답하는 것은 항변에 해당한다. 이와 같이 부인과 항변의 구별이 중요한 것은 증명책임분배의 원칙상 부인의 경우 원고에게 입증책임이 있지만 항변의 경우 피고에게 입증책임이 있기 때문이다.

113) 하나의 소송절차에 청구가 여러 개 병합되거나 여러 개의 공격방어방법이 제출되어 쟁점이 복잡할 경우 이를 정리하기 위해 변론의 대상인 사항을 한정하는 조치를 취할 수 있는데, 이를 변론의 제한이라 한다.

114) 청구의 병합이나 공동소송 등으로 청구가 여러 개인 경우, 법원이 그 중 어느 청구에 대하여 별개의 절차로 심리하는 것을 변론의 분리라 한다.

115) 하나의 법원에 별도로 계속되고 있는 복수의 소를 법원이 하나로 묶어 동일 절차에서 심리하는 것을 변론의 병합이라 한다.

116) 형식적 기재사항은 「민사소송법」 제153조에 규정되어 있으며 다음과 같다. 1. 사건의 표시 2. 법관과 법원사무관 등의 성명 3. 출석한 검사의 성명 4. 출석한 당사자·대리인·통역인과 출석하지 아니한 당사자의 성명 5. 변론의 날짜와 장소 6. 변론의 공개여부와 공개하지 아니한 경우에는 그 이유.

적법한 기일의 통지를 받고도 필요적 변론기일에 당사자 쌍방이 불출석한 경우에 소의 취하로 간주될 수 있다(제268조). 변론기일에 쌍방 당사자가 1회 결석한 경우 재판장은 반드시 속행기일을 정하여 쌍방 당사자에게 통지하여야 한다. 따라서 이 경우 법원의 재량으로 변론을 종결하고 소송기록에 의해 판결할 수 없다. 쌍방 당사자의 1회 결석 후의 신기일 또는 그 뒤의 기일에 불출석하거나 출석무변론한 경우 변론을 종결하여 기록에 의한 판결을 하는 것이 불가능하지는 않지만, 법원이 변론종결이나 새로운 기일지정 없이 당해 기일을 종료시키는 것이 통례이다. 쌍방 당사자가 2회 결석 후 그로부터 1월내에 당사자가 기일지정신청을 하지 아니하면 소의 취하가 있는 것으로 본다. 만일 기일지정신청을 하거나 법원이 직권으로 새로운 기일을 지정한 경우 소송은 속행되지만 새로운 기일 또는 그 후의 기일에 쌍방 당사자가 3회 결석한 경우에도 소의 취하가 있는 것으로 본다.

한쪽 당사자가 불출석한 경우에는 소장, 답변서 기타 준비서면에 기재한 내용을 진술한 것으로 보고 상대방에게 변론을 명할 수 있다.[117] 그리고 준비서면 등을 제출하지 않아 진술간주를 할 수 없는 경우, 마치 출석하여 상대방의 주장을 명백히 다투지 않은 것과 같이 자백한 것으로 간주하는 것을 자백간주라 하고, 이는 공시송달에 의하지 않은 적법한 소환을 받은 경우에 인정된다.

3. 증거조사

(1) 증거보전절차

증거보전절차란 소송절차 내에서 본래의 증거조사를 기다려서는 증거조사가 불가능해지거나 곤란하게 될 염려(빈사의 증인, 소

117) 진술간주에 의한 재판을 할 것인가 기일을 연기할 것인가는 법원의 재량이다.

실직후의 가옥의 현장)가 있는 경우 본안의 소송절차와는 별도로 미리 증거조사를 실시하여 그 결과를 확보해 두는 판결절차의 부수절차를 말한다(제375조). 증거보전절차를 통해 향후의 소송에 사용하기 위한 증거의 보전, 장래의 소송을 예방하는 것이 가능한데 현행법하에서는 전자가 주된 이유가 되고 있다.[118]

증거보전절차는 당사자의 신청에 의하는 것이 원칙(제375조)이나 소송계속 중에는 법원이 직권으로 결정할 수 있다(제379조). 증거보전절차를 관할하는 법원은 소송계속 중인 경우에는 증거를 사용할 법원이지만, 소 제기 전이나 급박한 사정이 있는 경우에는 증거소재지의 지방법원이다(제376조). 보전신청을 기각하는 결정에 대하여는 항고가 가능하나 보전결정에 대하여는 불복이 불가능하며(제380조), 증거조사절차 규정을 적용한다(제375조).

증거보전절차를 통해 얻어진 결과는 그대로 본소송의 증거자료가 되며, 보전절차에서 실시한 증인신문은 본 소송에서 당사자의 신청이 있는 경우 다시 신문해야 한다(제384조).

(2) 증거조사의 개시

1) 증거조사의 의의

증거조사란 법관의 심증형성을 위하여 정해진 절차에 따라 인적·물적 증거의 내용을 법관의 오관의 작용에 의해 판단하는 법원의 소송행위를 말한다. 증거조사절차는 당사자의 증거신청, 법원의 채부결정 및 증거조사의 실시, 증거조사의 결과에 따른 법관의 심증형성의 순서로 진행되며, 심증형성이 안 될 경우 증명책임으로 해결한다.

---

118) 때로는 후자로부터 증거개시기능을 기대할 수도 있다. 예를 들어 의료사고로 인한 손해배상청구소송을 제기하기 전에 진료기록 등의 멸실, 변조의 가능성을 주장하여 증거보전신청을 함으로써 의사의 지배영역에 있는 사실이나 증거를 확보하여 적절한 시기에 제소하거나 화해의 촉구를 할 수 있다.

2) 증거신청

증거신청이란 당사자가 그의 주장을 증명하기 위하여 일정한 증거방법[119]을 지정하여 법원에 조사를 구하는 소송행위를 말한다.

증거신청은 서면 또는 구술로 하며, 증명할 사실(입증사항)을 특정하여 증거방법을 표시하고, 증명할 사실과 증거방법의 관계를 명시하여야 하며(제289조 제1항, 민사소송규칙 제74조), 증거조사에 비용을 필요로 하는 경우에는 비용을 예납해야 한다(제116조, 동규칙 제77조).

증거신청은 적시제출주의에 따라 소송의 정도에 따라 적절한 시기에 제출하여야 한다(제146조). 이와 관련하여 재판장은 당사자의 의견을 들어 증거를 신청할 기간을 정할 수 있고(재정기간), 정해진 기간을 넘긴 때에는 증거를 신청할 수 없도록 하고 있다(제147조).

기본적인 서증의 경우 소장 또는 답변서 제출시 함께 제출하는 것이 일반적이며, 기일의 반복을 피하고 소송절차의 신속을 위한 취지에서 변론기일 전에도 증거의 신청과 조사를 할 수 있도록 하고 있다(제289조 제2항).

증거에 관한 당사자권 보장을 위해 증거신청이 있으면 법원은 상대방 당사자에게 의견을 진술할 기회를 주어야 한다(제274조 제1항 제5호, 제283조). 이에 따라 상대방은 시기에 늦은 신청이라든지, 서증이 인장도용에 의한 위조문서라든지 등의 증거항변을 할 수 있다. 다만 진술의 기회를 부여하는 것으로 족하며, 상대방이 실제로 증거신청에 대한 의견을 제시할 필요는 없다.

---

119) 증거방법이란 법관이 그 오관의 작용에 의하여 조사할 수 있는 유형물을 말한다. 구별해야 할 개념으로 증거자료와 증거원인이 있는데, 증거자료는 증거방법에 대한 조사를 통해 얻어진 결과를 말하는 것이고, 증거원인은 법관의 심증형성의 원인이 된 자료나 상황을 말하는 것으로 변론 전체의 취지와 증거자료가 이에 해당한다.

증거신청은 증거조사가 개시되기 전에는 임의로 철회가 가능하지만, 조사가 개시된 후에는 자유심증주의에 의하여 상대방에게 유리한 증거자료가 생기는 경우도 있으므로 상대방의 동의가 있어야 철회가 가능하다. 증거조사가 종결된 후에는 상대방의 동의가 있어도 철회가 허용되지 않는다.

3) 증거의 채부결정

법원은 당사자의 증거신청이 부적법한 경우 증거신청을 각하할 수 있고, 적법한 경우라 하더라도 불필요한 것이라고 판단한 때에는 이에 대한 조사를 하지 아니할 수 있다(제290조 본문). 즉, 신청한 증거에 대한 채택여부는 원칙적으로 법원의 재량이다. 다만 당해 증거가 당사자가 주장하는 사실에 대한 유일한 증거인 경우에는 조사를 해야 한다(제290조 단서).

증거신청을 채택하여 증거조사를 할 경우 별도의 증거조사결정은 필요가 없지만, 증거조사를 위하여 새 기일을 정하거나 수명법관 또는 수탁판사에 의한 조사를 행하는 경우에는 그러한 취지의 결정이 필요하다. 한편, 신청을 부적법 또는 불필요하다고 배척하는 때에는 각하의 재판을 하여야 한다. 채부결정 그 자체에 대해서는 독립하여 항고할 수 없고, 종국판결과 함께 상급심의 판단을 받는다.

당사자가 신청한 주요사실에 관한 증거방법이 유일한 것이어서, 이를 조사하지 않으면 증명의 길이 없어 아무런 증명이 없는 것으로 되는 경우의 증거를 유일한 증거라 하는데, 이를 조사하지 않고 주장을 배척하게 되면 증명의 길을 막아 놓고 증거가 없음을 나무라는 결과가 되어 쌍방심문주의에 반하게 된다. 해당 증거가 유일한 것인지 여부는 사건 전체가 아니라 쟁점(주요사실) 단위를 기준으로 결정되어야 하므로, 사건 전체로 보아 여러 개의 증거가 있어도 어느 특정한 쟁점에 관한 유일한 증거를 배척하면 재량권을 일탈한 것이 된다. 또한 전 심급을 통해 결정해야 하므로, 이미 그 쟁점에 대하여 제1심에서 증거조사를 한 경우 제2심에서는 유일한 증거라 하더라도 조사를 하지 않을 수 있다. 또한 주요사실에 대하여만 적용되므로, 간접사실, 보조사실에 대하여는 적용되지 않는다. 그리고 유일한 증거일 경우 증거조사를 거부할 수 없다는 것이지 그 내용을 반드시 채택하여야 하는 것은 아니다. 유일한 증거는 반드시 증거조사를 하는 것이 원칙이지만 다음과 같은 예외가 있다. 증거신청이 부적법한 경우, 시기에 늦은 신청의 경우, 증명하려는 사실이 소송의 결과에 영향이 없는 경우, 증거조사를 언제 할 수 있을지의 장애가 있는 경우, 비용을 예납하지 않은 경우, 직권탐지주의에 의하는 소송[120] 등이 이에 해당한다.

4) 직권증거조사

변론주의에 의하는 통상의 민사소송절차에서는 직권증거조사는 보충적이고 예외적인 경우에 인정되는데, 이는 당사자가 신청한 증거조사만으로는 심증을 형성하기 어렵거나 기타 필요한 경우에 보충적으로 할 수 있다(제292조).[121] 변론주의는 당사자의 소송수행능력이 대등한 것을 전제로 한 것이나 실제로 당사자의 능력이 대등하지 않으므로 인해 발생하는 문제를 해결하기 위해 이러한 직권증거조사를 예외적으로 인정하는 것이다. 실무상으로는 입증책임을 지는 당사자에게 입증을 촉구하고 그 당사자가 증거신청을 하는 방법을 취하고 있다.

민사소송에서 직권증거조사는 보충적이어야 하므로, 심리의 최

120) 가사소송(가사소송법 제12조, 제17조), 행정소송(행정소송법 제26조), 선거소송(공직선거법 제221조, 제227조), 헌법재판(헌법재판소법 제40조) 등에는 직권탐지주의가 적용된다.

121) 다만 소액사건과 증권관련집단소송의 경우 직권증거조사의 보충성을 지양하고 필요한 경우 직권으로 증거조사를 할 수 있도록 하고 있다.

종단계에 이르러서 당사자가 신청한 증거만으로 심증형성이 안 될 때 문제된다. 또한 심증형성이 어렵다고 하여도 직권증거조사를 행할지 여부는 법원의 재량이다. 법원은 당사자에 의해 철회된 증거방법도 조사할 수 있으며, 조사결과에 대해서는 당사자로부터 의견을 들어야 한다. 당해 절차로 말미암은 비용의 예납은 당해 증거조사로 이익을 받을 자에게 명하여야 하지만 불분명한 경우는 원고가 예납의무자이다.

(3) 증거조사의 실시

증거조사는 직접심리주의의 요청상 변론기일이나 변론준비절차에서 원칙적으로 수소법원의 법정에서 실시하며, 예외적으로 수소법원은 필요하다고 인정할 때에는 법원 밖에서 증거조사를 할 수 있다(제297조). 외국에서의 증거조사는 당해국 주재 대사, 공사, 영사 또는 당해국의 관할 공공기관에 촉탁한다. 증거조사절차가 당해국 법률에 어긋나도 우리법상 적법하면 유효하다(제296조).

현재 절차상으로는 구술변론과 증거조사 간의 명확한 단계적 구분은 두지 않고 있다. 일반적으로 증거조사는 변론기일에 실시하나 필요한 경우 증거조사를 위한 기일을 열어도 무방하다. 증거조사를 실시할 경우 반드시 일시와 장소를 당사자에 고지해야 하며(제167조), 당사자가 불참한 경우라 하더라도 증거조사는 법원의 소송행위이므로 실시할 수 있다(제295조).

변론기일에 증거조사가 실시된 경우는 변론조서에(제154조 제2호, 제3호), 별도의 기일이 실시된 경우는 증거조사조서에(제160조) 증거조사의 경과와 결과를 기재해야 한다. 그리고 수명법관, 수탁판사에 의한 법정 외에서의 증거조사, 외국에서의 증거조사의 결과는 그 조서(제298조)에 의해 증거조사의 결과를 당사자가 변론에 진술하여야 한다.[122]

(4) 자유심증주의와 증명책임

1) 자유심증주의

법원은 변론 전체의 취지[123]와 증거조사의 결과[124]를 참작하여 자유로운 심증으로 사회정의와 형평의 이념에 입각하여 논리와 경험의 법칙에 따라 사실주장이 진실한지 아닌지를 판단한다(제202조). 이를 자유심증주의라 하며, 이와 반대로 증거능력이나 증거력에 관한 사항을 법률로 규정하고 법관이 사실인정을 함에 있어 반드시 이러한 법칙에 구속되어야 하는 것을 법정증거주의[125]라 한다.[126]

자유심증에 따른 사실인정에 필요한 확신의 정도는 논리적 증명이 아니라 역사적 증명이면 되기 때문에 "고도의 개연성 있는 확신", 다시 말해 십중팔구까지는 확실하다는 확신이면 족하다. 즉, 자유심증주의는 객관적으로는 고도의 개연성, 주관적으로는 법관의 확신을 요한다. 또한 법관은 사실판단을 함에 있어 일반의 논리법칙과 경험법칙에 따라야 하고 사회정의와 형평의 이념에 입각해 이루어져야 한다.[127]

---

122) 직접심리주의의 예외로 수소법원이 증거조사의 결과를 변론에서 제시하고 당사자에게 의견진술의 기회를 주면 충분하다는 입장도 있다.

123) 변론 전체의 취지란 증거조사결과를 제외한 일체의 소송자료로서 당사자의 주장내용·태도·주장 입증의 시기, 그 밖의 변론 전체의 취지에서 얻은 인상 등 변론에 나타난 일체의 사항을 말한다.

124) 증거조사를 통해 얻은 증거자료를 말한다. 민사소송법상 증거방법과 증거능력에 대해서는 거의 제한이 없으며, 증거력에 대한 평가 역시 법관의 자유로운 판단에 일임하고 있다. 또한 형사재판에서 확정된 사실 역시 유력한 증거자료가 될 뿐, 법원은 이에 구속되지 않으며, 다른 관련사건의 재판에서 내린 판결도 같다.

125) 계약의 존재나 변제사실에 대한 증거방법은 문서에 한정, 증인 3명 중 2명이 일치된 증언을 할 경우 그 증언에 반드시 구속됨 등이 예가 될 수 있다.

126) 과거 법정증거주의를 통해 법관의 자의적인 판단을 막을 수 있는 이점이 있었으나, 사회가 발전하고 복잡해져 감에 따라 증거법칙을 모두 유형화하는 것을 기대하기 어렵고 또 오히려 사실판단에 문제를 일으킬 우려로 인해 프랑스혁명 이후 법관에 대한 신뢰회복과 더불어 그들의 자유로운 판단에 맡기기에 이르렀다.

2) 증명책임

법원이 사실의 존부에 대해 자유심증에 따라 판단하였으나 확신을 얻을 수 없는 경우, 진위불명의 경우에는 증명책임에 따른 판결이 이루어진다.

증명책임이란 주장사실(당사자가 주장하는 권리변동의 요건사실)이 진위불명인 경우 그 사실이 존재하지 않는 것으로 봄으로써 받는 불이익을 부담할 책임을 말한다.[128] 이는 진위불명시 법관에 대한 사실인정의 지침으로서의 기능을 하여, 법률적용단계로 갈 수 있게 하고, 재판진행에 대한 지침이 된다.

증명책임은 처음부터 추상적, 객관적으로 정해져 있으며 소송진행 중에 변경되는 것은 아니다. 증명책임의 분배와 관련하여서는 명문의 규정이 있는 경우에는 규정에 따르고, 명문의 규정이 없는 경우에는 견해의 대립이 있다. 가장 일반적인 견해는 법률요건분류설인데, 이에 따르면 증명책임의 분배는 미리 법규에 의해 일반적, 추상적으로 정해져 있기 때문에, 법조의 분석으로 통하여 각 당사자는 자기에게 유리한 법조의 요건사실에 대한 증명책임을 부담하게 된다고 하며, 이는 법규의 분석에서 출발한다.

증명이 곤란할 경우 형평의 이념을 살리기 위해 상황에 따라

---

127) 자유심증주의에 따른 사실인정에 위법이 있을 경우 상고의 대상이 되는가와 관련하여, 상고심은 법률심이므로 사실심의 자유심증에 따른 사실인정을 그대로 받아들여야 하기 때문에, 원칙적으로 원심의 증거채택과 사실인정이 잘못되었다는 것은 상고심에서 문제 삼을 수 없다. 다만, 위법한 변론 및 증거조사의 결과에 의한 사실인정, 적법한 증거조사 결과를 간과한 사실인정, 논리법칙이나 경험법칙을 현저히 위반한 사실인정의 경우 자유심증주의의 내재적 한계를 일탈한 것으로 상고이유가 된다.

128) 증명책임은 객관적 증명책임과 주관적 증명책임으로 나누어 살펴볼 수 있는데, 먼저 객관적 증명책임은 어떤 사실에 대해 진위가 불명인 경우의 불이익의 부담의무를 말하며, 결과책임에 해당한다. 이는 직권탐지주의 하에서도 발생하며, 변론의 마지막 단계에서 문제된다. 다음으로 주관적 증명책임은 증거제출책임을 말하며, 행위책임에 해당한다. 이는 변론주의 하에서만 발생하며, 변론시작과 동시에 발생한다. 자유심증주의에 의해 특정 사실에 대해 확신을 얻을 수 없어 야기되는 증명책임의 문제는 객관적 증명책임의 문제이다.

증명책임이 전환되거나 완화되는 경우가 있다. 증명책임의 전환이란 전반적으로는 법률요건분류설을 유지한 채 특수한 사실에 대하여만 입법을 통해 법률로 법률요건분류설의 원칙을 바꾸는 것을 말하며, 증명책임의 완화란 증명책임의 분배와 관련하여 법률요건분류설을 유지한 채 각종의 경험법칙을 사용하여 피해자의 증명책임을 경감시키는 것을 말한다.

4. 소송절차의 정지

소송절차의 정지란 소송계속 후 절차종료 전에 소송절차가 진행되지 않는 상태를 말한다. 이는 소송절차의 중단과 중지를 포함하는 개념으로 쌍방심문주의를 보장하기 위한 제도로써 판결절차에 준하는 절차에도 준용된다.

(1) 소송절차의 중단

소송절차의 중단이라 함은 당사자 일방에게 소송진행의 불능 또는 곤란한 사유가 발생한 경우(제233조 내지 제237조, 제239조, 제240조 소정의 사유)에 법률상 당연히 그 사유가 해소될 때까지 절차가 정지되는 것을 말한다. 중단사유가 당사자의 교체를 초래하는 경우에는 동시에 소송승계[129]가 이루어지게 되나 중단(절차진행의 측면)과 승계(당사자 교체의 측면)는 별개의 개념이다.

중단은 법정사유에 의해 당연히 발생하며, 법정사유는 다음과 같다. 당사자의 사망(제233조),[130] 법인의 합병(제234조),[131] 당사자

129) 소송승계란 소송계속 중에 당사자의 사망, 회사의 합병 또는 소송목적물의 양도나 임대 등으로 인하여 종전 당사자가 소송을 수행할 수 있는 법적지위가 상속인, 합병회사 또는 소송물을 양수한 사람이나 임차한 사람에게 이전되는 경우, 이들이 이미 발전하여 온 구당사자의 소송상 지위를 그대로 이어받는 것을 말한다.

130) 실종선고도 포함된다. 다만 소송물이 승계를 허용하지 않는 경우(예: 이혼소

의 소송능력상실, 법정대리인(대표자)의 사망 또는 법정대리권(대표권)의 상실(제235조),[132] 수탁자의 임무종료(제236조),[133] 일정한 자격에 기해 당사자가 된 자의 자격상실(제237조 제1항),[134] 선정당사자의 자격상실(제237조 제2항),[135] 당사자의 파산과 파산절차의 해지(제239조, 제240조) 등이 이에 해당한다.[136]

소송절차의 중단은 당사자의 수계신청[137] 또는 법원의 속행명령[138]에 의해 해소되며, 해소되면 소송절차의 진행이 재개된다.

송중의 일방의 사망)나 기간내에 상속의 포기가 있으면 소송관계 자체가 소멸한다. 통상공동소송의 경우는 사망한 자와의 사이에서만 절차의 중단이 발생한다.

131) 합병 이외의 사유로 법인이 해산되는 경우는 청산법인이 존재하므로 중단이 없다.

132) 소송수행자만 변경(당사자자체의 변경은 없다)된다. 다만 법정대리권(대표권)의 소멸은 통지가 있어야 효력이 생기므로, 통지가 있어야 중단된다. 소송대리권 소멸의 경우는 본인 스스로 소송행위를 할 수 있으므로 중단되지 않는다.

133) 신탁법상의 임무의 종료, 명의신탁의 해지는 포함되지 않는다.

134) 선장, 파산관재인, 정리회사의 관리인, 유언집행자 등을 예로 들 수 있다.

135) 단 수인 중 일부의 자격상실을 말한다.

136) "당사자의 파산과 파산절차의 해지"를 제외한 나머지 사유의 경우 해당 사유가 발생한 당사자측에 소송대리인이 있으면, 중단사유에도 불구하고 소송절차는 중단되지 않는다(민사소송법 제238조).

137) 수계신청이란 당사자측에서 중단된 절차의 속행을 구하는 신청을 말하며, 중단사유 있는 측의 신수행자 또는 그 상대방이 신청할 수 있는데, 신청은 서면 또는 말로 할 수 있다(민사소송법 제161조). 수계신청권자는 상속인, 상속재산관리인, 유언집행자, 수증자 등이며, 수계를 신청할 법원은 중단 당시 소송이 계속된 법원이다. 다만 종국판결이 송달된 후에 중단된 경우에는 원심법원에 해야 한다는 견해(통설)와 원심법원과 상급법원 중 선택하여 신청할 수 있다는 견해가 대립하며, 판례는 상급법원에 신청할 수 있다는 입장이다.

138) 양측의 수계신청이 없는 경우 법원이 직권으로 속행명령을 할 수 있으며, 속행명령이 당사자에게 송달되면 중단은 해소된다. 속행명령은 중간적 재판이므로 독립하여 불복하지 못한다. 다만, 법원은 속행명령을 발하기 전에 직권으로 사실조회를 하여 수계자격관계를 면밀히 조사해야 한다.

(2) 소송절차의 중지

소송절차의 중지란 법원이나 당사자에게 소송을 진행할 수 없는 장애의 발생 또는 진행에 부적당한 사유의 발생으로 법률상 당연히 또는 법원의 소송지휘상의 결정에 기해 절차가 정지되는 것을 말한다. 이는 새로운 소송수행자로의 교체가 없고 수계가 없는 점에서 소송절차의 중단과 다르다.

소송절차의 중지사유로는 당연중지(제245조),[139] 재판에 의한 중지(제246조),[140] 기타 다른 절차와의 관계상 절차속행이 부당한 경우[141] 등이 있다.

(3) 소송절차정지의 효과

소송절차정지 중 당사자의 소송행위는 원칙적으로 무효이다. 다만 추인이 가능하며, 이의권 상실의 대상이 된다. 정지 중에 법원은 기일지정, 기일통지나 재판, 증거조사, 그 밖의 행위가 허용되지 않으며, 이에 위반하여 재판이 행해질 경우 상소로 불복할 수 있고 그 밖의 소송행위는 원칙적으로 무효이나 이의권의 포기·상실의 대상이 된다. 이러한 위반을 간과하고 판결이 이루어지면 위법이 되지만 당연무효라고 할 수는 없다. 소송절차가 정지되면 기간의 진행이 멈추며, 정지의 해소 후에는 잔여기간이 진행되는 것이 아니라 전 기간이 다시 진행된다.

---

139) 천재지변 등으로 법원 전부가 직무집행이 불능인 경우에 당연히 중지되며, 이에 대한 결정은 필요 없고, 직무집행불능 상태가 해소되면 중지도 해소된다.

140) 법원은 직무집행이 가능하나 당사자에게 부정기한의 장애가 있어 절차속행이 불능인 경우에 신청 또는 직권으로 법원의 결정에 의해 중지되며(예: 당사자의 의식불명, 당사자가 납치된 경우 등), 취소 결정으로 해소된다.

141) 조정에 회부된 경우, 위헌제청이 있는 경우, 채무자 회생 및 파산사건에서 회생절차개시결정과 같이 당연히 중지되는 경우도 있고, 특허심판이 선결관계로 계속중인 경우 등과 같이 법원의 결정으로 중지되는 경우도 있다.

V. 소송의 종료

1. 소송종료사유

소송은 법원이 종국판결을 함으로써 종료되는 것이 소송법이 예정하고 있는 일반적인 형태이지만, 민사소송은 사적자치의 원칙이 지배하는 사인 간의 분쟁을 대상으로 하므로, 당사자의 행위에 의해 소송이 종료되는 경우도 있다. 소의 취하, 청구의 포기·인낙, 재판상화해 등이 이에 해당한다. 또한 소송계속중 당사자의 사망[142] 등을 이유로 대립당사자 구조가 소멸되어 소송이 종료되는 경우가 있다.

2. 당사자에 의한 소송의 종료

(1) 소의 취하

소의 취하란 원고가 제기한 소의 전부 또는 일부를 철회하는 법원에 대한 단독적 소송행위를 말한다. 소의 취하는 판결에 의하지 않은 소송종료사유라는 점에서 화해, 청구의 포기·인낙과 동일하지만, 소의 취하는 확정된 소각하판결과 동일하고, 청구의 포기는 확정된 청구기각판결과 동일하다는 차이가 있다. 또한 상소의 취하와 구별하여야 하는데, 상소의 취하는 원판결을 유지시키며 원판결이 확정되게 하지만, 상소심에서 소의 취하는 이미 행한 판결을 실효케 한다.[143]

---

142) 당사자의 사망 후 소송을 승계할 사람이 없는 경우가 이에 해당하며, 이혼소송 중 일방 배우자가 사망하는 경우가 그 예가 될 것이다.

143) 소의 취하는 소의 전부나 일부에 대하여 할 수 있고, 청구의 감축이 소의 일부취하인지 청구의 일부포기인지는 원고의 의사에 따라 정할 것이나, 그것이 불명한 경우, 원고에게 이익이 되는 소의 일부취하로 해석하여야 한다는

원고는 모든 소송물에 대해 자유롭게 취하할 수 있으므로 가사소송, 행정소송, 선거소송과 같이 직권탐지주의의 적용을 받는 소송물에 대해서도 자유로운 소의 취하가 가능하다. 소의 취하는 원고가 소를 제기한 후 판결이 확정되기 전까지 어느 때라도 할 수 있다(제266조 제1항). 상소심에서도 소의 취하는 허용되나 재소금지의 제재가 따른다(제267조 제2항). 소의 취하를 위해서는 피고가 본안에 대한 준비서면의 제출·변론준비기일에서의 진술·변론을 하기 전까지는 피고의 동의를 필요로 하지 아니하나, 그 뒤에는 피고의 동의를 필요로 하는데, 이는 피고에게 청구기각 판결을 받을 이익이 생겼기 때문이다. 피고의 동의를 요하는 것은 피고가 본안에 관한 응소를 한 경우이어야 하며, 절차사항인 기일변경에의 동의, 이송신청에 그친 때에는 소의 취하에 피고의 동의를 요하지 않는다. 본소의 취하 후에 반소를 취하함에는 원고의 동의가 필요 없다(제271조).[144] 소의 취하를 위해 원고는 소송능력이 필요하며, 대리인에 의하는 경우에는 특별수권[145]이 필요하고, 고유필수적 공동소송에서는 공동소송인 전원이 공동으로 취하해야 하며, 무능력자 또는 무권대리인은 추인이 없는 한 스스로 제기한 소를 취하할 수 있다. 취하는 소송행위이므로 정지조건이나 해제조건을 붙여서는 안 되며, 피고의 동의로 효력이 발생한 뒤에는 원칙적으로 철회가 허용되지 않는다. 그리고 소송절차의 명확성과 안정성을 위해 표시주의가 관철되어야 하는 것이 소송행위이므로, 소의 취하가 착오 또는 사기·강박 등 하자 있는 의사표시에 의한 것이라도 민법 제109조와 제110조에 따라

것이 다수설과 판례의 입장이다.

144) 고유필수적 공동소송의 경우 공동피고 전원의 동의를 요하고, 독립당사자참가 후 원고가 본소를 취하함에는 참가인의 동의를 필요로 한다.

145) 소송대리인은 반소의 제기, 소의 취하·화해·청구의 포기·인낙 또는 제80조의 규정에 따른 탈퇴, 상소의 제기 또는 취하, 대리인의 선임 등에 대해서는 특별수권을 받아야 한다(민사소송법 제90조).

취소할 수 없다.[146]

소를 취하하려면 원칙적으로 소송이 계속된 법원에 취하서를 제출하여야 하지만, 변론기일(변론준비기일)에서는 말에 의한 취하도 허용된다(제266조 제3항). 소취하의 서면이 적법하게 제출된 이상 이를 임의로 철회할 수는 없다. 취하에 대한 피고의 동의 역시 법원에 대하여 서면 또는 말로 할 수 있고, 동의 여부가 불분명한 경우 피고가 취하서를 송달받거나 또는 기일에 출석함으로써 취하가 있는 것을 안 날로부터 2주 내에 이의를 제기하지 아니하면 동의한 것으로 본다(제266조 제6항).

소가 취하되면 처음부터 소송이 계속되지 아니하였던 것과 같은 상태에서 소송이 종료되므로, 이미 행한 종국판결도 실효한다(제267조 제1항).[147] 취하된 경우라도 소송비용에 관하여는 신청에 의해 결정으로 재판한다. 이때 원고는 패소자로 취급됨이 원칙이다. 현행법은 판결의 확정에 이르기까지는 상소심에서도 소를 취하할 수 있도록 허용하면서, 한편으로는 소취하로 인해 법원의 종국판결이 농락될 것을 방지하기 위해 제재적 조치로 본안에 관하여 종국판결이 있은 뒤에는 이미 취하한 소와 같은 소를 제기할 수 없도록 하고 있으며, 이를 재소금지라 한다(제267조 제2항).

(2) 청구의 포기 · 인낙

청구의 포기란 변론 또는 변론준비기일에서 원고가 자기의 소송상 청구가 이유 없음을 자인하는 법원에 대한 일방적 의사표시를 말하고, 청구의 인낙이란 피고가 원고의 소송상 청구가 이유 있음을 자인하는 법원에 대한 일방적 의사표시를 말한다. 청구의

---

146) 다만 소취하가 형사상 처벌할 다른 사람의 행위로 인하여 이루어진 경우 「민사소송법」 제451조 제1항 제5호의 재심사유에 해당할 만큼의 충분한 가벌성이 있는 경우라면 무효 또는 취소를 주장할 수 있다는 것이 판례이다.

147) 다만 중간확인의 소나 반소 또는 독립당사자참가는 영향을 받지 아니한다.

포기·인낙의 대상은 소송상 청구이므로 이의 당부판단에 전제되는 개별사실의 주장 또는 선결적 권리관계를 그 대상으로 하는 자백이나 권리자백과는 다르다. 청구의 포기·인낙은 무조건이어야 한다는 것이 통설이며, 가분적 청구의 일부포기나 일부인낙은 허용되지만, 조건부 또는 담보부인낙은 소송법상의 효과가 발생하는 인낙으로 보지 않는다. 청구의 포기는 원고패소의 확정판결과 동일한 효력을 낳고, 상대방의 동의를 필요로 하지 않는다는 점에서 소의 취하와 구별된다.

당사자는 소송행위의 유효요건인 당사자능력과 소송능력을 갖추어야 하고, 대리인에 의하는 경우에는 특별수권이 필요하다(제56조 제2항, 제90조 제2항).[148] 상대방 또는 제3자의 형사상 처벌받을 행위로 인한 경우는 무효이며, 상호담합에 의한 경우도 무효이다. 당사자가 자유로이 처분할 수 있는 소송물이어야 하므로 행정소송이나 가사소송과 같이 직권탐지주의에 의하는 절차에서는 인정되지 않는다.[149] 인낙대상인 법률효과가 현행법상 인정되고, 선량한 풍속 기타 사회질서에 반하지 않아야 한다.[150] 그리고 이는 본안판결에 갈음하는 효력이 있으므로 소송요건을 갖추어야 한다.

청구의 포기·인낙은 소송계속중 어느 때나 할 수 있으며, 상소심에서도 허용된다. 청구의 포기나 인낙의 의사표시는 변론이나 변론준비기일에 출석하여 법관의 면전에서 말로 하는 것이 원칙이나, 서면으로 청구의 포기나 인낙의 의사를 기재하고 이를

148) 필수적공동소송의 경우 공동소송인 전원이 일치하여 청구의 포기 또는 인낙을 해야 한다(민사소송법 제67조 제1항).

149) 가사사건 중 이혼소송, 파양청구에서는 인정할 것인데, 이는 협의이혼, 협의파양이 인정되는 것과의 균형을 위한 것으로 볼 수 있다.

150) 다만 법률효과 자체는 허용되는 것이지만 법원의 법률판단을 받게 될 때면 패소할 수밖에 없는 청구에 대한 인낙도 효력이 있는지 여부에 대해 견해의 대립이 있고, 판례는 소재지관서의 증명이 없더라도 농지이전등기청구의 인낙조서는 무효가 아니라는 입장이다(대법원 1969.3.25. 선고 68다2024 판결).

공증[151]까지 받아 제출한 경우 청구의 포기·인낙이 성립한 것으로 인정하고 있다(제148조 제2항). 요건구비여부를 심사하여 무효인 경우 심리를 속행하고, 유효인 경우 법원사무관 등이 조서에 그 진술을 기재한다.

소송은 포기나 인낙이 있는 한도 내에서 당연히 종료된다. 이를 간과하여 심리가 속행된 경우 당사자의 이의나 법원의 직권으로 소송종료선언을 하여야 한다. 포기조서나 인낙조서가 작성되면 이는 확정판결과 동일한 효력이 있으므로 기판력이 발생하고, 인낙조서의 경우 이행청구에 관한 것이면 집행력, 형성청구에 관한 것이면 형성력을 갖게 된다. 하자를 다투는 방법은 조서작성 전인 경우 자백의 철회에 준하여 상대방의 동의를 얻거나 착오를 이유로 철회할 수 있지만, 조서작성 후에는 준재심의 소에 의하여 다투어야 한다. 포기나 인낙을 한 당사자가 패소자로서 소송비용을 부담하는 것이 원칙이며, 이에 대한 액수는 별도의 신청을 통해 결정으로 재판한다.

(3) 재판상화해

1) 소송상화해

소송상화해라 함은 소송계속 중 쌍방 당사자가 소송물인 권리관계의 주장을 서로 양보하여 소송을 종료시키기로 하는 기일에 있어서의 합의를 말한다. 이는 재판외화해(민법상의 화해계약)와는 구별되며, 상호양보라는 점에서 일방적인 포기나 인낙과 다르다. 양보의 정도나 방법은 불문하므로, 일방이 청구전부를 포기하고 소송비용에 관하여만 양보 받는 것도 가능하다. 다만 단순한 소송종료의 합의는 소취하 합의로 취급해야 할 것이다. 소송물 이외의 권리관계를 첨가할 수도 있고, 당사자 이외의 제3자(보조참

151) 특정한 사실 또는 법률관계의 존재를 공적으로 증명하는 것을 말한다.

가인이나 제3자 등)를 가입시킬 수도 있는데, 이 경우 첨가된 권리관계나 가입한 제3자와의 관계에 있어서는 제소전화해가 성립한 것으로 볼 것이다.

당사자는 소송능력을 갖추어야 하고, 대리인이 있는 경우는 특별수권이 필요하다.[152] 소송상화해는 당사자가 자유로이 처분할 수 있는 사적이익에 한하며, 따라서 직권탐지주의가 지배하는 경우는 원칙으로 화해를 할 수 없다. 원칙적으로 행정소송, 가사소송에서는 소송상화해가 허용되지 않으나, 임의로 처분할 수 있는 사항인 이혼사건이나 파양사건 등에서는 예외적으로 허용되고, 회사관계소송의 경우 직권탐지주의에 의하는 것은 아니지만 판결이 대세효를 가지므로 화해가 허용되지 않는다는 것이 통설과 판례의 입장이다. 화해의 내용이 강행법규에 반하거나 사회질서에 위반하여서는 안 된다.[153]

화해는 소송계속 중 어느 때나 할 수 있으므로, 상소심에서도 화해가 가능하다. 화해는 기일[154]에 쌍방 당사자가 출석하여 법관의 면전에서 말로 하는 것이 원칙이며, 소송요건을 구비할 필요는 없다. 서면화해제도의 도입으로 답변서 기타 준비서면에 화해의 의사표시가 적혀있고 공증사무소의 인증을 받은 경우, 상대방 당사자가 변론기일에 출석하여 그 화해의 의사표시를 받아들인 때에는 화해가 성립한 것으로 본다(제148조3항).

쌍방 당사자의 화해의 진술이 있을 때 법원 또는 법관은 그 요건을 심사하여 무효인 경우 심리를 속행하고, 유효인 경우 법원사무관 등에게 그 내용을 조서에 기재시키고 별도로 화해조서를 작성하여야 한다. 조서에 기재하기 전에는 화해의 진술을 철회할

---

152) 필수적 공동소송의 경우 공동소송인 전원이 일치하여 화해하여야 한다.

153) 다만 소송상화해의 법적성질을 소송행위로 보는 입장인 판례는 이 경우에도 무효가 아닌 것으로 보고 있다.

154) 변론기일, 변론준비기일, 화해기일, 증거조사기일 모두 가능하다.

수 있지만, 이는 쌍방당사자가 일치하여 해야 한다. 작성된 화해조서는 확정판결과 동일한 효력이 있다.

2) 제소전화해

제소전화해라 함은 소제기 전에 지방법원 단독판사 앞에서 화해신청을 하여 분쟁을 해결하는 것을 말한다.[155]

그 법적 성질·요건 및 효력에 대해서는 대체로 소송상화해의 법리에 따른다. 청구금액의 많고 적음에 관계없이 지법단독판사의 직분관할에 속하며, 서면 또는 말로 청구의 취지 및 원인 이외에 다투는 사정을 표시하여 신청해야 한다. 화해를 위하여 자기 대리인의 선임권을 상대방에 위임하는 것은 금지되며, 그 대리인의 관여하에 성립된 제소전화해는 준재심의 소의 대상이 될 수 있다. 화해신청이 적법하면 화해기일을 정하여 신청인 및 상대방을 출석하도록 하며, 기일에 출석하지 않은 경우 법원은 화해가 성립하지 않은 것으로 볼 수 있다(제387조 제2항). 화해가 성립한 때 조서를 작성하며(제386조), 이 때 화해비용은 특별한 합의가 없으면 당사자 각자가 부담한다(제389조). 실무상으로는 이미 합의한 사항을 첨부하여 신청하고 법관은 공증인의 역할만 하는 것이 대부분이다.

제소전화해가 이루어져 조서가 작성되면 확정판결과 동일한 효력을 가진다.[156]

---

155) 이는 채권자가 경제적 강자의 지위를 틈타 폭리행위를 하고 이를 집행권원화하기 위해 악용된다는 비판이 있으며, 판례가 제소전화해조서에 무제한기판력설을 그대로 적용하고 있어 강행법규의 탈법을 합법화시키고 뒤에 재판상 이를 다툴 수 없도록 하는 방편으로 이용될 수 있다는 비판이 있다.

156) 다만 기판력은 인정하지 않는 것이 바람직할 것이라는 견해도 있으나, 판례는 기판력을 인정하여 준재심의 소로만 무효를 주장할 수 있다고 하고 당사자 간의 계약이 확정판결과 동일한 효력을 가지므로 종전의 법률관계는 소멸한다고 한다.

3) 화해권고결정

법원, 수명법관 또는 수탁판사가 직권으로 당사자의 이익, 그 밖의 모든 사정을 참작하여 청구취지에 어긋나지 않는 범위 내에서 사건의 공평한 해결을 위하여 화해권고결정을 할 수 있다(제225조 제1항).

화해권고결정이 내려지면 결정을 적은 조서 혹은 결정서의 정본을 당사자에게 송달한다.[157] 당사자는 조서를 송달 받고 2주 내에 결정을 한 법원에 이의신청을 할 수 있다. 이의신청은 상대방의 동의를 얻어 취하할 수 있으며(제228조 제1항), 그 신청 전까지 포기할 수 있다(제229조).[158] 이의신청이 적법한 경우는 화해권고결정 이전의 상태로 복귀하며, 이미 행한 소송행위는 그대로 효력을 유지한다. 화해권고결정은 그 심급에서 판결이 선고되면 효력을 잃는다(제232조).

화해권고결정은 2주 내에 이의신청이 없는 경우, 이의신청이 각하 확정된 경우 그리고 이의신청이 취하되거나 이의신청권의 포기가 있는 경우에는 재판상화해와 동일한 효력이 발생한다(제231조).

3. 종국판결에 의한 소송의 종료

(1) 판결의 성립

1) 판결내용의 확정

법원은 심리가 판결하기에 성숙한 때에 이르면 변론을 종결하고 판결내용의 확정에 들어가며, 그 내용은 직접심리주의의 요청에 따라 기본이 되는 변론에 관여한 법관이 정한다(제204조 제1항). 단독제의 경우 1인의 법관의 의견에 의해 정하고, 합의제의

157) 우편송달이나 공시송달은 불가하다.

158) 반드시 서면으로 해야 한다.

경우 합의체의 구성법관의 합의에 의하여 정하는데, 이는 재판장의 주재로 이루어지며 공개하지 않는다. 합의를 함에 있어 관여법관의 의견이 불일치하는 경우 헌법 및 법률에 다른 규정이 없으면 과반수의 의견으로 결정한다.[159)]

2) 판결서의 작성

법원은 판결내용이 확정되면 이를 서면으로 작성해야 하는데, 이 서면을 판결서 또는 판결원본이라 한다. 판결서에는 당사자와 법정대리인,[160)] 주문,[161)] 청구의 취지 및 상소의 취지,[162)] 이유,[163)] 변론종결 날짜,[164)] 법원,[165)] 법관의 서명날인[166)] 등이 기재되어야 한다(제208조).

판결서의 이유에는 주문이 정당하다는 것을 인정할 수 있을 정도로 당사자의 주장, 그 밖의 공격·방어방법에 관한 판단을 표시하도록 하고 있는데(제208조 제2항), 판결서의 작성에 있어서 이유를 적는 법관의 노력을 줄이고 그 대신에 충실한 심리를 유도하기 위해 이유기재의 생략·간이화에 관한 특례를 두고 있

159) 대법원의 전원합의체에서 2설이 분립되어 어느 것도 과반수에 달하지 못하는 경우 원심재판을 변경할 수 없다.

160) 특정할 수 있는 한도 내에서 당사자와 법정대리인을 표시한다.

161) 본안에 관한 것, 소송비용에 관한 것, 가집행에 관한 것 등으로 구성되는 것이 일반이다.

162) 제1심판결의 경우 소장에 기재되어 있는 청구취지, 상소심판결의 경우 상소장에 기재되어 있는 상소의 취지를 표시한다.

163) 주문이 정당하다는 것을 인정할 수 있을 정도로 당사자의 주장 및 그 밖의 공격방어방법에 관한 판단을 표시한다.

164) 결심(結審)을 한 날짜를 말하며, 무변론판결의 경우에는 판결을 선고하는 날짜를 기재한다.

165) 판결서에 서명날인하는 법관이 소속한 관서로서의 법원, 실무상 합의체의 경우 소속부까지 기재하는 것이 관행이다.

166) 판결서는 변론에 관여한 법관의 서명날인이 필요하고, 이를 결여한 경우 선고의 효력이 없다는 것이 판례의 입장이다.

다.[167)]

3) 판결의 선고

판결은 선고에 의해 대외적으로 성립되고 그 효력이 발생하는데(제205조), 일단 판결이 선고되면 기속력이 발생하므로 그 뒤에 취소 또는 변경하지 못한다. 판결의 선고기일은 원칙적으로 변론종결일로부터 2주 이내이어야 하고, 번잡한 사건이나 특별한 사정이 있는 경우에도 예외적으로 4주를 초과하지 못한다(제207조).[168)] 다만 이는 훈시규정이라 실무상 잘 준수되지 않고 있다. 제1심판결은 소가 제기된 날부터, 항소심판결 및 상고심판결은 기록의 송부를 받은 날부터 각 5개월 이내에 선고하도록 규정하고 있으나(제199조), 이 역시 훈시규정이다.

판결의 선고는 공개된 법정에서 재판장이 판결원본에 의해 주문을 낭독하여 행하며, 이유의 간략한 설명은 필요한 경우에 한한다(제206조). 판결의 선고는 내용이 이미 확정된 판결을 고지하는 것이므로 기본이 되는 변론에 관여하지 않은 법관이 하여도 무방하다.

4) 판결의 송달

재판장은 판결선고 후 즉시 판결원본을 법원사무관 등에게 교

167) 제1심 판결 중 무변론판결과 자백간주 또는 공시송달에 따른 판결에서는 청구를 특정함에 필요한 사항과 상계항변의 판단에 관한 사항만을 간략하게 표시할 수 있고, 그 밖에 일반적으로 판결이유의 기재를 생략할 수 있다(민사소송법 제208조 제3항). 또한 항소심판결에 이유를 기재함에는 제1심판결을 인용할 수 있고(민사소송법 제420조), 소액사건의 판결서(소액사건심판법 제11조의 2), 배상명령, 결정・명령(민사소송법 제224조 제1항), 상고심리불속행・상고이유서부제출에 의한 상고기각판결 등에는 이유기재를 하지 않을 수 있게 하고 있다.

168) 소액사건의 경우 변론종결 후 즉시선고 하도록 하고 있다(소액사건심판법 제11조).

부하여야 한다(제209조). 법원사무관 등은 판결정본을 작성하여, 판결을 받은 날로부터 2주일 내에 당사자에게 송달하여야 하는데(제210조), 여기서의 2주는 훈시규정이며, 상소기간은 송달된 날부터 진행된다(제396조, 제425조).

(2) 판결의 효력

1) 의 의

판결이 선고되면 그와 동시에 판결법원에 대한 관계에서 발생하는 기속력(자기구속력), 판결의 확정에 의해 당사자에 대한 관계에서 발생하는 형식적 확정력, 법원 및 당사자에 대한 관계에서 발생하는 실질적 확정력(기판력) 그리고 집행력, 형성력 및 그 밖의 효력이 발생한다.

2) 기 속 력

판결의 기속력이란 판결이 일단 선고되어 성립하면, 판결을 한 법원 자신도 이에 구속되며, 스스로 판결을 철회하거나 변경하는 것이 허용되지 않는 것을 말하며, 이는 선고와 동시에 그 효력이 발생한다. 결정, 명령에는 원칙적으로 기속력이 없다. 특히 소송지휘에 관한 결정, 명령에는 전혀 기속력이 없어 언제든지 취소·변경할 수 있고, 일반의 결정명령에 대한 불복이 있는 경우 재도의 고안[169] 등이 마련되어 기속력을 부정할 수 있다.

3) 형식적 확정력

형식적 확정력이란 법원이 한 종국판결에 대하여 당사자의 불복으로 상소법원에 의해 취소할 수 없게 된 상태를 말하는데(취소

---

169) 항고가 제기되면 원재판의 기속력이 배제되어 원심법원이 스스로 항고의 적부, 당부를 심사하여 이유가 있다고 생각하면 스스로 그 재판을 경정할 수 있는데 이를 재도의 고안이라 한다.

불가능성), 이를 판결이 형식적으로 확정되었다고 한다. 판결의 확정시기는 다음과 같다. 상소할 수 없는 판결(상고심판결, 제권판결[170]), 불상소의 합의가 있는 경우에는 판결선고와 동시에 확정되고, 상소기간 내에 상소를 제기하지 않은 경우, 상소의 취하가 있는 경우에는 상소기간의 만료 시에 확정되며, 상소기간 경과 전에 상소권을 가진 당사자가 이를 포기할 경우에는 포기 시에 확정되고, 상소기각판결이 확정된 때 원판결이 확정된다.

4) 실질적 확정력(기판력)

확정된 종국판결이 있은 뒤에 후소로 동일사항이 문제될 경우 당사자는 그에 반하여 되풀이하여 다투는 소송을 할 수 없으며, 법원 역시 이를 다시 심사하여 그와 모순 또는 저촉되는 판단을 해서는 안 되는데, 이처럼 확정판결의 판단에 부여되는 구속력을 기판력 또는 실질적 확정력이라 한다.

당사자는 사실심의 변론종결당시까지 소송자료를 제출할 수 있고, 종국판결도 그때까지 제출한 자료를 기초로 한 산물이기 때문에 그 시점에 있어서의 권리관계의 존부에 기판력이 생기므로 사실심의 변론종결시가 기판력의 표준시가 된다.

확정판결에 부여되는 강제적 통용성 내지 구속력의 대상적 범위를 말하는 기판력의 객관적 범위는 소송물(권리법률관계의 존부판단)에 대한 직접적인 판단에 한정하고 있다.[171]

---

170) 제권판결(除權判決)이란 공시최고절차(公示催告節次)에서 공시최고신청인의 신청에 의하여 법원이 하는 실권선언을 말한다. 공시최고절차란 공시최고에 의하여 경고한 실권(失權)을 제권판결로써 선고하는 절차를 말하며, 공시최고란 법률이 정하는 경우에 법원이 당사자의 신청에 따라 공고의 방법으로 불특정 또는 불분명한 이해관계인에게 권리 또는 청구의 신고를 시키기 위하여, 일정기일까지 권리 또는 청구의 신고를 하지 않으면 실권의 효력이 발생할 것이라는 취지의 경고를 붙여서 공고하는 재판상의 최고(催告)를 말한다(김홍규, 앞의 책, 932면).

171) 확정된 판결은 주문에 포함된 것에 한하여 기판력을 가진다(민사소송법 제

누구와 누구사이에 기판력을 적용할 것인가의 문제로써, 소송과 어느 정도 관련 있는 자에게 기판력이 미치는가에 관한 문제인 기판력의 주관적 범위는 원칙적으로 당사자에 한하며, 소외의 제3자, 법정대리인, 보조참가인, 통상공동소송인 등에는 기판력이 미치지 않고, 단체가 당사자로 받은 판결은 구성원에게 미치지 않는다. 다만 전후 양소에서 원·피고의 지위가 역전되는 경우에는 기판력이 미치며, 중복제소금지의 경우에도 동일하다. 하지만 예외적으로 당사자와 동일시 할 수 있는 제3자에게는 기판력이 미치는데,[172] 그 예로는 변론종결후의 당사자의 승계인(민사소송법 제218조 제1항), 청구목적물의 단순 소지자(동조 동항), 소송담당의 경우 권리의 귀속주체(동조 제3항), 소송탈퇴자(동법 제80조)가 있다. 법률관계의 획일적 처리를 위해 일반 제3자에 확장되는 경우도 있다.[173]

5) 집행력과 형성력

집행력이란 판결로 명한 이행의무를 강제집행절차에 의하여 실현할 수 있는 효력을 말한다. 판결 가운데 집행권원이 되는 것은 이행판결뿐이며, 확인판결이나 형성판결에서는 소송비용에 대한 재판부분에만 집행력이 생긴다. 확정판결과 동일한 효력을 가지는 각종 조서, 확정된 지급명령, 화해권고결정, 이행권고결정, 조정에 갈음한 결정, 집행명령, 항고로써만 불복가능한 결정·명령 등도 집행력이 발생한다. 집행력의 시적 범위, 객관적 범위, 주관적 범위는 원칙적으로 기판력과 동일하다.

216조).

172) 규정이 있는 경우에 한한다.

173) 일정한 이해관계인에게 그 효력이 확장되는 경우가 있다. 예를 들어, 파산채권확정소송이나 개인회생채권확정소송 판결은 채권자 전원에게 그 효력이 미친다. 일반 제3자에게 판결의 효력이 확장되는 경우로 가사소송·회사관계소송·행정소송이 있다.

형성력이란 형성의 소가 제기된 경우 이를 인용하는 판결이 확정되어 판결내용대로 새로운 법률관계의 발생이나 종래의 법률관계의 변경·소멸을 낳는 효력을 말한다. 표준시는 판결확정시이며, 효력의 소급여부는 사안에 따라 다른데, 변동의 효과를 관철할 필요가 있는 경우[174]는 소급효를 부여하고 그 외에는 장래에 향해서만 효력이 발생한다.

(3) 부수적 재판

1) 소송비용의 재판

소송비용이란 소송당사자가 현실적으로 소송에서 지출한 비용 중 법령에 정한 범위에 속하는 비용을 말하며, 소, 항소, 상고의 비용이 이에 포함되고, 강제집행비용 또는 가압류·가처분절차비용은 별도의 비용이다. 통상적으로 재판비용, 당사자비용, 변호사보수 등으로 구분해 볼 수 있으며 그 구체적 내용은 다음과 같다.

먼저 재판비용이란 당사자가 국고에 납입하는 비용으로 재판수수료인 인지대와 재판 등을 위해 지출하는 그 밖의 비용을 말한다.[175] 다음으로 당사자비용이란 당사자가 소송수행을 위해 자신이 지출하는 비용을 말한다.[176] 마지막으로 변호사보수는 변호사에게 지급한 또는 지급할 보수전액이 아니라, 그 중 대법원규칙으로 정하는 금액의 범위에 한정된다.[177] 만일 변호사가 변론이

---

174) 인지청구, 친생부인 등.

175) 인지대는 수입인지상당액을 현금납부함이 원칙이나, 인지액이 20만원 이하일 경우 인지를 붙이거나 인지 상당의 현금을 납부할 수 있다. 그 밖의 비용은 송달료, 공고비, 증인·감정인·통역인과 번역인 등에 지급하는 여비·일당·숙박료, 법관과 법원사무관 등이 검증을 위해 출장하는 일당·여비·숙박료 등이다. 이는 법원이 당사자에게 예납시킬 수 있고, 당사자가 예납하지 않는 경우 법원은 해당 행위를 하지 않을 수 있다.

176) 통상적으로 소송서류 작성료, 당사자나 대리인이 기일에 출석하기 위한 여비·일당·숙박료 그리고 소송대리인이 변호사에게 지급했거나 지급할 보수 등이 이에 포함된다.

177) 수인의 변호사가 동시 또는 이시에 대리하는 경우라도 1인이 대리한 것으로

나 증거조사절차에 전혀 관여한 바 없으면 그에게 지급한 보수는 소송비용에 포함되지 않는다.

소송비용은 패소자 부담을 원칙으로 하며(제98조),[178] 예외적으로 그 권리를 지키는데 불필요한 행위로 말미암은 비용, 패소자의 행위가 그 행위 당시에 있어서 필요하였던 경우, 승소당사자의 소송지연으로 인한 비용은 승소한 당사자에게 부담하게 할 수 있다(제99조, 제100조). 그리고 법정대리인, 소송대리인, 법원사무관 등, 집행관이 고의 또는 중대한 과실로 인해 무익한 지급을 한 경우, 법정·소송대리인이 그 대리권 또는 특별수권을 증명하지 못하거나 추인을 얻지 못한 경우에는 제3자라 하더라도 소송비용의 상환을 명할 수 있다.

법원은 소송비용에 대해 종국판결의 주문에서 당사자 중 누가 어느 비율로 부담할 것인가를 정해야 하고, 심급마다 그 심급의 소송비용 전부에 대해 하여야 한다.[179] 상급법원에서 상소를 각하 또는 기각하는 경우 그 심급에서 생긴 상소비용만을 재판하면 되지만 하급법원의 본안판결을 변경하는 경우 하급법원에서 생긴 비용까지 합하여 재판하여야 하고, 환송·이송 받은 법원이 그 사건을 완결하는 재판을 하는 경우 그때까지의 총비용에 대해 불가분적으로 재판하여야 한다. 소송비용의 재판에 대해서는 독립하여 상소할 수 없다.

본다(민사소송법 제109조).

178) 패소자가 공동소송인인 경우 평등부담을 명하는 것이 원칙이나 법원은 사정에 따라 연대 부담이나 다른 방법으로 명할 수 있다(민사소송법 제102조). 일부패소의 경우 각 당사자가 부담할 소송비용은 승패의 비율을 고려함 없이 법원의 재량으로 정하며, 일방에게 전부를 부담하게도 할 수 있다(동법 제101조).

179) 판결 중 소송비용의 재판에서 이론상으로는 당사자가 부담할 액수까지 정할 수 있으나, 부담자와 부담비율을 정하는 데 그치는 것이 실무관행이다. 액수가 정해지지 않은 경우, 재판이 확정되거나 집행력을 갖게 된 후에 제1심수소법원에 서면으로 소송비용액확정신청을 하고 법원은 결정으로 재판하며, 이에 대해서는 즉시항고 할 수 있다.

2) 가집행선고

가집행선고란 미확정의 종국판결에 확정된 것과 마찬가지로 미리 집행력을 주는 형성적 재판을 말한다. 이는 판결이 확정되기 전에 미리 집행을 할 수 있어 승소자의 신속한 권리실현이 가능하고, 패소자가 강제집행의 지연을 노려 상소를 남발하는 것을 억제해 주는 기능을 가진다. 나아가 피고가 가집행선고에 의해 즉시집행 당하는 것을 피하기 위해 제1심에서 전 소송자료를 제출하게 되므로 심리의 제1심 집중효과를 얻을 수 있다.

가집행선고를 하기 위해서는 종국판결을 하는 경우이어야 하며, 중간판결에는 가집행선고를 할 수 없다. 종국판결 중에서도 청구기각 또는 소각하 판결, 가집행선고를 변경하는 판결 또는 가집행선고 있는 본안판결을 변경하는 판결(제215조 제1항), 가압류 또는 가처분을 명하는 판결 등에는 가집행을 선고할 수 없다. 결정, 명령은 원칙적으로 즉시 집행력이 발생하므로 가집행선고를 할 수 없다.

가집행선고에 따른 집행 후 상소심에서 판결이 변경되는 경우 금전배상을 통한 원상회복이 가능해야 하기 때문에 재산권상의 청구에 대한 판결이어야 하며, 신분상의 청구 등 비재산권상의 청구에 대하여는 선고할 수 없는 것이 원칙이다. 또한 재산상의 청구에 관한 판결이라도 의사의 진술을 명한 판결은 확정되어야만 집행력이 생기므로 가집행선고를 할 수 없다는 것이 통설이다.

집행할 수 있는 판결이어야 하며, 가집행선고를 해서는 안 될 상당한 이유가 없어야 한다. 재산권상의 청구에 대하여는 상당한 이유가 없는 경우에는 신청유무를 불문하고 반드시 가집행선고를 해야 하므로(제213조 제1항), 가집행선고 여부는 법원의 재량사항이 아니다. 여기서 "상당한 이유"란 주로 패소한 피고에게 회복할 수 없는 손해를 줄 염려가 있는 경우[180]가 이에 해당하지만 그 밖에 판결변경의 가능성이나 즉시집행의 필요성 등을 감안해야 한다.

가집행선고는 법원이 직권으로 하여야 하므로 당사자의 신청은 법원의 직권발동을 촉구하는 의미에 그친다.[181] 가집행선고는 담보를 제공하거나 또는 담보를 제공하지 않을 것을 조건으로 하여야 한다. 이의 결정여부는 법원의 재량에 속하나 상소심에서 판결이 변경될 가능성이 있는 경우에는 담보를 제공해야 한다. 법원은 가집행선고를 하면서 동시에 피고를 위하여 피고가 채권전액을 담보로 제공하면 가집행의 면제를 받을 수 있음을 선고할 수 있다. 가집행선고나 가집행면제선고는 모두 판결주문에 적어야 하며, 이에 대해 독립하여 상소할 수 없다. 가집행선고는 인용판결의 전부에 대해서뿐만 아니라, 그 일부에 한해서도 할 수 있다.

가집행선고는 상소로 인하여 그 효력이 정지되지 않으므로 가집행선고에 따른 강제집행의 정지를 위해서는 당사자의 신청에 의한 강제집행정지결정을 받아야 한다. 가집행은 가압류 또는 가처분과 같이 보전에 그치는 것이 아니라 압류, 환가, 배당의 전 단계를 거친다.

상소심에서 가집행선고만이 바뀌거나 가집행선고 있는 본안판결이 바뀐 경우 가집행선고는 그 한도에서 효력을 잃는데, 이 때 확정을 기다리지 않고 선고와 동시에 그 효력이 상실된다. 다만 가집행선고의 실효는 소급하는 것이 아니므로 그 이전에 이미 집행이 종료되면 그 효력에 영향이 없다.[182]

---

180) 건물 철거소송에서 원고가 승소하는 경우를 예로 들 수 있다.

181) 다만 재산권의 청구에 관한 판결이 아닌 가처분취소판결에는 종전처럼 당사자의 신청·법원의 직권으로 선고할 수 있다.

182) 만일 제3자가 가집행에 의한 경매절차에서 피고의 재산을 이미 낙찰 받았다면, 그 낙찰자의 소유권취득에는 영향이 없다. 이 때 원상회복 및 손해배상의 무(무과실책임)를 지게 되는데, 배상해야 할 손해는 가집행과 상당인과관계에 있는 모든 손해를 포함한다. 피고는 원고를 상대로 별도의 소를 제기하거나, 상소심절차에서 본안판결의 변경을 구하면서 원상회복 등의 청구를 병합하는 방법으로 이를 할 수 있다.

4. 소송종료선언

소송종료선언이란 소송의 종료여부가 문제되는 사건에서 계속 중이던 소송이 유효하게 종료되었음을 확인하여 선언하는 판결을 말하며, 이는 확인판결적 성격을 가진 소송판결[183]이다.

확정판결 이외의 사유로 소송이 종료된 것으로 처리된 후,[184] 당사자가 이를 다투어 기일지정신청을 한 경우에, 처리가 잘못된 것으로 인정되면 본안심리를 계속 진행하여 중간판결 또는 종국판결의 이유 중에서 판단하고, 그 처리가 타당한 것으로 판단되면 종국판결로써 소송이 종료되었음을 선언하여야 한다.

소 또는 상소취하의 효력에 관한 다툼이 있는 경우 법원은 변론기일을 열어 신청사유를 심리하고, 신청이 이유없다고 인정되는 경우 종국판결로 소송종료선언을 하여야 한다. 청구의 포기·인낙, 화해의 효력에 관한 다툼이 있는 경우 판례에 따르면 이에 대해서는 준재심의 절차로만 다툴 수 있을 뿐, 기일지정신청으로 그 무효를 다툴 수 없다. 그럼에도 기일지정신청을 한 경우 당연무효사유가 존재하지 아니하면 소송종료선언을 해야 한다. 당사자 대립구조가 소멸된 경우 소송은 바로 종료되지만 당사자 사이에 다툼이 있어 기일지정을 신청한 경우 이를 명백히 하는 의미에서 소송종료선언을 한다.

확정판결, 청구의 포기·인낙·화해의 조서화, 소의 취하 등에 의하여 소송종료의 효과가 발생되었는데도 법원이 이를 간과하고 소송심리를 진행하는 수가 있는데, 이 경우 간과하여 소송을 진행한 판결은 확정되어도 당연무효의 판결에 해당한다. 소송의 종

---

183) 소송판결이란 소 또는 상소가 부적법하여 이를 각하하는 판결로서 소송요건이나 상소요건에 흠이 있는 경우 행하게 된다.

184) 소 또는 상소의 취하, 청구의 포기·인낙, 재판상화해 등으로 소송이 종료된 것으로 처리된 경우를 말한다.

료여부는 직권조사항이므로 당사자의 이의 여부에 상관없이 조사하고 이에 대한 소송종료선언을 하여야 한다.

소송종료선언의 판결은 사건 완결의 확인적 성질을 가진 종국판결이며, 청구인용 또는 기각과 같은 본안판결이 아니라 소송판결에 해당하며, 이에 대해서는 상소가 허용된다. 승패가 없으므로 소송비용에 관한 재판이 필요하며, 통상 주문에는 소송종료일자와 소송종료사유를 명시함이 실무 관행이다.

Ⅵ. 상소심절차와 재심절차

1. 상소의 의의

상소란 재판의 확정 전에 자기에게 유리하게 재판을 취소 또는 변경시키기 위해 상급법원에 제기하는 불복신청의 방법을 말며, 현행법은 상소로서 항소, 상고, 항고를 인정하고 있다.[185]

상소는 당사자의 불이익에 대한 구제와 법령해석의 통일을 그 목적으로 한다. 소송촉진과 소송경제와의 조화를 위해 상소를 제한할 필요가 있기 때문에 다음과 같은 방법을 마련하고 있다. 첫째 상고심을 법률심으로 한정, 둘째 소액사건의 상고제한,[186] 셋째 가집행제도, 넷째 인지의 고액화,[187] 다섯째 지연손해금의 이율 상향조정 등이 그 예이다.

185) 이와 구별하여야 할 개념으로는 재심(민사소송법 제451조), 이의, 제권판결에 대한 불복의 소(동법 제490조), 중재판정취소의 소(중재법 제36조) 등이 있다.

186) 상고할 수 있는 경우는 ① 법률, 명령, 규칙, 처분의 헌법위반 여부와 명령, 규칙, 처분의 법률위반인 여부에 대한 판단이 부당한 때, ② 대법원의 판례와 상반되는 판결을 한 때에 한하므로 실질적으로 2심제에 가깝다.

187) 항소심은 1.5배, 상고심은 2배이다.

2. 항소심절차

(1) 항소의 의의

항소란 제1심의 종국판결에 대한 불복신청을 말하며, 사실문제나 법률문제를 불문하고 가능하다. 다만 소송비용에 대하여는 독립하여 불복하는 것은 불가하다. 항소의 주체(항소권자)는 제1심 원고, 피고 및 승계인, 당사자참가를 할 수 있는 자이다.

(2) 항소의 제기

항소는 항소장을 제1심법원에 제출함으로써 하는데(제397조 제1항), 원칙적으로 판결서가 송달된 날로부터 2주 이내(불변기간)에 하여야 하며, 판결서 송달 전에도 할 수 있다(제396조).

항소장에는 당사자와 법정대리인 그리고 제1심 판결의 표시와 그 판결에 대한 항소의 취지를 기재해야 하며(제397조 제2항), 준비서면에 관한 규정이 준용된다(제398조).[188]

항소장에는 소를 제기하는 경우의 1.5배에 해당하는 금액의 인지를 첨부하여야 한다.

(3) 항소장의 심사

항소장이 제1심 법원에 제출되면 우선 원심재판장이 항소장을 심사하는데(제399조), 필요적 기재사항과 인지첩부여부를 확인하고 불비시 보정명령을 하며, 이를 보정하지 않은 때에는 명령으로 항소장을 각하하고, 항소기간도과가 명백한 경우는 명령으로 항소장을 각하하며 이 각하명령에 대해서는 즉시항고가 가능하다.[189] 항소기록이 항소법원에 송부된 후에, 항소심재판장이 다시

188) 불복의 범위와 불복의 이유는 임의적 기재사항이고, 성질상 기재되어도 준비서면이 된다.

189) 이처럼 원심재판장에게 항소장심사권을 부여한 것은 항소장의 원심제출주의

항소장을 심사하는데(제402조), 흠결 있는 항소장을 원심재판장이 각하하지 않은 경우나 항소장부본을 송달할 수 없을 때는 명령으로 항소장을 각하하며, 이에 대해서는 즉시항고가 가능하다.

(4) 항소의 취하

항소의 취하란 항소의 신청을 철회하는 항소법원에 대한 일방적 의사표시(소송행위)로써, 직권탐지주의하에서도 항소취하는 자유이나, 재판외에서는 당사자 간에 항소취하의 합의를 하여도 항소취하의 효력이 당연히 발생하는 것은 아니다(항소취하의 합의). 항소는 항소심의 종국판결이 있기 전에 취하할 수 있다(제393조 제1항).

항소의 취하를 위해서는 항소심의 종국판결 선고 전이어야 하고 소송행위의 일반요건을 구비해야 하지만 상대방의 동의는 필요하지 않다.[190] 항소취하의 방식은 소 취하에 관한 규정이 그대로 준용되며, 서면으로 취하 시 취하의 효력이 발생하는 시점은 취하서가 항소법원에 제출된 때이다.

항소의 취하가 있는 경우 소급적으로 항소의 효력이 소멸하고, 원판결이 확정된다. 다만 아직 항소기간 도과전이면 취하 후에 상대방은 물론 항소인도 다시 항소할 수 있다. 이것이 다시 제기하면 항소가 부적법하게 되는 항소권의 포기와 차이점이다.

그리고 당사자가 2회에 걸쳐 항소심 변론기일에 불출석하거나 출석하더라도 변론하지 않고 1월 이내에 기일지정신청을 하지 않거나 기일지정에 의해 재개된 변론에 불출석하거나 변론하지 않

와 일관하려는 것으로 부적식의 항소장을 사전에 심사하여 항소심의 부담을 경감시키고 상소권의 남용을 막으려는 점에 있다.

190) 일부취하는 불가하며(항소불가분의 원칙), 필수적 공동소송의 경우 전원이 일치하여 하여야 하고, 통상공동소송의 경우는 일인의 또는 일인에 대한 항소의 취하도 가능하며, 독립당사자참가의 경우 2인이 항소하였다가 1인이 취하해도 항소심은 존속한다.

은 경우(제268조 제4항), 항소심계속 후 법원의 재난으로 인하여 소송기록이 멸실된 때에 항소인이 6개월 내에 항소장 및 사건계속의 소명방법을 제출하지 않는 경우(법원재난에 기인한 민형사사건 임시조치법 제3조) 항소취하가 있는 것으로 본다.

(5) 항소심의 심리

항소심은 항소장의 적식 여부, 항소의 적법성 여부를 먼저 판단한 후 본안심리로 이어지며, 항소심의 구조는 속심제의 형태로 제1심의 자료를 기초로 하되 새로운 자료를 추가하는 것이 가능하다.

항소가 제기되면, 제1심 판결은 확정이 차단되고 항소심에 이심되어 다시 심리된다. 이때 심리는 처분권주의에 따라 당사자가 항소로 주장한 불복신청[191]의 범위에 한정된다(제407조). 다만 제1심 판결에 불복신청이 없었던 부분에 대해서도 이심의 효력이 발생하는데, 이를 항소불가분의 원칙이라고 한다. 그리고 당사자의 불복신청의 한도를 넘어서 제1심 판결을 불이익 또는 이익으로 변경할 수 없는데(제415조), 이를 불이익변경금지의 원칙이라 한다.

항소심 절차는 원칙적으로 제1심 절차에 관한 규정을 준용한다(제408조). 항소심에서의 변론은 제1심 절차의 속행이므로 당사자는 제1심 판결의 사실에 기해 제1심에서의 변론의 결과를 진술해야 하는데(제407조 제2항) 이를 변론의 갱신이라 한다. 그리고 당사자는 항소심의 변론종결시까지 종전의 주장을 보충·정정할 수 있고, 제1심에서 제출하지 않은 새로운 공격·방어방법을 제출할 수도 있는데(제408조, 제146조), 이를 갱신권이라 한다. 새로운 공

191) 불복신청은 부대항소라는 수단에 의해서도 가능한데, 여기서 부대항소란 상대방이 제기한 항소에 부대하여 자기에게 유리한 심판을 청구하는 것을 말한다(항소심의 심판범위를 자기에게 유리하게 확장하는 신청). 이는 항소인이 항소심 절차 중 불복범위를 변경할 수 있는 것에 대응한 것으로 공평을 기하며, 불복을 동시에 해결하므로 소송경제를 도모하고 있다.

격・방어방법이라 하더라도 시기에 뒤늦은 것[192]이면 안 된다(제408조, 제149조).

(6) 항소심의 재판

항소장 심사단계에서 항소장이 부적식인 경우나 항소기간을 넘긴 경우 등에는 재판장은 명령으로 항소장을 각하한다(제399조 제2항, 제402조 제2항).

항소요건을 불비하여 항소가 부적법한 경우 항소법원은 판결로 항소를 각하한다. 또한 해당 요건을 보정할 수 없는 경우에는 변론 없이 항소를 각하할 수 있다(제413조).

제1심 판결이 정당하다고 인정되는 경우(제414조 제1항)나 해당 판결의 이유가 부당하더라도 다른 이유에 의하여 결론적으로 원판결의 주문에 일치하는 경우(동조 제2항)에는 항소를 기각한다.[193] 항소기각의 판결이 확정되면 제1심 판결도 확정된다. 이행판결의 경우에 집행권원이 되는 것은 제1심 판결이지만, 그 기판력의 표준시는 항소심 변론종결시이다.

항소법원은 제1심 판결이 정당하지 아니하다고 인정한 때에는 이를 취소하여야 하고(제416조), 제1심 판결의 절차가 법률에 어긋날 경우에도 이를 취소하여야 한다(제417조). 제1심 판결을 취소하면 당사자가 제기한 소에 대한 법원의 판단이 없어지게 되므로 이에 대한 조치가 필요한데, 항소심은 사실심이기 때문에 항소법원이 스스로 소에 대하여 재판하는 것(自判)이 원칙이다.[194] 다만 제1심 판결이 소 각하 판결이었던 경우는 논리적으로 본안에 대하여 제1심의 심리가 없었던 것이라 할 수 있으므로 항소법원은

192) 시기에 뒤늦었는지 여부는 항소심은 속심이므로 제1・2심을 통하여 판단한다.

193) 이는 기판력이 주문에 포함된 것에 한하여 발생하며, 판결이유 중의 판단에 있어서는 기판력이 발생하지 않기 때문이다(민사소송법 제216조 제1항).

194) 원고의 청구를 인용한 제1심 판결에 대하여, 항소법원은 "제1심 판결을 취소한다" 다음에 "원고의 청구를 기각한다"와 같이 재판할 수 있다.

사건을 제1심 법원에 환송하여 다시 심리를 하게 해야 한다(제418조 본문). 다만, 제1심에서 본안판결을 할 수 있을 정도로 심리가 진행된 경우 또는 당사자의 동의가 있는 경우에는 항소법원 스스로 본안판결을 할 수 있다(제418조 단서).[195]

그리고 관할위반을 이유로 제1심 판결을 취소한 때에는 항소법원은 판결로 사건을 관할법원으로 이송해야 한다(제419조).[196]

3. 상고심절차

(1) 상고의 의의와 목적

상고란 종국판결에 대한 법률심에의 상소로서, 원판결의 당부를 전적으로 법률적인 측면에서만 심사할 것을 구하는 불복신청을 말한다. 현재 우리나라는 집중형 상고제를 취하여 상고심이 대법원으로 일원화되어 있다. 상고제도는 법령해석의 통일과 당사자의 권리구제를 목적으로 하고 있다.

(2) 상고이유와 상고심리불속행제도

1) 상고이유

상고이유는 일반적 상고이유와 절대적 상고이유가 있다.

먼저 원판결에 영향을 미친(법령위반과 주문간의 인과관계) 법령위반, 헌법, 법률, 명령, 규칙의 위반을 일반적 상고이유로 하고 있으며(제423조), 이에 경험칙위반도 포함된다는 것이 통설과 판례이며 조례나 국제조약, 협약, 협정도 포함되며 보통계약 약관이나 정관의 위반도 포함되며 판례위반도 포함된다. 위반의 종류로는

---

195) 환송받은 제1심 법원은 항소법원이 취소의 이유로 한 법률상 및 사실상의 판단에 기속된다(법원조직법 제8조).

196) 이때의 관할위반은 전속관할위반을 의미하며, 임의관할위반은 관할위반을 주장하지 못하므로 원판결 취소사유가 되지 않는다(민사소송법 제411조).

원인을 기준으로 법령해석의 착오와 법령적용의 착오, 법령위반의 형태를 기준으로 판단의 착오와 절차상의 착오가 있다.

중대한 절차상의 과오가 절대적 상고이유가 되며, 이는 판결에 영향을 미쳤는지 여부와 관계없이 상고가 가능하다(제424조). 구체적인 절대적 상고이유는 다음과 같다.

첫째, 판결법원 구성의 위법(제1호),[197] 둘째, 판결에 관여할 수 없는 법관의 관여(제2호),[198] 셋째, 전속관할 위반(제3호), 넷째, 법정대리권, 소송대리권 또는 대리인의 소송행위에 특별수권의 흠결(제4호), 다섯째, 공개규정의 위배(제5호), 여섯째, 이유를 밝히지 않은 경우, 이유모순이 있는 때(제6호)[199]가 이에 해당한다.

2) 심리불속행제도[200]

이와 같이 「민사소송법」 제423조와 제424조에도 불구하고 「상고심절차에 관한 특례법」 제4조 소정의 심리속행사유[201]가 없으

---

197) 2인으로 구성된 합의부, 변론에 직접 관여하지 않은 법관이 판결에 관여한 경우를 예로 들 수 있다.

198) 제척, 기피의 재판을 받은 법관의 관여, 파기환송된 원판결에 관여한 법관의 관여를 예로 들 수 있다.

199) 이유를 전혀 밝히지 않은 경우, 판결에 영향 있는 주요사항에 대한 판단을 누락한 경우, 단순히 "이유없다"는 표현 등을 예로 들 수 있다.

200) 당사자에 의하여 주장된 상고이유에 중대한 법령위반에 관한 사항 등 상고심을 법률심으로 순화시키기에 알맞은 사유가 포함되어 있지 않은 경우의 무익한 상고·남상고를 본안심리에 앞서서 사전에 체크하여 대법원의 법률심으로의 기능을 효율적으로 수행하게 하고 법률관계를 신속하게 확정하기 위하여 1994년 「상고심절차에 관한 특례법」에 따라 상고심리불속행제도가 채택되었다.

201) **상고심절차에 관한 특례법 제4조 (심리의 불속행)** ① 대법원은 상고이유에 관한 주장이 다음 각호의 1의 사유를 포함하지 아니한다고 인정되는 때에는 더 나아가 심리를 하지 아니하고 판결로 상고를 기각한다.

1. 원심판결이 헌법에 위반하거나 헌법을 부당하게 해석한 때
2. 원심판결이 명령·규칙 또는 처분의 법률위반 여부에 대하여 부당하게 판단한 때
3. 원심판결이 법률·명령·규칙 또는 처분에 대하여 대법원판례와 상반되게 해석한 때

면 판결로 상고를 기각하며, 이는 행정소송과 가사소송에도 적용된다.

상고이유의 주장 중에 심리속행사유가 포함되어 있어야 하며, 포함되지 않은 경우에는 판결로 기각한다. 그리고 상고이유에 심리속행사유를 포함하고 있더라도 그 주장자체로 보아 이유가 없는 경우나 원심판결과 관계가 없거나 원심판결에 영향을 미치지 아니하는 경우에는 판결로 기각한다.

(3) 상고의 제기

상고장의 제출은 항소장에 준하며 원심(항소심)법원에 제출해야 한다(제425조, 제397조). 상고인은 상고장에 상고이유를 적어야 하며, 이를 적지 않은 경우 소송기록접수통지를 받은 날로부터 20일 이내에 상고이유서[202]를 제출해야 한다(제427조). 이를 위반하여 상고이유서를 제출하지 않은 경우에는 직권조사사항이 있는 경우를 제외하고, 상고법원은 변론 없이 판결로 상고를 기각하여야 한다(제429조). 상고인이 상고이유서를 제출하면 이를 받은 상

---

4. 법률·명령·규칙 또는 처분에 대한 해석에 관하여 대법원판례가 없거나 대법원판례를 변경할 필요가 있는 때
5. 제1호 내지 제4호외에 중대한 법령위반에 관한 사항이 있는 때
6. 민사소송법 제424조제1항제1호 내지 제5호의 사유가 있는 때

② 가압류 및 가처분에 관한 판결에 대하여는 상고이유에 관한 주장이 제1항제1호 내지 제3호의 사유를 포함하지 아니한다고 인정되는 경우 제1항의 예에 의한다.

③ 상고이유에 관한 주장이 제1항 각호의 사유(가압류 및 가처분에 관한 판결의 경우에는 제1항제1호 내지 제3호의 사유)를 포함하는 경우에도 다음 각호의 1에 해당하는 때에는 제1항의 예에 의한다.

1. 그 주장 자체로 보아 이유가 없는 때
2. 원심판결과 관계가 없거나 원심판결에 영향을 미치지 아니하는 때.

202) 상고이유서에는 당사자의 성명, 사건의 표시, 상고이유, 부속서류의 표시, 년원일 및 기명날인 등을 기재하여야 하며, 특히 상고이유에는 특례법상의 심리속행사유의 어디에 해당하는지를 구체적으로 기재하여야 하고, 막연히 채증법칙위반 등으로 기재해서는 안 된다.

고법원은 상대방에게 그 부본이나 등본을 바로 송달해야 하고, 상대방은 이를 송달받은 날로부터 10일 이내에 답변서를 제출할 수 있다(제428조).

(4) 상고심의 심리

상고법원은 직권조사사항 외에는 상고이유에서 표시한 불복신청의 범위 내에서 원판결의 당부를 심사해야 한다(제431조). 상고심은 원심(항소심)법원이 인정한 사실관계를 기초로 판단하고(제432조), 새로운 공격방어방법을 제출할 수 없으며 증거조사를 요하지 않는다.[203] 즉 상고심은 원판결의 당부를 법률적 측면에서만 판단하기 때문에 법률심이라고 불린다.

상고심에서는 임의적 변론이 원칙이므로 상고장, 상고이유서, 답변서 기타 서면으로 재판할 수 있고(제430조 제1항), 특정한 사항에 한정하여 변론을 열 수 있으나(동조 제2항) 실제로 여는 경우는 거의 없다.

(5) 상고심의 재판

상고법원은 적법성 심사와 관련하여 상고요건 불비시는 각하, 상고이유서 부제출시는 기각을 하며, 심리속행사유의 유무를 판단하여 불비시 기각을 한다.

상고법원은 이유구비성을 판단하여 상고가 이유 없다고 인정한 경우 상고기각의 본안판결을 하여야 하고, 상고이유대로 원판결이 부당하다 하여도 다른 이유에 의해 결과적으로 정당하다고 인정되는 경우 역시 상고기각을 하여야 한다(제414조).

상고법원은 상고가 이유 있다고 인정하는 경우 원판결을 파기[204]해야 하는데, 사실심리가 필요한 경우 파기환송 또는 파기이

203) 소의 변경, 반소, 중간확인의 소의 제기나 자백의 취소도 불가하다.

204) 상고심에 의한 원판결의 취소를 특히 파기라고 부른다.

송을 하고 사실심리 없이 판결할 수 있는 경우나 사건이 법원의 권한에 속하지 않음을 이유로 판결을 파기하는 경우에는 파기자판(破棄自判)[205]을 한다(제437조). 실무상 자판율은 저조하다.

상고심의 심판의 대상은 불복신청의 대상인 원판결이 파기될 것인지 여부이다. 상고심은 상고가 이유있다고 인정할 때에는 원판결을 파기하여야 한다. 직권조사사항에 관하여 조사한 결과, 원판결이 부당한 때에도 파기이유가 된다. 상고심에서는 사건에 대한 사실인정을 다시 행하지 않으므로 원판결을 파기하는 때에는 항소심에서의 취소·자판의 경우와는 달리, 사건을 사실심으로 환송하는 것이 원칙이다(제436조 제1항).

(6) 환송 후의 심판과 상고심판결의 기속력

상고심에 의해 원판결이 파기되어 환송을 받은 법원은 그 심급의 소송절차에 따라 새로 변론을 열어 심리해야 한다(제436조 제2항). 새로 변론을 열어 종전의 변론을 재개하지만 재판부를 새로 구성하므로 변론의 갱신이 필요하다. 변론의 갱신권이 인정되어 당해 심급에서 인정되는 모든 소송행위가 가능하며, 반드시 원심판결의 결론을 바꾸어야 하는 것은 아니다.

환송, 이송을 받은 법원은 사건을 심리함에 있어서 상고심의 파기이유가 된 법률상, 사실상의 판단에 기속된다. 이는 심급 제도를 유지하기 위한 특수한 효력이므로 본안의 사실인정에 관한 구속력을 말하는 것이 아니라, 직권조사사항에 대한 사실상의 판단, 절차위반을 판단함에 인정한 사실, 재심사유에 해당하는 사실상의 판단에 국한된다. 또한 이 기속력은 판례의 변경, 새로운 주장, 입증이나 이의 보강으로 전제된 사실관계가 변경된 때, 법령 변경이 있는 경우에는 소멸된다.

---

205) 파기자판이란 원심판결을 파기하고 사건을 스스로 재판하는 것을 말한다.

4. 항고와 재항고절차

(1) 의　　의

항고란 법원의 결정이나 재판장의 명령에 대한 불복을 말하며, 수명법관 또는 수탁판사의 재판에 대한 이의 등과는 구별된다. 이는 법률의 규정[206]이 있는 경우에 한하며, 결정·명령 중 본안과 밀접한 것은 본안에 대한 상소에서 다투게 하고, 본안과 밀접하지 않은 사항에 대한 결정·명령은 별도의 절차로 다투게 하여 항소심의 부담을 경감하고 판결명의인 이외의 자의 불복 통로를 마련하고 있다.

(2) 항고의 종류

항고는 통상항고, 즉시항고, 최초항고, 재항고, 특별항고 등으로 구분해 볼 수 있다.

통상항고는 항고제기 기간에 제한이 없는 항고로서 항고의 이익이 있는 한 언제나 제기할 수 있는 것이며, 즉시항고는 신속한 해결의 필요상 1주의 불변기간 내에 제기할 것을 요하는 것이고 그 제기에 의해 집행정지의 효력이 생긴다. 통상항고가 원칙이며, 즉시항고는 법률에 규정이 있는 경우 예외적으로 허용된다.

재항고는 최초의 항고에 대한 항고법원의 결정 그리고 고등법원 또는 항소법원의 결정·명령에 대한 항고이다. 최초의 항고에는 항소의 규정이 준용되고, 재항고에는 상고의 규정이 준용된다.

특별항고는 불복신청을 할 수 없는 결정·명령에 대한 비상구제책으로서 대법원에 하는 항고를 말한다.

---

206) 소송절차에 관한 신청을 기각한 경우(예: 기일지정신청, 소송인수신청, 수계신청: 인용한 경우는 불복하지 못함이 원칙), 위식의 결정, 명령(민사소송법 제440조), 강제집행절차에 관한 재판(규정 있는 경우), 기타 법률의 개별적 규정(대개 즉시항고).

(3) 재도의 고안

항고가 제기되면 원재판의 기속력이 배제되어 원심법원이 스스로 항고의 적부, 당부를 심사하여 이유가 있다고 생각하면 스스로 그 재판을 경정할 수 있는데 이를 재도의 고안이라 한다(제446조). 원법원은 재도의 고안을 위해 필요한 경우 변론을 열거나 당사자를 심문하고 새로운 사실이나 증거를 조사할 수 있다. 경정결정을 하면 당초의 항고의 목적이 달성되므로 항고절차는 당연히 종료된다. 다만 경정결정에 대해서는 별도의 항고가 허용되며, 항고법원이 경정결정을 취소하면 경정결정이 없는 상태로 환원되어 당초의 항고가 존속된다.

5. 재심절차

재심이란 확정된 종국판결에 재심사유에 해당하는 중대한 하자가 있는 경우 그 판결의 취소와 이미 종결되었던 사건의 재심판을 구하는 비상의 불복신청방법을 말한다. 이는 판결확정 후에 하는 것이므로 확정차단의 효력이 없으며, 원칙적으로 동일심급의 법원에 심판을 구하는 것이므로 상급심으로 이전되는 이심의 효력도 발생하지 않는다.

재심은 종결되어 기판력이 생긴 사건을 다시 심리하기 때문에 재심사유가 법정되어 있고(제451조 제1항),[207] 재심의 제기기간도

207) (1) 절차상의 중대한 하자(제1호 내지 3호, 제11호): 판결에 영향을 미쳤는지 여부는 불문 ㈎ 법률에 의하여 판결법원을 구성하지 아니한 때(1호) ㈏ 법률상 그 재판에 관여하지 못할 법관이 관여한 때(2호) ㈐ 법정대리권, 소송대리권 또는 대리인이 소송행위를 함에 필요한 수권에 흠결이 있는 때(제3호, 단 추인이 있는 경우는 불가) ㈑ 당사자가 상대방의 주소 또는 거소를 알고 있었음에도 불구하고 소재불명 또는 허위의 주소나 거소로 하여 소를 제기한 때(제11호)

(2) 내용의 정당성의 문제(제4호 내지 제10호): 주문에 영향을 미쳤을 때에 한하여 재심이 가능 ㈎ 판결에 영향을 미친 범죄 또는 이에 준하는 가벌적 행위가 있었던 경우(제451조 제1항 4호 내지 7호 사유). 이 경우는 유죄판결

제한되어 있다(제456조, 예외는 제457조). 재심의 주체는 기판력을 받는 자이어야 하며, 객체(대상)는 확정된 종국판결이어야 한다. 또한 재심은 재심사유를 안 날로부터 30일 이내에 제기해야 하고, 알지 못한 경우라도 판결확정 후 5년이 경과하면 제기할 수 없다(제456조 제3항). 다만 대리권의 흠결이나 재심을 제기할 판결이 전에 선고한 확정판결과 저촉되는 경우는 기간의 제한이 없다.

재심은 재심을 구할 판결을 한 법원의 전속관할에 속하며, 재심소장에는 당사자와 법정대리인, 재심을 할 판결의 표시와 재심을 구하는 취지 및 재심의 이유를 기재하여 제출하고, 인지는 각 심급별의 인지를 첩부한다.

Ⅶ. 집행절차

판결절차를 거쳐 당사자 간의 권리 또는 법률관계가 확정되었다 하더라도 채무자가 판결내용에 따라 이행을 하지 않는 경우 채권자는 국가기관의 강제력을 동원하여 자기 채권의 만족을 구할 수밖에 없으며 이러한 강제적 권리실현절차를 강제집행절차라 한다.

또는 과태료의 재판이 확정되거나 증거흠결 이외의 이유(예:범인이 사망, 일반사면)로 유죄판결 또는 과태료의 재판이 불가능한 경우에 한한다(제451조 제2항). ① 재판에 관여한 법관이 그 사건에 관하여 직무에 관한 죄를 범한 때(4호), ② 형사상 처벌받을 타인의 행위로 인하여 자백을 하였거나 판결에 영향을 미칠 공격 또는 방어방법의 제출이 방해된 때(제5호), ③ 판결의 증거로 된 문서 기타 물건이 위조 또는 변조된 때(제6호), ④ 증인, 감정인, 통역인 또는 선서한 당사자나 법정대리인의 허위진술이 판결의 증거로 된 때(제7호). ㈏ 판결의 기초가 변경된 때 ① 판결의 기초가 된 민사나 형사의 판결 기타의 재판 또는 행정처분이 다른 재판이나 행정처분에 의하여 변경된 때(제8호), ② 위헌여부심판을 위한 헌법소원이 인용된 경우(헌법재판소법 제75조 제7항). ㈐ 중대한 판단누락(유탈)이 있는 경우(제9호). ㈑ 확정판결과 저촉되는 때(제10호).

강제집행의 근거가 되는 문서를 집행권원[208]이라 하는데, 집행력이 발생한 확정판결이 가장 중요한 집행권원이 되며, 공증인이 작성한 집행증서 등도 집행권원이 될 수 있다. 집행권원이 있으면 집행청구권이 발생하고 이를 행사하기 위해서는 원칙적으로 집행문을 부여받아야 한다(민사집행법 제28조).[209]

강제집행의 방법은 금전채권[210]에 기한 경우[211]에는 채무자의 재산을 압류하고, 이에 대한 경매를 통해 환가하여 현금화한 후 이를 채권자에게 교부 또는 배당하는 절차를 거치게 된다. 금전집행의 경우 채무자가 가진 재산으로 금전적 가치를 가지는 것이면 원칙적으로 모두 집행의 대상이 된다.[212] 이 과정에서 채무자의 재산을 쉽게 찾을 수 없을 때, 채무자로 하여금 자신의 재산상태를 명시한 재산목록을 법원에 선서하고 제출하게 하고, 채무자 명의의 재산에 대해 공공기관 및 금융기관 등에 조회하며, 재산명시기일에 출석하지 아니하거나 재산목록을 제출하지 아니하는 경우 등에 채무자불이행자 명부에 등재하도록 하는 재산명시절차가 마련되어 있다(민사집행법 제61조 내지 제77조). 그리고 현행 민사집행법은 금전집행에서 부동산에 대한 강제집행을 상세히 규율

208) 집행권원만 있으면 비록 실체법상의 청구권이 실제 존재하지 아니하여도 강제집행은 적법한 것이 되고, 실체법상의 청구권이 있어도 집행권원이 없으면 그 집행은 무효이다.

209) **민사집행법 제28조 (집행력 있는 정본)** ①강제집행은 집행문이 있는 판결정본(이하 "집행력 있는 정본"이라 한다)이 있어야 할 수 있다. ②집행문은 신청에 따라 제1심 법원의 법원서기관·법원사무관·법원주사 또는 법원주사보(이하 "법원사무관 등"이라 한다)가 내어 주며, 소송기록이 상급심에 있는 때에는 그 법원의 법원사무관 등이 내어 준다. ③집행문을 내어 달라는 신청은 말로 할 수 있다.

210) 판결의 내용이 일정액의 금전을 지급하라는 명령인 경우를 말한다.

211) 강제집행절차는 크게 금전채권에 기초한 강제집행과 금전채권 이외의 채권에 기초한 강제집행으로 나누어지는데, 대부분이 금전집행에 속한다.

212) 다만 압류금지물건(민사집행법 제195조)과 압류금지채권(제246조)과 관련된 규정을 마련하여 채무자의 최소한의 인간다운 생활을 할 권리를 보장하고 있다.

하면서, 다른 유형의 재산에 대한 강제집행에 이를 대부분 준용하는 형태를 취하고 있다. 압류할 채무자의 재산이 채권인 경우는 추심명령[213]·전부명령[214]이라는 특수한 집행수단을 사용하여 채권자가 직접 채무자의 채권으로부터 변제를 받을 수 있게 하고 있으며, 판결의 내용이 특정물의 인도명령 등인 경우에는 집행관이 그 점유를 취득하여 이를 채권자에게 인도하도록 하고 있다.

강제집행이 위법하거나 부당하게 실시된 경우에는 이에 대한 불복이 가능하다. 위법집행에 대한 불복방법으로는 즉시항고(민사집행법 제15조)[215]와 집행에 관한 이의신청(동법 제16조)[216]이 있고, 부당집행에 대한 불복방법으로는 채무자를 위해서는 청구이의의 소(동법 제44조)[217]가 있고 제3자를 위해서는 제3자 이의의 소(동법 제48조)[218]가 있다.

---

213) 추심명령이란 압류채권자에게 피압류채권을 추심할 수 있는 권능을 수여하는 집행법원의 이부명령으로 피압류채권의 추심권을 국가가 행사하지 않고 압류채권자에게 수권하여 그로 하여금 현금화하게 하는 것이다.

214) 전부명령이란 압류된 금전채권을 집행채권의 지급에 갈음하여 압류채권자에게 이전시키는 집행법원의 명령을 말하며, 전부명령이 확정되면 법원에 의해 전부명령이 제3채무자에게 송달된 때에 채무자가 채무를 변제한 것으로 본다.

215) 즉시항고는 민사집행절차에 관한 집행법원의 재판에 대한 것으로서 법에 특별한 규정이 있는 경우에 한해 인정되며, 집행정지의 효력이 없는 것이 원칙이다(민사집행법 제15조). 참고로 민사소송법상의 즉시항고는 집행정지의 효력이 있는 것이 원칙이다.

216) 집행법원의 집행절차에 관한 재판으로서 즉시항고할 수 없는 것, 집행관의 집행처분, 그 밖에 집행관이 지킬 집행절차에 대하여 법원에 이의를 신청할 수 있다.

217) 집행권원에 기재된 청구권의 존부, 내용, 행사나 예외적이지만 그 성립에 문제가 되는 사유가 존재하는 경우 집행기관이 아닌 판결기관이 실질적인 심리를 통해 집행권원의 집행력을 배제시키는 제도이다.

218) 제3자 이의의 소란 집행의 목적물에 대하여 제3자가 소유권을 가지거나 목적물의 양도 또는 인도를 막을 수 있는 권리를 가진 경우 그 제3자가 채권자를 상대로 자신의 권리를 침해하는 강제집행에 이의를 주장하고 집행의 배제를 구하는 소를 말한다.

제3장

행정쟁송절차

Ⅰ. 공법상 권리구제 일반론

1. 민사재판절차와 공법상 쟁송절차[1)]의 차이

앞서 살펴본 제2장에서의 민사재판절차는 사인과 사인 즉 대등한 두 당사자 간의 권리관계를 그 대상으로 한다. 민사소송이 널리 사법상(私法上) 권리관계의 확정, 보전, 실현을 위한 절차인 데 반해 공법상 쟁송은 공법상(公法上) 권리관계에 대한 쟁송이다.[2)]

1) 일반적으로는 행정쟁송은 행정심판과 행정소송을 묶어서 행정법 분야에서 다루며 헌법소송 제도는 헌법 분야에서 설명한다. 이 책은 헌법과 행정법의 개별 지식을 독자에게 강조하기보다는 공법상 권리구제절차가 어떻게 흘러가는지 제시하는 것이 주된 목적이므로 행정심판, 행정소송, 헌법소송제도를 아울러 공법상 쟁송이라는 표현을 사용하였다. 독자들은 민사소송과 구별되는 제도로서 개인이 국가의 행위에 대해 권리구제를 받을 수 있다는 점을 생각하며 읽어주기 바란다. 또한 공법상 쟁송이라는 표현은 행정심판과 행정소송을 통일적으로 판단하는 통설적 견해에 바탕을 둔 것이다. 이러한 통설적 견해는 행정소송을 정식쟁송, 행정심판을 약식쟁송으로 본다. 하지만 행정심판을 행정절차의 범주에 넣어 대안적 분쟁해결절차로 논리 구성하려는 움직임도 있다[강경선 · 이계수, 『행정법Ⅰ』, 한국방송통신대학교출판부(2009), 262면 참조].

2) 공법과 사법의 구별은 로마법시대부터 국가와 관련된 법은 공법으로, 개인의 이익과 관련된 법은 사법으로 나누는 전통에 기인한다. 현대에 와서도 공법과 사법의 구별은 개인의 사적 자치를 적용할지의 문제, 재판관할의 결정 문제(민사법원에서 심리할지 행정법원에서 심리할지 결정하는 것) 등에 있어 중요한

공법상 쟁송절차는 크게 소송과 행정심판으로 나누어 볼 수 있다. 소송의 경우에는 헌법재판소 관할 사건을 제외하고는 모두 대법원을 정점으로 하는 일원적 사법권의 재판 관할에 속한다(헌법 제101조 제1항). 즉 행정사건을 담당하는 특정법원을 행정법원이라 하여 행정재판을 하도록 하며(법원조직법 제3조 제1항 제6호; 동법 제40조의4) 이러한 행정법원은 행정청에 속하거나 일반법원 조직과 별개로 운영되는 것이 아니라 대법원 아래에 놓이게 된다.

소송 이외의 공법상 쟁송으로는 행정심판이 있다. 행정심판이란 법원이 아닌 행정기관이 판단의 주체가 되는 쟁송을 말한다. 행정청 자신의 행위에 대해 행정청이 스스로 심판한다는 점에서 행정심판은 자율적 행정통제, 법원 부담의 경감, 당사자의 비용(무료) 및 시간 절감 등의 장점을 가진 제도이다. 권리구제를 받고자 하는 사인은 행정심판의 기속력 등의 효력을 통해(행정심판법 제37조) 소송에서 얻을 수 있는 효과를 얻을 수 있으며 이러한 행정청의 개입은 민사절차에서는 찾아볼 수 없는 공법상 쟁송의 특유한 제도이다.

행정심판의 존재 이외에도 민사재판 절차와 공법상 쟁송은 많은 차이를 가지는바 행정심판법과 행정소송법,[3] 헌법재판소법 등

판단기준이 된다. 하지만 그 구별이 명확한 것은 아니며 공법영역에서도 사적자치의 원리가 강조되는 경우가 있고 사법영역에서도 국가의 개입이 강조되는 경우가 있다. 또한 자본주의의 발달과 더불어 부익부 빈익빈 원리를 해결하기 위한 제3의 법영역인 사회법도 나타나게 되었다. 공법과 사법의 구별기준으로는 이익설, 주체설, 성질설, 생활관계설등 다양한 학설이 주장되고 있으나 절대적 기준을 찾기 힘들다는 것이 일반적 견해이다. 독자들은 대체로 국가생활관계를 규율하는 것은 공법이고 그렇지 않은 법은 사법으로 이해하면 족하다. 헌법, 행정법, 형법, 소송법 등은 공법이고 민법, 상법 등은 사법이다.

3) 행정소송법에서는 행정소송의 특수성에 비추어 처분청으로 피고적격의 한정, 임의적 심판전치주의, 집행정지, 사정판결, 판결의 간접강제, 직권소송참가, 직권심리 등 절차상의 특례를 두고 있다. 그러나 행정소송법은 완결된 형태로 행정소송을 규율하는 법이 아니다. 행정소송법 제8조 제2항은 행정소송에 관하여 "이 법에 특별한 규정이 없는 사항에 대하여는 법원조직법과 민사소송법 및 민사집행법의 규정을 준용한다"고 하여 민사소송법을 소송진행 전

에서 공법상 쟁송의 특수성을 확인할 수 있다. 아래에서 구체적인 내용을 살핀다.

2. 행정심판과 행정소송의 관계

행정심판과 행정소송은 모두 ① 행정청의 처분을 시정하는 절차라는 점, ② 법률상 이익을 가진 자만이 제기할 수 있다는 점, ③ 당사자의 쟁송제기에 의해 절차가 개시된다는 점, ④ 당사자는 대등한 입장에 선다는 점, ⑤ 일정한 기간 내에 제기하여야 한다는 점, ⑥ 집행부정지의 원칙이 적용된다는 점, ⑦ 사정재결・사정판결 이 인정되는 점 등에서 동일하다.

행정심판과 행정소송의 차이점에 대해서는 이해의 편의를 위해 도표를 제시한다.

〈행정심판과 행정소송의 차이점〉

	행정심판	행정소송
판정기관	행정기관이 판정기관이다	법원이 판정기관이다
판정절차	서면심리주의와 구술심리주의가 병행 적용된다	구두변론주의가 원칙이다
쟁송대상	위법행위 외에 부당행위[4]도 심판의 대상이 된다	위법행위만이 소송의 대상이 된다
적극적 판단	인정된다(의무이행심판)	인정 안 된다(판례) (부작위위법확인소송 정도로 인정)

반에 준용하고 있다. 따라서 행정소송을 특별민사소송절차로 보기도 한다[이시윤, 『신민사소송법』, 박영사(2008), 10면]. 그러나 행정소송법과 민사소송법을 도식화하여 특별법과 일반법의 관계로 볼 수는 없다. 행정소송에서는 앞에서 언급한 행정소송법상 절차상의 특례 이외에도 성질상 민사소송의 규정이 그대로 준용될 수 없는 것들이 있다. 독자들은 후에 행정소송을 깊게 공부함에 있어서는 민사소송과 차별화 되는 지점을 중요하게 학습하게 될 것이다. 참고로 법조문을 '준용한다'는 의미는 '어떤 사항에 관한 규정을 그와 다른 사항에 적용하는 일'을 의미한다. 민사소송법을 준용한다는 것은 민사소송법을 행정소송절차에 적용하여 사용한다는 의미로 해석하면 된다.

3. 행정소송과 헌법소원심판[5)]

헌법은 헌법재판소로 하여금 법원의 제청에 의한 법률의 위헌여부 심판, 탄핵의 심판, 정당의 해산 심판, 국가기관 상호간, 국가기관과 지방자치단체간 및 지방자치단체 상호간의 권한쟁의에 관한 심판, 법률이 정하는 헌법소원에 관한 심판을 관장하도록 한다(헌법 제11조 제1항). 그런데 이 중 헌법소원에 관하여 법률은 "공권력의 행사 또는 불행사로 인하여 헌법상 보장된 기본권을 침해받은 자"가 제기하도록 규정하고 있다(헌법재판소법 제68조 제1항 1문).[6)] 이는 행정소송과의 관계에서 항고소송의 대상인 '처분'의 개념과 어느 정도 중첩되는 문제를 가진다. 일반인의 입장에서 동일한 사안에 대하여 행정소송을 제기할지 헌법소원을 제기할지 판단해야 하는 문제가 발생하는 것이다. 이를 해결하기 위해 우리 헌법재판소법은 헌법소원심판에 대해 "다른 법률에 구제절차가 있는 경우에는 그 절차를 모두 거친 후가 아니면 청구할 수 없다"는 규정을 두어(헌법재판소법 제68조 제1항 2문) 행정소송으로 제기할 수 있는 공법적 분쟁은 우선적으로 행정소송의 대상으로 하고 있다. 이를 헌법소원의 보충성[7)]이라 한다. 따라서 처

---

4) 부당하다는 것은 위법의 정도에 이르지 않았으나 합리성을 결여한 행위를 의미한다. 예컨대 A와 B는 동일노선을 운행하는 경쟁자이며 행정청의 버스노선 증차는 행정청의 재량행위이다. 행정청이 기존에 10대의 버스를 가진 A에게 5대 증차하면서 20대의 버스를 가진 B에게는 9대를 증차한다면 이러한 결정은 합리성이 다소 결여된 행위이므로 위법의 정도는 아니더라도 부당한 정도로 볼 수 있을 것이다[홍정선, 『행정법특강』, 박영사(2009), 602면에서 사례인용].

5) 헌법소원 '심판'이라는 용어의 사용을 행정 '심판'과 비슷한 것으로 착각해서는 안 된다. 헌법재판소는 사법부이며 헌법재판소의 재판작용을 심판이라 부를 뿐이다. 행정심판은 행정청에서 하는 작용으로서, 같은 '심판'이라는 용어를 사용하지만 구별되어 사용된다.

6) 이 외에도 "법원에 제기한 법률의 위헌여부심판제청의 신청이 기각된 때" 헌법소원을 제기할 수 있다(헌법재판소법 제68조 제2항).

7) 보충은 사전적으로는 부족한 것을 보태어 채우는 것을 의미한다. 하지만 법

분에 해당하는 것은 항고소송으로, 처분에 해당하지 아니하는 것은 헌법소원심판으로 다투게 되는 이원적 구조가 형성된다. 이에 따라 처분의 해석과 연관되어 특정 사건에 대한 관할에 대해 대법원과 헌법재판소간의 경쟁구도를 발생시키기도 하였다.[8)]

4. 공법상 권리구제와 민사소송

공법상 권리에 관하여는 행정심판, 행정소송, 헌법소원 등의 제도를 통해 권리구제를 받는 것이 원칙이지만 제2장에서 살펴본 민사소송제도로도 공법상 권리를 다투는 경우가 있다. 국가배상법을 통한 행정상 손해배상[9)]의 경우와 공법상 부당이득반환, 손실보상청구권[10)] 등은 판례를 통해 민사소송으로 취급되어 왔다.

학에서의 보충성이라는 단어의 용례는 사전적 의미와는 조금 다르게 사용된다. 법학에서의 '보충성'은 '다른 수단으로 해결할 수 없는 경우에 최후적으로 적용된다'는 의미로 사용하는 단어이다. 예컨대 행정소송을 하고 난 후 기각판결을 받은 당사자가 판결에 만족하지 못해 자신이 받은 판결에 대하여 헌법소원을 신청해 다시 자신의 권리를 구제받을 수 있는 것이 아니다. 행정소송의 대상으로서 '처분'에 해당한다면 헌법소원을 할 수 없고, 행정소송의 대상이 되지 않는 경우에만 헌법소원을 최후수단으로 활용할 수 있다는 의미인 것이다. 급부행정의 보충성의 원리, 무효등확인소송의 보충성 인정 여부 등에서 보충성이라는 단어가 사용되고 있다.

8) 참고로 헌법소원심판의 보충성으로 인해 국가의 공권력 행사에 대해 행정소송이 일차적인 권리구제 수단이 된다는 점, 헌법재판소는 서울에만 위치하고 있으나 행정법원은 전국에 산재하고 있다는 점(서울 행정법원을 제외하고는 지방법원에 소속된 행정부로 존재한다), 헌법재판소는 한 번의 결정으로 끝나지만 행정법원은 판결에 불복할 경우 항소, 상고할 수 있다는 점(3심제), 헌법소원이 서면심리주의를 원칙으로 하지만 행정소송은 구두변론주의를 원칙으로 한다는 점 등을 상기할 필요가 있다. 즉 흔히 공법상 권리구제에 있어 '헌법소송'의 중요성이 강조되고 있으나, 행정소송 또한 중요하고 일차적인 권리구제 수단이 된다는 점을 유념해야 한다.

9) 국가배상법을 민법 제750조 일반불법행위에 대한 특별규정으로 해석하여 국가배상사건을 민사소송으로 다루는 것에 논리적 문제가 없다는 주장과 공법적 원인으로 야기된 배상문제는 행정소송으로 다루어야 한다면서 판례의 태도를 비판하는 주장이 대립한다. 행정법학계의 다수설은 판례의 태도에 비판적이다.

10) 2006년 전원합의체 판결(대법원 2006.5.18. 선고 2004다6207 판결)로 하천법

행정소송에서는 항고소송의 관련청구로서만 병합, 심리될 수 있을 뿐이다.[11] 또한 처분의 효력유무 또는 존재여부가 민사소송에서의 선결문제로 되는 경우는 이를 민사소송에서 직접 심판할 수 있다(행정소송법 제11조 제1항). 따라서 민사법원에서 행정청의 처분의 무효 또는 부존재를 확인할 수 있다.[12]

5. 기타 공법상 소송

이 책에서는 주로 개인의 권리구제를 중심으로 절차를 살펴본

부칙과 특별조치법상 손실보상 청구를 민사소송으로 다루던 기존의 판례를 변경하여 이제는 행정소송인 공법상 당사자 소송으로 다루게 되었다. 이 판결로 변경된 기존의 판결은 모두 하천법 부칙과 특별조치법에 관련된 것으로서 아직 손실보상청구권 자체를 사권으로 보아 민사소송으로 처리하는 판례의 태도가 모두 바뀐 것은 아니다. 하지만 앞으로 유사한 다른 손실보상 사건에 있어 본 판결의 논리가 하나의 기준으로 작용할 것으로 보인다.

11) 행정소송에서는 관련 민사상의 청구까지 포함하여 한번에 문제를 해결할 필요가 있다. 따라서 행정사건에다가 관련 민사사건이나 행정사건을 병합하는 방식으로 소송을 한번에 진행하는 것을 관련 청구의 병합이라고 한다(행정소송법 제10조 제2항). 이 경우 민사사건에다가 관련 행정사건을 병합할 수는 없다[『행정소송의 이론과 실무』, 서울행정법원 실무연구회, 사법연구지원재단(2008), 147면]. 예컨대 운전면허 취소처분을 다투는 자가 운전면허 취소의 위법성을 주장하며 면허취소의 취소를 구하는 행정소송을 제기하고, 한편으로는 위법한 면허취소 때문에 입은 손해에 대한 손해배상 청구 소송을 민사소송으로 제기하면 이론상 두개의 소송이 진행되어야 한다. 하지만 법원은 이 두개의 소송을 관련사건으로 보아 행정소송에서 병합하여 심리할 수 있는 것이다. 이 경우 취소소송은 행정청을 피고로 하고 손해배상청구는 국가를 피고로 하게 될 것인데 피고가 동일하지 않더라도 관련청구의 병합은 가능하다.

12) 이를 행정법학에서는 공정력과 선결문제 또는 구성요건적 효력과 선결문제라 하여 행정행위의 효력 부분에서 설명하는 것이 일반적이다. 형사소송에 관하여는 행정소송법에 명문의 규정이 없으나 민사소송에서와 마찬가지로 형사법원이 행정처분의 효력유무 또는 존재여부에 관해 판단할 수 있다는 것이 확립된 판례이다. 예컨대 세무서장이 A에게 100만원의 세금을 부과하였고 이를 납부한 A가 100만원을 돌려받으려는 부당이득반환청구소송에서 민사법원은 세무서장의 '과세처분 무효여부'라는 행정법적 사안을 심리할 수 있다. 또한 면허를 부정취득한 자가 운전한 행위에 대해 무면허운전죄에 해당하는지 여부를 판단하는 형사법원은 '운전면허 무효여부'라는 행정법적 사안을 심리할 수 있다.

다. 이를 주관적 쟁송이라 부른다. 이에 대해 공법영역에서는 주로 행정작용의 객관적 적법타당성을 목적으로 하는 쟁송제도가 존재하는데 이를 객관적 쟁송이라 부른다.[13] 이러한 객관적 쟁송은 개인적 이해관계에 대한 다툼이 아니므로 쟁송제기 자격 등에서 주관적 쟁송과 차이가 있으며 절차도 개별 법률에서 규정하게 된다. 객관적 쟁송의 예로는 행정소송법상 민중소송과 기관소송이 있다.

민중소송의 예로서 공직선거법상 선거소송, 당선소송, 국민투표법상 무효소송, 지방자치법상 주민소송, 주민투표법상 주민투표소송 등이 있다. 이러한 소송은 모두 개별 법률에서 그 소송을 규정하는 경우에 인정되는 것이며 일반적 객관소송은 인정되지 않는다.

기관소송의 경우는 헌법재판소에 의한 권한쟁의심판과의 관계가 문제되고 있다. 헌법재판소법에 따른 헌법재판소의 관할사항이 되는 권한쟁의심판[14]의 경우에는 기관소송으로부터 제외된다. 즉 앞에서 살펴본 헌법소원의 보충성과는 그 성격이 다르다. 기관소송은 권한쟁의에 대해 우선적으로 적용되는 것이 아니다. 기관소송은 민중소송과 마찬가지로 개별 법률에서 그 소송을 규정하는 경우에만 인정되는 것이다. 기관소송의 예로는 지방자치단체의 장이 지방의회를 상대로 대법원에 제기하는 소송(지방자치법 제107조 제3항) 등이 있다.

---

13) 이러한 분류가 주관적 쟁송과 객관적 쟁송에 관한 일반적 분류이다. 이러한 분류에 따르면 행정소송 유형 중에서 항고소송과 당사자소송은 주관소송이며 기관소송과 민중소송은 객관소송이다. 이러한 분류에 대해 비판하며 주관적 쟁송은 개인의 권익 구제를 통한 행정법규의 적정한 보장을 목적으로 하는 것이고, 객관적 쟁송은 행정법규의 적정한 적용의 보장을 통해 개인의 권익을 보장하는 것이라 이해하며 항고소송을 객관적 쟁송으로 분류하는 학설도 있다[한견우, 『현대행정법강의』, 신영사(2007), 892면].

14) 헌법재판소법 제61조 (청구사유) ① 국가기관 상호간, 국가기관과 지방자치단체간 및 지방자치단체 상호간에 권한의 존부 또는 범위에 관하여 다툼이 있을 때에는 당해 국가기관 또는 지방자치단체는 헌법재판소에 권한쟁의심판을 청구할 수 있다.

Ⅱ. 행정심판

1. 고지제도

(1) 의의와 기능

행정청이 처분[15]을 서면으로 하거나, 또는 이해관계인으로부터 요구가 있는 경우에 그 상대방이나 이해관계인에게 처분에 관하여 행정심판을 제기할 수 있는지의 여부, 제기하는 경우의 재결청·청구기간 등을 알리는 것을 고지제도라 한다(행정심판법 제42조).[16] 다른 말로는 '불복고지'라고도 한다. 행정청의 구체적 처분

15) 모든 행정청의 행위에 대해 사인이 불이익을 당한 경우 그 행위를 다툴 수 있는 것은 아니다. 예컨대 "올해 토마토가 값이 싸니 내년에는 수박농사를 지어보는 거 어때요?"라는 행정청의 권유를 믿고 수박농사를 지었다가 큰 손해를 입었다면 거기에 대해서는 다툴 수 없다. 법률용어로 설명하면 그러한 행정청의 권유는 처분이 아니고 비권력적 사실행위인 행정지도였기 때문이다. 우리 행정심판법과 행정소송법은 심판과 소송의 대상으로 '처분'일 것을 요구하고 있다. '처분'이라 함은 행정청이 행하는 구체적 사실에 관한 법집행으로서의 공권력의 행사 또는 그 거부와 그 밖에 이에 준하는 행정작용(행정심판법 제2조 제1항, 행정소송법 제2조 제1항)을 말하는 것으로서 처분개념을 이해하는 것은 공법의 이해에 매우 중요하다.

16) 행정절차법상 고지제도는 2007.5.17 개정에서 "행정청이 처분을 하는 때에는 당사자에게 그 처분에 관하여 행정심판 및 행정소송을 제기할 수 있는지 여부, 기타 불복을 할 수 있는지 여부, 청구절차 및 청구기간 기타 필요한 사항을 알려야 한다"로 개정되어 구법상 행정심판에 대한 사항만을 규정하는 것에서 고지의 내용을 행정소송으로까지 넓혔다. 고지제도는 행정심판법과 행정절차법(제26조)에 규정되어 있다. 논리적으로 본다면 고지제도를 행정처분절차를 규정하는 행정절차법에서 일반법으로 규정하는 것이 합리적이다. 왜냐하면 시간적인 관점에서 볼 때, 고지제도는 행정심판이나 행정소송이 아니라 행정처분과 동시에 이루어짐으로써 앞으로의 다툼에 관한 절차를 알려주는 행위이기 때문이다. 「공공기관의 정보공개에 관한 법률」 제18조 제3항은 "공공기관은 이의신청을 각하 또는 기각하는 결정을 한 때에는 청구인에게 행정심판 또는 행정소송을 제기할 수 있다는 취지를 제2항의 규정에 의한 결과통지와 함께 통지하여야 한다"는 이의신청 각하, 기각의 경우에 대한 규정을 두고 있는바 고지제도의 일종으로 볼 수 있다.

에 대해 이의를 가진 당사자는 이를 어떻게 처리해야 할지 모르는 경우가 많을 것이다. 따라서 행정청이 처분을 함에 있어 처분 당사자에게 처분을 정당한 것으로 받아들일 수 없는 경우에는 어떻게 다툴 수 있는지를 직접 알려주도록 하는 것이 고지제도이다. 이러한 고지제도는 국민들의 권익보호에 기여한다. 또한 고지제도가 있음으로 하여 행정청은 처분을 함에 있어서 보다 신중하고 합리적으로 행동하게 된다.

(2) 행정청의 고지의무의 성질

고지는 사실행위이다.[17] 따라서 법적 효과의 발생을 목적으로 하는 의사표시로서의 행정작용인 준법률행위적 행정행위[18]가 아니며 고지 그 자체는 행정쟁송의 대상이 되지 아니한다. 그러나 당사자로부터 고지를 요청받은 경우에 이를 행정청이 거부하는 행위는 사실행위가 아니라 거부처분으로서 행정쟁송의 대상이 된다.

(3) 고지의무 위반의 효과

고지를 하지 아니하였거나 잘못하였더라도(불고지, 오고지) 이러한 고지의무 위반이 당해 처분의 효력에 영향을 미치는 것은 아니다. 하지만 고지제도의 실효성을 확보하기 위하여 행정심판법과 행정소송법은 불고지와 오고지에 대한 특칙 규정을 아래와 같이 두고 있다.

---

17) 사실행위란 법적인 행위와 대립되는 뜻으로 사용된다. 즉 법적에 지위의 변화를 가져오지 않는 행위이다. 사실행위는 다시 권력적 사실행위와 비권력적 사실행위로 나눌 수 있다. 권력적 행위라는 것은 행정청이 우월한 지위에서 권한을 행사하는 것을 의미한다.

18) 행정청의 의사대로 법적 효과가 발생하는 행정행위를 법률행위적 행정행위라 하고, 행정청의 의사와는 무관하게 일정한 법적 효과가 발생하는 행정행위를 준법률행위적 행정행위라 한다. 준법률행위적 행정행위에는 확인·공증·통지·수리가 있다. 준법률행위적 행정행위의 효과는 개별법규정에 따라 정해진다.

① 행정청이 규정에 의한 고지를 하지 아니하거나 잘못 알려서 청구인이 심판청구서를 다른 행정기관에 제출한 때에는 당해 행정기관은 지체 없이 정당한 권한 있는 행정청에 송부하여야 한다(행정심판법 제17조 제2항).

② 행정청이 심판청구기간을 법정의 기간보다 긴 기간으로 잘못 알린 경우에 그 잘못 알린 기간 내에 심판청구가 있으면, 그 심판청구는 법정의 기간 내에 제기된 것으로 본다(동법 제18조 제5항). 행정기관이 심판청구기간을 알리지 아니한 때에는 처분이 있은 날로부터 180일 내에 행정심판을 제기할 수 있다(동조 제6항).

③ 행정소송의 제기를 위해서는 행정심판을 반드시 거쳐야 하는 경우임에도 불구하고 처분을 행한 행정청이 행정심판을 거칠 필요가 없다고 잘못 알린 때에는 행정심판을 제기함이 없이 행정소송을 제기할 수 있다(동조 제3항 제4호).[19]

2. 행정심판의 청구

(1) 관할권 있는 행정심판위원회[20]

1) 국무총리행정심판위원회

① 특별시장·광역시장·도지사·제주특별자치도지사(교육감을

19) 필요적 전치주의가 적용되는 처분인데도 "행정심판을 청구하여야 한다"고 고지하지 않고 "행정심판을 청구할 수 있다"고만 고지한 경우에 관하여 서울고등법원 2002.3.28. 선고 2001누13036 판결(확정)은 행정심판을 거칠 필요가 없다고 보았다.

20) 2008년 2월 29일에 개정되기 전의 (구)행정심판법상 행정심판기관은 심판청구사건에 대하여 심리·의결하는 권한을 가진 행정심판위원회와 행정심판위원회의 심리·의결에 따라 재결만을 행하는 재결청의 2원적 구조였다. 연혁적인 면을 살펴본다면 (구)소원법을 폐지하고 행정심판법을 제정하면서 원안에는 재결청에게 행정심판위원회의 의결에 대한 재의요구권을 부여하는 것으로 되어 있었다. 그런데 이 부분이 법안 제정과정에서 삭제되었고 행정심판법상 재결청의 재결은 껍데기만 남은 형식적인 것이 되었다. 현행 법률은 형식적인 재결청 제도를 폐지하고 행정심판위원회가 심리·의결과 재결을 모두 하도록 하는 1원적 구조를 취하고 있다.

포함한다)의 처분이나 부작위, 그 밖에 국무총리나 중앙행정기관이 직근 상급행정기관이나 소관 감독 행정기관에 해당하는 처분이나 부작위, ② 정부조직법 제3조 또는 다른 법률의 규정에 따라 설치된 국가특별지방행정기관(지방경찰청, 지방병무청, 지방식품의약품안전청, 지방환경청, 지방노동청 등)의 처분 또는 부작위, ③ 국무총리나 행정 각 부 장관의 처분 또는 부작위에 대한 심판청구를 심리·재결하기 위하여 국민권익위원회의 설치 및 운영에 관한 법률에 따른 국민권익위원회에 국무총리행정심판위원회를 둔다(행정심판법 제5조 제3항).[21] 국무총리행정심판위원회는 위원장 1인을 포함한 50인 이내의 위원으로 구성하되, 위원 중 상임위원은 2인 이내로 한다(동법 제6조의2 제2항). 국무총리행정심판위원회의 위원장은 국민권익위원회의 부위원장 중 1명이 되며, 필요한 경우에는 상임위원으로 하여금 그 직무를 대행하게 할 수 있다(동조 제3항). 국무총리행정심판위원회의 회의는 위원장, 상임위원과 위원장이 매회의마다 지정하는 위원을 포함하여 총 9인으로 구성하되, 제6조 제4항 각호[22]에 해당하는 자(민간인 위원)가 5인 이상 포함되어야 한다(동법 제6조의2 제6항). 국무총리행정심판위원회는 제6항의 규정에 의한 구성원 과반수의 출석과 출석위원 과반수의 찬성으로 의결한다(동조 제7항). 국무총리행정심판위원회는 위원장이 지정하는 심판청구사건을 미리 검토하게 하기 위하여 필요한 경우에는 소위원회 또는 전문위원회를 둘 수 있다(동조 제8항).

---

21) 예컨대, 서울특별시장의 처분이나 행정안전부장관의 처분에 대해서는 국무총리행정심판위원회가 행정심판기관이 된다.

22) 1. 변호사의 자격이 있는 자, 2. 고등교육법 제2조 제1호 또는 제3호의 규정에 의한 학교에서 법률학 등을 가르치는 부교수 이상의 직에 있거나 있었던 자, 3. 행정기관의 4급 이상 공무원 또는 고위공무원단에 속하는 일반직공무원으로 있었던 자 또는 그 밖에 행정심판에 관한 지식과 경험이 있는 자.

2) 시·도지사 소속 행정심판위원회

특별시장·광역시장·도지사·제주특별자치도지사에 소속된 각급 국가행정기관 또는 그 관할구역 안에 있는 자치행정기관의 처분 또는 부작위에 대한 심판청구를 심리·재결하기 위하여 각각 특별시장·광역시장·도지사·제주특별자치도지사 소속으로 행정심판위원회를 둔다(행정심판법 제5조 제4항).[23] 시·도지사 소속 행정심판위원회는 위원장 1인을 포함한 15인 이내의 위원으로 구성한다(동법 제6조 제2항). 행정심판위원회의 위원장은 해당 행정심판위원회가 소속된 행정청이 되며, 필요한 경우에는 소속공무원으로 하여금 그 직무를 대행하게 할 수 있다(동조 제3항). 회의는 위원장과 위원장이 매회의마다 지정하는 6인의 위원으로 구성하되, 제4항 각호의 1에 해당하는 자(민간인 위원)가 4인 이상 포함되어야 한다(동조 제5항). 행정심판위원회는 제5항의 규정에 의한 구성원 과반수의 출석과 출석위원 과반수의 찬성으로 의결한다(동조 제6항).

3) 해당 행정청 소속 행정심판위원회

대통령 직속기관의 장, 국회 사무총장·법원행정처장·헌법재판소 사무처장 및 중앙선거관리위원회 사무총장, 그 밖에 소관 감독행정기관이 없는 행정청의 처분 또는 부작위에 대한 심판청구를 심리·재결하기 위하여 해당 행정청 소속으로 행정심판위원회를 둔다(행정심판법 제5조 제2항).[24] 해당 행정청 소속 행정심판위원회의 구성은 전술한 시·도지사 소속 행정심판위원회와 같다.

---

23) 예컨대, 서울특별시 마포구청장의 처분에 대해서는 서울특별시장 소속 행정심판위원회(서울특별시 행정심판위원회)가 행정심판기관이 된다.

24) 예컨대, 법원행정처장의 처분에 대해서는 법원행정처 소속 행정심판위원회(대법원 행정심판위원회)가 행정심판기관이 된다.

(2) 심판청구인과 피청구인

1) 행정심판청구인

행정심판을 현실적으로 청구하는 자를 행정심판청구인이라 한다. 행정심판절차는 오로지 청구인의 심판청구에 의해서만 개시된다. 행정심판이 행정통제적 목적으로 자율적 행정통제의 기능을 가지고 있지만, 어디까지나 수동적 절차이지 행정청 스스로가 나서서 위법성을 심사하는 제도는 아니다. 이러한 측면에서 행정심판은 실질적 사법작용을 의미하는 쟁송으로서의 성격을 가지고 있다고 볼 것이다. 행정심판은 ① 취소심판청구의 경우에는 처분의 취소 또는 변경을 구할 법률상 이익이 있는 자가 심판청구인 적격을 가지고(행정심판법 제9조 제1항), ② 무효등확인심판청구는 처분의 효력 유무 또는 존재 여부에 대한 확인을 구할 법률상 이익이 있는 자가 심판청구인적격을 가지며(동조 제2항), ③ 의무이행심판청구는 행정청의 거부처분 또는 부작위에 대하여 일정한 처분을 구할 법률상 이익이 있는 자가 심판청구인 적격을 가진다(동조 제3항). 요컨대 취소심판·무효등확인심판·의무이행심판 모두 법률상 이익[25]이 있는 자가 행정심판을 청구할 수 있다.

법인 아닌 사단 또는 재단도 대표자 또는 관리인이 정하여져

---

25) 행정심판법상 법률상 이익(法律上 利益)의 의미는 후술하는 행정소송에 있어서 원고적격인 법률상 이익의 의미와 상통한다. 여기서 상통한다고 표현하며 '같다'고 서술하지 않은 것은 위법이 아닌 부당까지 대상으로 하는 행정심판의 특징에 따른 법률상 이익의 의미에 대한 학자들의 논쟁이 있기 때문이다. 이외에도 행정심판법의 많은 내용이 행정소송의 내용과 중첩된다. 기존의 대부분의 행정법 교과서들도 행정소송 위주로 서술하며 행정심판에서는 행정소송을 참고하라는 방식으로 내용을 서술한다. 이 책에서 행정심판을 먼저 서술하는 이유는 임의적 심판전치이지만 행정심판을 먼저 제기하는 것이 실무에서도 일반적이고 행정심판이 공법상 권리구제에 그만큼 유용한 제도이기 때문이다. 우리 헌법 제107조 제3항은 "재판의 전심절차로서 행정심판을 할 수 있다"고 하여 행정심판을 재판의 전심절차로 취급하는 듯한 태도를 취한다. 하지만 행정심판을 행정소송의 사전절차로만 이해해서는 안 된다. 부당한 처분의 경우 행정심판을 통한 구제가 종국적인 것처럼 행정심판은 사법기능의 보완은 물론 고유의 기능을 수행하고 있다.

있는 경우에는 그 이름으로 심판청구를 할 수 있다(동법 제10조 제3항). 다수의 청구인이 공동으로 심판청구를 하는 때에는 청구인 중 3인 이하의 대표자를 선정할 수 있다(동법 제11조 제1항). 선정대표자가 선정된 때에는 다른 청구인들은 그 선정대표자를 통하여서만 그 사건에 관한 행위를 할 수 있다(동조 제4항).

2) 행정심판피청구인

심판피청구인이란 심판청구의 상대방, 즉 심판청구를 당하는 자를 말한다. 행정심판에서 심판청구는 행정청을 피청구인으로 하여 제기하여야 한다.[26] 다만, 그 처분이나 부작위와 관계되는 권한이 다른 행정청에 승계된 때에는 이를 승계한 행정청을 피청구인으로 하여야 한다(행정심판법 제13조 제1항). 즉 심판피청구인은 행정청, 즉 처분청과 부작위청이다. 행정청에는 법령에 의하여 행정권한의 위임 또는 위탁을 받은 행정기관, 공공단체 및 그 기관 또는 사인[27]이 포함된다(동법 제2조 제2항).

3) 청구인과 피청구인 이외의 행정심판의 참가인

행정심판의 참가인이란 심판결과에 대한 이해관계자로서 행정심판절차에 참여하는 이해관계가 있는 제3자를 의미한다. 심판결과에 대하여 이해관계가 있는 제3자 또는 행정청은 위원회의 허

---

26) 행정청이 사인을 상대로 행정심판이나 행정소송을 제기하는 것은 불가능할 뿐더러 실효성도 없다. 행정청은 법령에 근거하여 강제력(자기집행력)을 가지고 있으므로 행정청 스스로가 원하는 바를 실현할 수 있는 힘이 있기 때문에 행정심판이나 행정소송을 제기할 필요가 없다. 예컨대 위법한 세금의 부과를 주장하며 세금납부를 거부하는 사인에 대해 행정청은 행정심판이나 행정소송 제도를 이용할 것 없이 바로 독촉, 압류, 매각, 청산하는 강제징수절차를 발동할 수 있다. 이에 대해 사인이 억울함을 다투기 위해 행정심판과 행정소송 제도가 존재하는 것이다.

27) 이를 공무수탁사인이라 한다. 예외적으로 법률의 위임이 있는 경우에 사인(私人)이 행정을 하는 경우이다. 반드시 법률에 근거가 있는 경우만 가능하다.

가를 받아 그 사건에 참가할 수 있다. 위원회는 필요하다고 인정할 때에는 그 심판결과에 대하여 이해관계가 있는 제3자 또는 행정청에게 그 사건에 참가할 것을 요구할 수 있다. 참가의 요구를 받은 제3자 또는 행정청은 지체없이 그 사건에 참가하거나 참가하지 아니할 뜻을 위원회에 통지하여야 한다(행정심판법 제16조).

(3) 심판청구 기간의 제한

취소심판과 거부처분에 대한 의무이행심판을 청구할 수 있는 기간은 행정심판법에 정해져 있다. 이 기간을 도과하면 행정심판을 제기할 수 없고 행정청의 처분이 위법하고 부당하다 할지라도 사인은 더 이상 이에 대해 다툴 수 없게 된다.[28] 행정심판청구기간을 법률에서 정하고 있는 것은 행정법관계의 신속한 확정을 통해 행정의 안정을 기하기 위한 것이다.

심판청구는 처분이 있음을 안 날부터 90일 이내에 제기하여야 한다(행정심판법 제18조 제1항).[29] 청구인이 천재·지변·전쟁·사변 그 밖에 불가항력으로 인하여 기간 내에 심판청구를 할 수 없었을 때에는 그 사유가 소멸한 날로부터 14일 이내에 심판청구를 제기할 수 있다. 다만, 국외에서의 심판청구에 있어서는 그 기간을 30일로 한다(동조 제2항). 심판청구는 처분이 있은 날로부터

---

28) 이러한 효력을 형식적 존속력 또는 불가쟁력이라 한다. 불가쟁력이 발생한 행정행위는 더 이상 다툴 수 없다. 주의할 점은 제소기간이 지났다는 이유만으로 행정청의 위법한 행위가 적법한 행위로 바뀌는 것은 아니라는 점이다. 불가쟁력은 국가공동체의 법적안정성을 위해 법률로서 정해 놓은 제도이다. 각 특별법에도 청구기간에 관한 특례규정이 많이 있다. 예) 국세기본법 제61조 제1항: 심사청구는 당해 처분이 있은 것을 안 날(처분의 통지를 받은 때에는 그 받은 날)부터 90일 이내에 제기하여야 한다.

29) 행정심판법이 제정되기 이전에 행정심판법 역할을 하였던 (구)소원법(1985. 10.1 폐지)은 제3조에서 "소원은 행정처분이 있은 것을 안 날로부터 1월 이내, 행정처분이 있은 날로부터 3월 이내에 제기하여야 한다"고 하여 지금보다 짧은 소원제기기간을 두었다. 현행법은 종래 소원법에 비하여는 연장된 제기기간을 가지고 있지만 국민의 권리구제에 충분한 것인지는 의문이다.

180일을 경과하면 제기하지 못한다. 다만, 정당한 사유가 있는 경우에는 그러하지 아니하다(동조 제3항).

무효확인심판청구와 부작위에 대한 의무이행심판청구에는 기간상 제한이 없다(동조 제7항). 이것은 무효나 부존재, 부작위의 성질에 따른 것이라 할 수 있다. 한번 무효나 부존재하다고 판명된 행정행위는 기간에 상관없이 무효와 부존재로 보는 것이 타당하다. 그리고 부작위의 경우에는 현재 부작위 상태가 계속된다면 그 위법, 부당을 다툴 수 있어야하고 부작위가 해소되면 쟁송의 이익이 소멸되므로 특별히 기간의 제한을 둘 필요가 없는 것이다.

(4) 행정심판 청구서의 제출

1) 심판청구의 방식

심판청구는 서면으로 하여야 한다. 처분에 대한 심판청구의 경우에는 청구인의 이름 및 주소, 피청구인인 행정청과 위원회, 심판청구의 대상이 되는 처분의 내용, 처분이 있은 것을 안 날, 심판청구의 취지 및 이유, 처분을 한 행정청의 고지의 유무 및 그 내용을 기재하여야 한다(행정심판법 제19조). 부작위에 대한 심판청구의 경우에는 당해 부작위의 전제가 되는 신청의 내용과 날짜를 기재하여야 한다. 청구인이 법인 등이거나 심판청구가 선정대표자 또는 대리인에 의하여 제기되는 것인 때에는 그 대표자・관리인・선정대표자 또는 대리인의 이름과 주소를 기재하여야 한다. 행정심판 청구의 서면에는 청구인・대표자・관리인・선정대표자 또는 대리인이 기명날인하여야 한다. 심판청구서는 다음과 같다.

<table>
<tr><td colspan="5">행 정 심 판 청 구</td></tr>
<tr><td rowspan="2">청 구 인</td><td>① 성명</td><td></td><td>② 주민등록번호</td><td></td></tr>
<tr><td>③ 주소</td><td colspan="3">(전화번호: , 휴대전화)
(E-mail:)</td></tr>
<tr><td>④ 선정대표자·관리인 또는 대리인</td><td colspan="4"></td></tr>
<tr><td>⑤ 피 청 구 인</td><td colspan="4"></td></tr>
<tr><td>⑥ 소 관 행정심판위원회</td><td colspan="4">□ 국무총리행정심판위원회
□ ( )시·도 행정심판위원회
□ 기타 ( ) 행정심판위원회</td></tr>
<tr><td>⑦ 청구대상인 처분내용(부작위의 전제가 되는 신청 내용·일자)</td><td colspan="4"></td></tr>
<tr><td>⑧ 처분 있음을 안 날</td><td colspan="4"></td></tr>
<tr><td>⑨ 심판청구 취지·이유</td><td colspan="4">(별지 기재와 같음)</td></tr>
<tr><td>⑩ 처분청의 고지 유무</td><td colspan="2"></td><td>⑪고지내용</td><td></td></tr>
<tr><td>⑫ 증거서류(증거물)</td><td colspan="4">1.
1.</td></tr>
<tr><td>⑬ 근거법조</td><td colspan="4">「행정심판법」 제19조, 같은 법 시행령 제18조</td></tr>
<tr><td colspan="5">위와 같이 행정심판을 청구합니다.

. . .

청구인 (서명 또는 인)
귀하</td></tr>
<tr><td colspan="4" rowspan="2">※ 첨부서류 : 청구서부본</td><td>수수료</td></tr>
<tr><td>없음</td></tr>
</table>

〈행정심판청구서 양식〉[30]

30) 국무총리행정심판위원회(http://www.simpan.go.kr)에서 양식을 확인할 수 있다.

2) 제출기관

심판청구서는 피청구인인 행정청 또는 위원회에 제출하여야 한다. 행정청이 고지제도에 의한 고지를 하지 아니하거나 잘못 알려서 청구인이 심판청구서를 다른 행정기관에 제출한 때에는 당해 행정기관은 그 심판청구서를 지체 없이 정당한 권한 있는 행정청에 송부하여야 한다. 심판청구서를 받은 행정청은 그 심판청구가 이유 있다고 인정할 때에는 심판청구의 취지에 따르는 처분이나 확인을 하고 지체 없이 이를 위원회와 청구인에게 통지하여야 한다. 행정청은 심판청구의 취지에 따르는 처분이나 확인을 하고 이를 위원회와 청구인에게 통지한 경우 또는 청구인이 심판청구를 취하한 경우를 제외하고는 심판청구서를 받은 날로부터 10일 이내에 그 심판청구서를 위원회에 송부하여야 한다. 행정청이 심판청구서를 송부함에 있어서는 심판청구서에 위원회가 표시되지 아니하였거나 잘못 표시된 경우에도 정당한 권한 있는 위원회에 송부하여야 한다. 이러한 송부의 사실은 지체 없이 그 사실을 청구인에게 통지하여야 한다(행정심판법 제17조).

(5) 집행정지의 신청

심판청구가 있어도 처분의 효력이나 그 집행 또는 절차의 속행에 영향을 미치지 않는다(행정심판법 제21조 제1항). 이를 집행부정지의 원칙[31]이라 한다. 그러나 위원회는 처분이나 그 집행 또는

---

31) 집행부정지의 원칙은 공권력에 인정된 특권이라 할 수 있다. 이에 따라 심판에 대한 결정이 이루어지기 전에는 당사자는 권리구제를 받기 힘들다. 집행부정지의 원칙이 국민의 권리보호의 견지에서 반드시 바람직한 것인지에 대해서는 학자들 간에 논의가 있다. 집행정지의 원칙을 취할 것인지 부정지의 원칙을 취할 것인지는 입법정책의 문제이다. 예컨대 프랑스나 일본은 집행부정지의 원칙을 취하고 있고 독일의 경우는 집행정지의 원칙을 취하고 있다. 독일의 경우에는 쟁송이 제기되면 원칙적으로 그 처분의 효력이 정지되고 예외적으로 특별한 성질의 처분에 대해서만 처분청 등의 명령으로 집행이 정지되지 않도록 하는 방식인 것이다.

절차의 속행으로 인하여 생길 회복하기 어려운 손해를 예방하기 위하여 긴급한 필요가 있다고 인정할 때에는 당사자의 신청 또는 직권에 의하여 처분의 효력이나 그 집행 또는 절차의 속행의 전부 또는 일부의 정지(이를 "집행정지"라 한다)를 결정할 수 있다. 당사자가 집행정지의 신청을 하고자 하는 때에는 심판청구와 동시에 또는 심판청구에 대한 재결이 있기 전까지, 집행정지취소의 신청을 하고자 하는 때에는 집행정지결정후 심판청구에 대한 재결이 있기 전까지 신청의 취지와 원인을 기재한 서면에 심판청구서 사본 및 접수증명서를 첨부하여 위원회에 제출하여야 한다(행정심판법 제21조 제5항).

집행정지가 있으면 정지된 처분은 집행정지의 내용의 범위 내에서는 없는 것과 마찬가지의 상태가 된다. 이러한 효과는 집행정지 결정주문에서 특별히 정한 바 없다면 심판의 재결이 확정될 때까지 지속된다고 보아야 할 것이며 당사자에게는 물론 관계 행정청에도 효과가 미친다. 집행정지의 요건 등에 관하여는 행정소송편에서 상술한다. 집행정지 신청서는 다음과 같다.

(6) 행정청의 답변서 제출

행정심판 청구를 하면 상대방인 처분청이 작성하여 제출한 답변서를 행정심판위원회로부터 받게 된다. 위원회는 심판청구서를 받은 때에는 지체 없이 그 부본[32]을 피청구인에게 송부하고, 피청구인은 그 부본을 받은 날부터 10일 이내에 답변서를 위원회에 제출하여야 한다. 답변서에는 처분 또는 부작위의 근거와 이유를 명시하고 심판청구의 취지와 이유에 대응하는 답변을 기재하여야 한다(행정심판법 제17조의2). 답변서는 청구인의 주장에 대한 처분청의 변론이라 볼 수 있다. 당사자는 이에 대한 반박이나 기존의 주장을 보완하기 위하여 보충서면을 제출할 수 있다.

---

32) 원본과 동일한 내용의 문서를 의미한다.

<table>
<tr><td colspan="4" align="center">집 행 정 지 신 청</td></tr>
<tr><td>① 사 건</td><td colspan="3" align="right">심판청구사건</td></tr>
<tr><td>② 청 구 인</td><td></td><td>③ 피청구인</td><td></td></tr>
<tr><td>④ 청구취지</td><td colspan="3"></td></tr>
<tr><td>⑤ 신청원인</td><td colspan="3"></td></tr>
<tr><td>⑥ 소명방법</td><td colspan="3"></td></tr>
<tr><td>⑦ 근거법조</td><td colspan="3">행정심판법 제21조, 동법시행령 제19조 제1항</td></tr>
<tr><td colspan="4">위와 같이 신청합니다.
. . .
신청인 주소
성명 (서명 또는 인)
귀하</td></tr>
<tr><td colspan="3" rowspan="2">※첨부서류 : 소명서류 또는 자료</td><td>수수료</td></tr>
<tr><td>없 음</td></tr>
</table>

〈집행정지신청서 양식〉[33]

---

33) 국무총리행정심판위원회(http://www.simpan.go.kr)에서 양식을 확인할 수 있다,

(7) 심판청구의 취하

청구인·참가인은 심판청구에 대한 재결이 있을 때까지 서면으로 심판청구·참가신청을 취하할 수 있다. 심판청구의 취하는 행정심판위원회에 대하여 심판청구를 철회하는 청구인의 일방적 의사표시이다. 심판청구의 취하로 심판청구는 소급적으로 소멸된다. 참가인도 심판청구에 대한 재결이 있을 때까지 서면으로 참가신청을 취하할 수 있다(행정심판법 제30조).

(8) 행정심판의 종류

심판청구하여 재결을 받을 수 있는 행정심판은 행정심판법에 의하여 아래의 세 가지로 나뉜다.

1) 취소심판

취소심판이란 행정청의 위법 또는 부당한 처분을 취소 또는 변경하는 심판을 말한다(행정심판법 제4조 제1호). 취소심판의 청구는 처분이 있음을 안 날부터 90일 이내에 제기하여야 하는 등 청구기간에 제한이 있다(동법 제18조). 취소심판에는 집행부정지의 원칙이 적용된다(동법 제21조). 취소심판에는 사정재결이 가능하다(동법 제33조, 후술한다). 심판청구가 이유 있다고 인정되면, 행정심판위원회는 처분청에 대하여 당해 처분의 취소 또는 변경을 명할 수도 있고(이행재결), 행정심판위원회 스스로 당해 처분을 취소하거나 변경할 수도 있다(형성재결).

2) 무효등확인심판

무효등확인심판이란 행정청의 처분의 효력유무 또는 존재여부에 대한 확인을 하는 심판을 말한다(행정심판법 제4조 제2호). 무효등확인심판은 취소심판의 경우와 달리 심판제기기간에 제한이 없다. 사정재결도 적용되지 않는다. 행정심판법은 무효등확인심판을 “처분의 효력유무 또는 존재여부에 대한 확인을 하는 심판”으로 규정하고 있으므로 무효등확인심판은 유효확인심판 · 무효확인심판 · 존재확인심판 · 부존재확인심판으로 구분할 수 있다.

3) 의무이행심판

의무이행심판이란 행정청의 위법 또는 부당한 거부처분이나 부작위에 대하여 일정한 처분을 하도록 하는 심판을 말한다(행정심판법 제4조 제3호). 취소심판이 행정청의 적극적인 행위(권력의 적극적 행사)로 인한 침해로부터 권익보호를 목적으로 하는 것인 데 반해, 의무이행심판은 행정청의 소극적인 행위(권력행사의 거부 내지 권력의 불행사)로 인한 침해로부터 국민의 권익보호를 목적으로 한다. 의무이행심판에는 사정재결의 적용이 있다(동법 제33조 제3항).

3. 행정심판의 심리

(1) 심리의 의의와 내용, 방식

1) 심리의 의의

분쟁의 대상이 되고 있는 사실관계와 그에 관한 법률관계를 분명히 하기 위해 당사자나 관계자의 주장이나 반대주장을 듣고, 아울러 그러한 주장을 정당화시켜 주는 각종의 증거 · 자료를 수집 · 조사하는 일련의 절차를 심리(審理)라고 한다.

2) 심리의 내용

심리는 요건심리부터 시작한다. 요건심리란 청구인적격을 가진 자가 행정심판을 제기한 것인지, 행정심판의 제기기간 내에 제기된 것인지 등 행정심판의 제기요건을 구비하였는가에 관한 심리를 말한다. 만약 요건에 미비가 있어서 부적법한 경우, 보정이 가능한 것이면 보정을 명하거나 직권으로 보정하고, 그렇지 않으면 각하

심판을 한다. 본안재결 전까지는 언제라도 요건심리가 가능하다. 아무리 위법, 부당한 사안에 대하여 당사자가 심판을 신청했더라도 이러한 요건심리를 통과하지 못하면 본안의 판단을 받을 수 없다. 요건심리는 행정심판을 통해 당사자가 자신이 목적하는 바를 달성하기 위한 '자격심사'와 같은 것이라 이해하면 된다.

요건이 구비되었으면 본안심리에 들어간다. 본안심리란 청구인의 청구가 이유 있는지의 여부, 즉 행정처분의 적법·부당 여부를 심리하는 것을 말한다.

3) 심리의 방식

행정심판은 대심주의[34]에 의한다. 행정심판의 심리는 구술심리 또는 서면심리로 한다. 다만, 당사자가 구술심리를 신청한 때에는 서면심리만으로 결정할 수 있다고 인정되는 경우 외에는 구술심리를 하여야 한다(행정심판법 제26조 제2항). 행정심판위원회는 필요하다고 인정할 때에는 관련되는 심판청구를 병합하여 심리하거나 병합된 관련청구를 분리하여 심리할 수 있다(동법 제29조). 병합은 여러 문제를 통일적으로 해결하고 그 심리의 촉진을 위한 것이다.

(2) 행정심판위원회의 권한과 의무

1) 권 한

행정심판위원회는 심판청구사건의 재결을 위한 심리권과 의결권을 가진다. 행정심판법은 행정심판위원회의 심리·의결이 본래의 의미를 다할 수 있도록 하기 위하여 행정심판위원회에 증거조사권(행정심판법 제28조)을 부여하고 있고, 그 밖에 행정심판위원회는 선정대표자 선정권고권, 청구인지위승계허가권, 피청구인경정

---

34) 대심주의란 행정심판청구인과 피청구인이 서로 대등한 입장에서 공격·방어를 하고, 이를 바탕으로 심리를 진행하는 원칙을 말한다.

권, 대리인선임권, 이해관계가 있는 제3자 또는 행정청에 대한 심판참가허가권 및 요구권, 청구취지 또는 청구이유변경 불허권, 집행정지의 결정권과 취소권, 심판청구보정요구권, 심리권, 관련 심판청구의 병합심리권과 병합된 관련청구의 분리심리권 등 여러 종류의 부수적인 권한도 부여하고 있다.[35] 한편, 위원회의 권한중 경미한 사항은 국회규칙·대법원규칙·헌법재판소규칙·중앙선거관리위원회규칙 또는 대통령령이 정하는 바에 따라 위원장에게 위임할 수 있다(동법 제44조).

2) 의　　무

피청구인에 대한 심판청구서 부본의 송부의무(행정심판법 제17조의2 제1항), 다른 당사자에 대한 답변서 부본 송달의무(동조 제5항), 제3자가 제기한 심판청구를 처분의 상대방에 통지할 의무(동조 제6항), 당사자로부터 제출된 증거서류 부본의 다른 당사자에게 대한 송달의무(동법 제27조 제3항), 증거서류 등의 반환의무(동법 제40조), 재결서 정본 송달의무(동법 제38조) 등을 부담한다.

(3) 당사자의 권리

1) 제척·기피

행정심판 사건의 심리에서 공정한 심판을 위해 위원이 심판청구사건의 심리·의결에서 당연히 물러나게 되는 제척,[36] 위원에

35) 이에 관하여는 행정심판법 제11~14조, 제16조, 제20~21조, 제23조, 제26조 및 제29조가 규정하고 있다.

36) 행정심판법 제7조 제1항 각호에 따른 제척사유는 다음과 같다.
1. 위원 또는 그 배우자나 배우자이었던 자가 당해 사건의 당사자가 되거나 당해 사건에 관하여 공동권리자 또는 의무자의 관계에 있는 경우,
2. 위원이 당해 사건의 당사자와 친족관계에 있거나 있었던 경우,
3. 위원이 당해 사건에 관하여 증언이나 감정을 한 경우,
4. 위원이 당해 사건에 관하여 당사자의 대리인으로서 관여하거나 관여하였던 경우,

게 심리·의결의 공정을 기대하기 어려운 사정이 있는 경우에 당사자의 신청에 의해 재결청의 결정으로 물러나는 기피제도가 있으며, 제척 또는 기피사유가 있는 경우에 위원 스스로의 판단에 따라 물러나는 회피 제도도 인정되고 있다(행정심판법 제7조 제1항~제3항). 제척·기피·회피의 제도는 사건의 심리·의결에 관한 사무에 관여하는 직원에게도 준용된다(동조 제4항).

2) 구술심리를 받을 권리

행정심판의 심리는 구술심리 또는 서면심리로 한다. 다만, 당사자가 구술심리를 신청한 때에는 서면심리만으로 결정할 수 있다고 인정되는 경우 외에는 구술심리를 하여야 한다(행정심판법 제26조 제2항).

3) 보충서면제출권

당사자는 심판청구서·보정서·답변서 또는 참가신청서에서 주장한 사실을 보충하고 다른 당사자의 주장을 다시 반박하기 위하여 필요하다고 인정할 때에는 보충서면을 제출할 수 있다. 위원회가 보충서면의 제출기한을 정한 때에는 그 기한 내에 이를 제출하여야 한다(행정심판법 제25조).

4) 물적증거제출권, 증거조사신청권

당사자는 심판청구서·보정서·답변서 또는 참가신청서에 덧붙여 그 주장을 뒷받침하는 증거서류 또는 증거물을 제출할 수 있다. 이러한 증거서류에는 다른 당사자의 수에 따르는 부본을 첨부하여야 한다. 위원회는 당사자로부터 제출된 증거서류의 부본을 지체 없이 다른 당사자에게 송달하여야 한다(행정심판법 제27

5. 위원이 당해 사건의 대상이 된 처분 또는 부작위에 관여한 경우.

조). 당사자는 그 주장을 뒷받침하기 위하여 필요하다고 인정할 때에는 위원회에 본인·참고인 신문, 증거자료의 제출요구, 감정·검증 등 증거조사를 신청할 수 있다(동법 제28조 제1항).

4. 행정심판의 재결

(1) 재결의 의의

재결이란 행정심판의 청구에 대하여 행정심판법 제5조에 따른 행정심판위원회가 행하는 판단을 말한다(행정심판법 제2조).[37] 말하자면 행정심판위원회가 행정심판의 청구에 대하여 심리한 후 그 청구에 대하여 각하·기각·인용 여부 등을 결정하는 것을 말한다. 재결은 행정심판위원회의 의사표시로서 준사법적 행위의 성질을 갖는다. 이러한 재결권이 행정심판위원회의 본질적인 권한이다. 즉 앞에서 행정심판위원회의 권한으로 살펴본 다양한 권한들은 결국 재결을 위한 것이다.

(2) 재결의 기간과 방식

재결은 피청구인인 행정청 또는 위원회가 심판청구서를 받은 날로부터 60일 이내에 하여야 한다(행정심판법 제34조 제1항 본문). 부득이한 사정으로 이 기간 내에 재결할 수 없을 때에는 위원장이 직권으로 30일을 연장할 수 있다(동항 단서). 만약 재결기간을 연장한 때에는 재결기간이 만료되기 7일 전까지 당사자 및 재결청에 이를 통지하여야 한다. 재결에 기간의 제한을 두는 것은 법적 불안정상태를 조속히 시정하고자 하는 데 있다. 이러한 재결의 기간은 소송과 비교할 때 매우 신속한 권리구제라는 측면에서

---

37) 소송에서의 판결에 대응하는 개념이 심판에서의 재결이라고 생각하면 무난하다.

국민의 권익보호에 기여한다.

재결은 서면으로 한다(동법 제35조 제1항). 그 서면을 재결서라 한다. 구두에 의한 재결은 무효이다. 재결서에는 사건번호와 사건명, 당사자·대표자 또는 대리인의 이름과 주소, 주문, 청구의 취지, 이유, 재결한 날짜 등을 기재하고 재결청이 위원회의 의결내용에 따라 재결한 사실을 명기한 다음 기명날인하여야 한다(동조 제2항).

(3) 재결의 범위

행정심판위원회는 심판청구의 대상이 되는 처분 또는 부작위 외의 사항에 대하여는 재결하지 못한다(행정심판법 제36조 제1항). 이를 불고불리(不告不理)의 원칙이라 한다. 불고불리의 원칙은 심판청구인의 이익을 위한 것이다.[38]

행정심판위원회는 심판청구의 대상이 되는 처분보다 청구인에게 불이익한 재결을 하지 못한다(동조 제2항). 이를 불이익변경금지의 원칙이라 한다. 불이익변경금지의 원칙 역시 청구인의 이익을 위한 것이다.[39]

(4) 재결의 종류

재결은 심리의 결과에 따라 종류가 다르다. 요건심리과정에서 심판청구요건의 불비가 밝혀졌다면 심판청구가 부적법한 것으로 보아 각하재결을 한다. 청구인의 청구가 정당하다면 인용재결, 그렇지 않다면 기각재결을 하게 된다. 한편, 재결청은 심판청구가

---

38) 예컨대, 甲이 마포구청장을 상대로 유흥주점영업허가취소처분의 취소를 구하는 행정심판절차에서 행정심판위원회는 甲의 영업용 건물의 건축허가에 대하여 취소재결을 할 수는 없다.

39) 예컨대, 甲이 마포구청장이 발령한 유흥주점영업정지 6개월 처분의 취소를 구하는 행정심판을 제기하였는데 행정심판위원회가 사안을 심리한 후 영업허가취소의 재결을 할 수는 없다.

이유 있다고 인정하면 인용재결을 하는 것이 원칙이나, 이를 인용하는 것이 현저히 공공복리에 적합하지 아니하다고 인정하는 때에는 행정심판위원회의 의결에 의하여 그 심판청구를 기각하는 재결을 할 수 있다(행정심판법 제33조 제1항 전단). 이러한 재결을 사정재결[40]이라 한다.

인용재결의 경우는 취소심판의 청구에 대해서는 취소재결·변경재결·취소명령재결·변경명령재결 등을 하며 무효등확인심판의 청구에 대해서는 재결청은 처분의 효력유무 또는 존재여부를 확인한다. 의무이행심판의 청구에 대해서는 행정심판위원회는 지체 없이 신청에 따른 처분을 하거나 할 것을 명한다.

(5) 재결의 송달 및 공고

행정심판위원회는 지체 없이 당사자에게 재결서의 정본을 송달하여야 한다(행정심판법 제38조 제1항), 청구인에게 송달이 있은 때에 재결은 효력이 생긴다. 아울러 참가인에게는 재결서의 등본[41]을 지체 없이 송달하여야 한다(동조 제3항). 신청에 따른 처분이

---

40) 사정재결은 처분의 인용을 통한 사익의 보호가 결과적으로 공익에 중대한 침해를 가져올 때 사회전체의 공익을 우선시함으로써 이를 시정하는 것을 목적으로 한다. 행정소송에서도 이와 같은 사정판결제도가 있다. 이러한 제도는 공법에서만 나타나는 독특한 제도이다. 사정재결에 의해 당사자는 실질적으로는 승소하고도 결과적으로는 패소하는 억울함을 겪게 된다. 당연히 이러한 사정재결은 예외적으로 인정되어야 하며 인용재결에 의해 침해되는 공익의 정도가 압도적으로 우세한 경우에만 허용된다고 해석해야 할 것이다. 행정심판위원회는 사정재결을 함에 있어서는 청구인에 대하여 상당한 구제방법을 취하거나, 피청구인에게 상당한 구제방법을 취할 것을 명할 수 있으며 무효등확인심판에는 이를 적용하지 아니한다(행정심판법 제33조).

41) 원본의 내용을 동일한 문자·부호로써 전부 완전하게 복사한 서면을 의미한다. 원본의 내용을 증명하기 위하여 작성되며, 원본의 일부를 복사한 초본과 구별되고 원본과 동일한 내용의 문서를 의미하는 부본과 구별된다. 공무원이 직무상 작성하여 원본과 상위 없다는 뜻의 증명을 기재한 인증등본과 그렇지 않은 보통의 등본이 있다. 이 중 법률(민사소송법, 공증인법 등)의 규정에 따라 권한 있는 자에 의하여 원본에 의거해서 작성되는 등본을 특히 정본이라 한다.

절차의 위법 또는 부당을 이유로 재결로서 취소된 경우에도 위원회는 지체 없이 그 재결서의 등본을 상대방에게 송달하여야 한다(동조 제4항).

법령의 규정에 의하여 공고된 처분이 재결로서 취소 또는 변경된 때에는 처분을 행한 행정청은 지체 없이 그 처분이 취소 또는 변경되었음을 공고하여야 하고(행정심판법 제37조 제4항), 법령의 규정에 의하여 처분의 상대방 외의 이해관계인에게 통지된 처분이 재결로서 취소 또는 변경된 때에는 처분을 행한 행정청은 지체 없이 그 이해관계인에게 그 처분이 취소 또는 변경되었음을 통지하여야 한다(동조 제5항).

(6) 재결의 효력

재결에는 형성력[42]과 기속력[43]이 발생한다. 그리고 심판청구에 대한 재결이 있는 경우에는 당해 재결 및 동일한 처분 또는 부작위에 대하여 다시 심판청구를 제기할 수 없다(행정심판법 제39조).

(7) 재결에 대한 불복

행정심판법은 재결의 효력으로 실질적 존속력을 인정하는 재심판청구 금지 조항을 규정해 두었다. 따라서 재결에 불복이 있으

---

42) 행정심판위원회 스스로가 청구의 대상이 된 처분을 취소하거나 변경하는 재결은 형성력을 가진다. 예컨대, 甲이 마포구청장의 건축허가취소처분을 다툰 취소심판에서 서울특별시 행정심판위원회가 마포구청장에게 건축허가취소처분을 취소하라고 명령하는 재결이 아니라 서울특별시 행정심판위원회 스스로 "마포구청장이 甲에게 한 건축허가취소처분을 취소한다"라는 재결을 하면 그것만으로 마포구청장이 甲에게 한 건축허가취소처분은 취소되는 효과를 가져온다(대법원 1994.4.12. 선고 93누1879 판결 등 참조).

43) 기속이란 피청구인인 행정청과 관계행정청이 재결의 취지에 따라야 함을 의미하는데, 재결의 취지에 따른다는 것은 소극적인 면과 적극적인 면에서 재결의 취지에 따라야 함을 의미한다. 행정청과 관계행정청은 소극적 의무로서 반복금지의무를 지게 되고 적극적 의무로서 재처분 의무를 지게 된다.

면 행정소송의 제기로 나아갈 수밖에 없다. 행정심판에는 소송제도에 인정되는 심급제도와 같은 것도 없다. 따라서 행정심판위원회의 결정은 행정심판에 있어서는 종국적이다. 다만, 개별법(예: 국세기본법 제60조·제66조, 공공기관의 정보공개에 관한 법률 제18조·제19조)에 따른 이의신청 결과에 대하여 다시 행정심판을 제기할 수 있다고 규정하는 경우는 있다.[44]

Ⅲ. 행정소송

1. 소의 제기

행정소송[45]은 행정에 관한 공법상의 분쟁, 즉 행정사건을 대상으로 하는 소송을 말한다. 행정소송도 일반민사소송과 마찬가지

44) 이의신청을 그 명칭에도 불구하고 행정심판으로 볼 수 있는지가 문제된다. 우리 헌법재판소는 행정심판에 대하여 "판단기관의 독립성, 대심적 심리구조, 당사자의 절차적 권리보장 면에서 사법절차의 본질적 요소를 어느 정도 갖추고 있는 행정심판만이 헌법이 요청하는 행정심판이 된다"고 보고 있으므로 (헌재결 2007.1.17. 2005헌바86) 행정심판을 엄격히 새긴다. 일반적으로도 이의신청과 행정심판법상 심판을 구별하여 처분청에 대하여 그러한 행위의 취소를 구하는 절차의 경우는 행정심판과 구별되는 이의신청으로 본다. 예: 「공공기관의 정보공개에 관한 법률」 제18조(이의신청) ① 청구인이 정보공개와 관련한 공공기관의 비공개 또는 부분공개의 결정에 대하여 불복이 있는 때에는 공공기관으로부터 정보공개여부의 결정통지를 받은 날 또는 제11조 제5항의 규정에 의한 비공개의 결정이 있는 것으로 보는 날부터 30일 이내에 당해 공공기관에 문서로 이의신청을 할 수 있다.

45) 행정소송법은 행정소송의 종류를 항고소송·당사자소송·민중소송·기관소송의 4가지로 규정하고(행정소송법 제3조), 항고소송을 다시 취소소송, 무효등확인소송, 부작위위법확인소송의 3가지로 규정하고 있다(동법 제4조). 본서는 독자들에게 소송의 절차를 통해 법에 익숙해지는 것을 목적으로 삼고 있다. 따라서 가장 일반적인 형태의 행정소송인 취소소송의 제기 순서와 관련 논점을 중심으로 이 부분을 서술한다. 기타 다른 소송과 소송 일반에 관한 논점은 본장의 뒷부분에서 간략하게 서술한다.

로 소장을 작성하여 관할권 있는 법원에 제출함으로써 개시된다.

(1) 관할권 있는 법원

행정소송은 민사·형사소송절차와 같이 행정법원－고등법원－대법원의 삼심제가 적용된다.[46] 행정법원은 행정소송법에서 정한 행정사건과 다른 법률에 의하여 행정법원의 권한에 속하는 사건을 제1심으로 심판한다(법원조직법 제40조의4). 고등법원은 행정법원의 제1심 판결·심판·결정·명령에 대한 항소 또는 항고사건을 심판한다(동법 제28조). 대법원은 고등법원의 판결에 대한 상고사건과 결정·명령에 대한 재항고사건을 심판한다(동법 제14조).

행정법원이 설치되지 않은 지역에 있어서 행정법원의 권한에 속하는 사건은 행정법원이 설치될 때까지 해당 지방법원본원이 관할한다.[47] 행정법원에는 부(특별부)를 두며(동법 제40조의3 제1항), 행정법원의 심판권은 판사 3인으로 구성된 합의부에서 이를 행한다(동법 제7조 제3항 본문). 다만 행정법원에 있어서 단독판사가 심판할 것으로 행정법원 합의부가 결정한 사건의 심판권은 단독판사가 행한다(동항 단서).

관할권이 없는 법원에 소가 제기된 사건을 관할법원으로 보내는 것을 관할이송[48]이라 한다. 관할권이 없는 법원에 소가 제기

---

46) 1994.7.27 개정된 법원조직법에 의해 행정법원의 근거가 마련되었다. 개정 이전에는 행정소송의 경우는 고등법원을 1심 전속관할로 하는 2심제를 취하고 있었다. 독자들은 1990년대 이전 판례에서 판례번호 "누"를 달고 있는 판결들이 당시에는 대법원 판결이었음을 유념해 볼 필요가 있다(예: 대법원 1993.9.14. 선고 92누4611 판결). 참고로 판례번호에서 ㄱ은 1심, ㄴ은 2심, ㄷ은 3심을 의미하며 ㅏ는 민사사건, ㅜ는 행정사건, ㅗ는 형사사건을 의미한다.

47) 「각급 법원의 설치와 관할구역에 관한 법률」에 따라 행정법원은 우선 서울에만 설치하도록 되어 있다. 2008년 1심으로 다루어진 행정소송 총 15,091건 중 서울행정법원이 처리한 사건은 6,877건에 달한다. 이러한 현실에 비추어 아직 서울 지역을 제외한 다른 지역은 조직개편 및 시설, 충원 등의 문제로 행정법원 설치가 미루어지고 있다.

48) 이러한 관할이송과 관련청구소송의 이송 및 병합(행정소송법 제10조)은 구

된 경우, 다른 모든 소송요건을 갖추고 있는 한 각하할 것이 아니라 결정으로 관할법원에 소송을 이송하여야 한다(행정소송법 제8조 제2항, 민사소송법 제34조 제1항).[49] 민사소송법 제34조 제1항의 관할위반 또는 재량에 따른 이송 규정은 원고의 고의 또는 중대한 과실 없이 행정소송이 심급을 달리하는 법원에 잘못 제기된 경우에도 적용된다(행정소송법 제7조).[50]

(2) 소장의 작성과 제출

행정소송을 제기하는 자를 원고, 제기당하는 자를 피고라 한다. 원고의 소의 제기가 소송의 개시요건이 된다. 행정소송은 구두로 제기할 수 없다. 서면인 소장을 제출하여야 한다. 소장에는 원·피고 당사자의 성명, 명칭 또는 상호와 주소, 주민등록번호, 대리인이 있는 경우 대리인의 성명과 주소, 청구취지, 청구원인, 부속서류의 표시(소장에 첨부하는 증거서류 등), 작성 연월일, 법원의 표시, 작성자의 기명날인 및 간인이 들어간다.

소장의 청구취지에는 원고가 구하는 소의 결론(예: 피고가 2010. 11. 8. 원고에 대하여 한 요양불승인처분을 취소한다)을 기재하고, 청구원인에는 원고가 구하는 소의 결론을 이끌어내는 근거가 되는 사실관계와 법률관계를 기재한다. 예시적으로 제시한 소장을 참조하라.

별되어야 한다. 관련청구소송의 이송 및 병합이란 상호관련성이 있는 여러 청구를 하나의 절차에서 심판함으로써 심리의 중복, 재판상 모순을 방지하고 아울러 신속하게 재판을 진행시키기 위한 제도이다.

49) 예컨대, 다른 모든 소송요건을 갖추었지만 서울행정법원에 제기하여야 할 것을 부산지방법원에 제기한 경우에는 부산지방법원은 결정으로 서울행정법원에 이송한다.

50) 예컨대, 서울행정법원에 제기할 사건을 서울고등법원에 제기한 경우, 서울고등법원은 결정으로 서울행정법원으로 이송한다.

소 장

원 고 홍 길 동 (주민등록번호)
서울 마포구 토정동 123
(전화 000-000, 팩스 000-000)
피 고 서울특별시 마포구청장

소 가	20,000,100원
첩부할인지액	95,000원 (소가×0.0045+5,000원)
송 달 료	60,400원 (3,020원×10회×당사자수)

파면처분취소 청구의 소

청 구 취 지

1. 피고가 200○. ○○. ○○. 원고에 대하여 한 파면처분을 취소한다.
2. 소송비용은 피고의 부담으로 한다.

라는 판결을 구합니다.

청 구 원 인

(원고가 피고를 상대로 위 청구취지와 같은 청구를 하게 된 원인을 구체적으로 기재)

입 증 방 법

1. 갑 제1호증 징계의결통보서

첨 부 서 류

1. 위 각 입증방법 각 1부.
1. 송달료 납부서 1부.
1. 소장 부본 1부.

200○. . .

위 원고 홍길동 (서명 또는 날인)

○○법원 귀중

〈소장양식〉[51]

51) 서울행정법원(http://sladmin.scourt.go.kr)에서 양식을 확인할 수 있다.

(3) 피고의 답변서의 제출

피고[52]가 원고의 청구를 다투는 때에는 소장 부본을 송달받은 날로부터 30일 내에 답변서를 제출하여야 한다. 답변서에는 청구취지에 대한 답변(예: 원고의 청구를 기각한다)과 청구원인에 대한 구체적인 답변(원고가 주장하는 사실 중 인정하는 부분과 인정하지 아니하는 부분, 인정하지 아니하는 사실에 대하여는 그 사유), 증거관계, 답변서에 기재된 주장을 증명하기 위한 증거방법(서류, 증인, 감정, 사실조회 등)과 상대방이 제출한 서류 등에 관한 의견을 적시한다.

(4) 임의적 행정심판전치주의

행정심판의 전치[53]란 행정소송의 제기에 앞서서 피해자가 먼저 행정청에 행정심판의 제기를 통해 처분의 시정을 구하고, 그 시정에 불복이 있을 때 행정소송을 제기하는 것을 말한다. 행정심판전치의 헌법적 근거는 헌법 제107조 제3항[54]이다. 행정심판전

52) 원고가 소장에서 적시한 피고는 피고적격이 있는 자여야 한다. 피고적격이란 행정소송에서 피고가 될 수 있는 자격을 의미한다. 다른 법률에 특별한 규정이 없는 한 취소소송에서는 그 처분 등을 행한 행정청이 피고가 된다(행정소송법 제13조 제1항 전단). 행정청에는 단독기관(예, 장관)도 있고, 합의제기관(예, 배상심의회 · 토지수용위원회)도 있다. 예컨대, 단독기관인 법무부장관의 처분을 다투는 경우에는 법무부가 아니라 법무부장관이 피고가 되지만, 합의제기관인 중앙토지수용위원회의 재결처분을 다투는 경우에는 중앙토지수용위원회의 위원장이 아니라 중앙토지수용위원회가 피고가 된다. 피고를 잘못 지정한 경우에도 소송요건(본안판단의 전제요건)의 미비를 이유로 각하판결이 나오기 때문에 원고는 새로운 소를 제기하여야 하는 번거로움이 생긴다. 따라서 피고가 잘못 지정된 경우 소송경제를 위해 피고를 경정하게 하는 피고경정제도가 있다. 원고가 피고를 잘못 지정한 때에는 법원은 원고의 신청에 의하여 결정으로써 피고의 경정을 허가할 수 있다(동법 제14조 제1항). 피고경정의 허가가 있으면 새로운 피고에 대한 소송은 처음에 소를 제기한 때에 제기된 것으로 보며(동조 제4항) 아울러 종전의 피고에 대한 소송은 취하된 것으로 본다(동조 제5항).

53) 전치(前置)란 앞에 놓인다는 뜻이다. 영어의 전치사(preposition)를 떠올려 보라. 행정심판전치란 행정심판이 소송 앞에 놓이는 것이 필수인지, 임의인지 여부에 대한 논의이다.

54) 헌법 제107조 ③재판의 전심절차로서 행정심판을 할 수 있다. 행정심판의

치의 일반법상 근거규정으로는 행정소송법 제18조가 있다. 행정소송법상으로는 임의적 심판전치가 원칙이다.[55] 즉 개별 법률상 행정심판의 전치에 관해 규정하는 바가 없거나 또는 법률상 행정심판의 전치에 관한 규정이 있어도 그것이 강제되는 경우[56]가 아니라면, 행정심판을 거쳐 소송을 제기할 것인지, 소송만 제기할지의 여부는 취소소송을 제기할 사람이 알아서 판단할 사항이다.[57]

(5) 가 구 제

소의 제기로부터 원고가 승소 또는 패소의 판결을 받기까지는 오랜 시간이 걸린다. 우리법이 집행부정지의 원칙을 채택하고 있기 때문에 판결이 확정되기 전에 원상회복이 곤란한 상황이 계속되면 판결 결과에 상관없이 원고는 큰 피해를 입을 수도 있다.[58]

절차는 법률로 정하되, 사법절차가 준용되어야 한다.

55) 1994년에 행정소송법이 개정되기 전에는 취소소송을 제기하려면 예외없이 행정심판을 거쳐야 하는 필요적 행정심판전치주의를 택하고 있었다.

56) 필요적 전치를 규정하고 있는 법으로는 국가공무원법, 지방공무원법, 교육공무원법, 국세기본법, 관세법, 도로교통법 등이 있다. 필요적 전치는 주로 전문적, 기술적 성질을 가진 처분 등에 대하여 소송에 앞서 행정심판을 거치게 함으로써 행정청에게 스스로 시정할 기회를 마련하여 주어 행정청이 전문지식을 활용하여 자율적이고 능률적으로 행정작용을 하도록 하는 한편, 법원의 입장에서는 부담이 경감되도록 하는 데 그 취지가 있다. 개별 법률에 이러한 명시적 규정 없이 단지 행정심판의 제기에 관한 근거규정만 두고 있는 경우에는 1998.3.1자로 모두 임의적 전치절차로 전환되었다(대법원 1999.12.20, 자 99무42 결정).

57) 권리구제하면 소송을 떠올리는 것이 일반적이지만 앞에서 살펴본 바와 같이 공법영역에서는 행정심판도 유용한 권리구제 수단이다. 실무에서는 임의적 행정심판전치임에도 행정심판과 행정소송을 동시에 제기하고 행정소송에서 변론기일을 연기해 줄 것을 요청하며, 행정심판의 결과를 기다렸다가 심판의 결과가 만족스러우면 소를 취하하고 만족스럽지 않으면 소송을 계속하는 방법을 많이 사용하고 있다. 이는 행정심판이 무료이며 신속한 처리를 해주고 기속력으로 인해 판결과 유사한 효력을 가질 수 있기 때문이다.

58) 불법입국 등을 이유로 내려진 강제출국명령을 다투는 사안에서 출국명령 자체가 계속 유효하므로 소송중 출국하여야 하는 상황이 발생한다고 가정해보자. 이 경우 당사자는 출국명령이라는 행정행위를 일단은 정지시키고 소송을 계속해야 할 필요가 생길 것이다.

재판이 무의미해지는 이런 상황을 막고 원고의 권리를 보호하기 위하여 민사재판에서는 가처분제도(민사집행법 제300조 이하)가 있다. 이러한 가처분 제도를 행정소송에서도 활용할 수 있는지의 논의와 행정소송상의 특유한 가구제[59]인 집행정지제도를 살펴본다.

1) 가 처 분

가처분이란 금전 이외의 급부를 목적으로 하는 청구권의 집행을 보전하거나 다툼이 있는 법률관계에 관하여 잠정적으로 임시의 지위를 보전하는 것을 내용으로 하는 가구제제도이다. 학설상으로는 권리보호의 확대, 가처분의 잠정적 성격 등을 고려하여 행정소송상 가처분제도를 인정하되 행정소송법이 처분 등의 집행정지제도를 두고 있는 관계상 처분 등의 집행정지제도가 미치지 않는 범위에서는 해석론으로 가처분제도를 인정하는 것이 타당하다는 견해가 다수설이다.[60] 하지만 우리 판례는 가처분은 당사자간의 이해조정을 도모하기 위하여 비교적 쉽게 인정되는 것이므로 그런 것이 행정소송에 남용되면 행정목적의 실현에 중대한 차

---

59) 가구제(假救濟)는 잠정적 권리구제라고 해석할 수 있다. 임시구제라고도 한다. 가(假)라는 용어는 '잠정적'이라는 뜻으로 해석한다. 예컨대 국가공무원법에 따른 직위해제를 가행정행위라 한다. 가행정행위는 잠정적 행정행위라는 뜻이다.

60) 법공부를 함에 있어 학설과 판례가 서로 다른 이야기를 하는 경우를 종종 보게 된다. 법공부를 시작하는 독자들의 경우 판례가 무조건 '옳다'는 식의 접근으로 판례의 내용을 암기하려는 태도는 지양해야 한다. 지금의 판례도 언젠가는 전원합의체 판결을 통해 내용이 변경될 수 있는 것이다. 법학은 사회현상에 대해 주어진 법을 잣대로 논리적으로 결론을 찾아가는 학문이다. 따라서 주어진 법현상에 대해 각 학설의 논리성과 타당성을 숙고하며 학습할 필요가 있다. 특히 계속하여 생성되며 발전하고 있는 학문인 행정법 영역에서는 판례에 비판적인 학설의 논의가 유난히 많으며 그러한 차이를 유심히 보아둘 필요가 있다. 의무이행소송의 인정 여부에 관한 학설과 판례(헌재결 2008.10.30, 2006헌바80; 대법원 1995.3.10. 선고 94누14018 판결), 대통령령과 부령의 법규성에 대한 학설과 판례(대법원 2007.9.20. 선고 2007두6946 판결), 확약의 성질에 관한 학설과 판례(대법원 1995.1.20. 선고 94누6529 판결) 등을 보면서 학설의 논거들과 판례의 태도를 함께 살펴보길 권한다.

질을 가져올 수 있다고 보아 행정소송에서는 가처분을 인정할 수 없다는 태도를 취하고 있다.[61]

2) 집행정지

취소소송이 제기된 경우에 처분 등이나 그 집행 또는 절차의 속행으로 인하여 생길 회복하기 어려운 손해를 예방하기 위하여 긴급한 필요가 있다고 인정할 때에는 본안이 계속되고 있는 법원은 당사자의 신청 또는 직권에 의하여 처분 등의 효력이나 그 집행 또는 절차의 속행의 전부 또는 일부의 정지를 결정할 수 있다(행정소송법 제23조 제2항 본문).

법원으로부터 집행정지결정을 받기 위한 요건으로 행정소송법은 ① 본안이 계속 중이어야 하고,[62] ② 처분 등이 존재하여야 하고, ③ 회복하기 어려운 손해를 예방하기 위한 것이어야 하고,[63] ④ 긴급한 필요가 있어야 하고, ⑤ 공공복리에 중대한 영향

---

61) 대법원 1992.7.6. 자 92마54 결정 등

62) 엄밀히 말하면 집행정지의 요건상 집행정지의 신청은 소송이 제기 된 경우에 가능하기 때문에 집행정지를 소송의 심리 전 소송의 제기 단계에서 설명하는 것은 타당하지 않을 수 있다. 하지만 독자들에게 집행정지라는 제도가 소송에 있어서 잠정적으로 자신의 권리를 보전하기 위한 조치로서 유용한 제도라는 것을 강조하기 위해 이곳에 서술하였음을 밝혀둔다. 실무에서는 통상 본안의 소 및 집행정지 신청이 동시에 이루어지고 있는 것이 대부분이다[『행정소송의 이론과 실무』, 서울행정법원 실무연구회, 사법연구지원재단(2008), 173면].

63) 판례는 회복하기 어려운 손해에 관하여 "특별한 사정이 없는 한 금전보상이 불가능하거나 금전보상으로는 사회관념상 행정처분을 받은 당사자가 참고 견딜 수 없거나 참고 견디기가 현저히 곤란한 경우의 유형·무형의 손해"라고 표현하고 있다.

회복하기 어려운 손해에 관한 판례: 현역병입영처분취소의 본안소송에서 신청인이 승소판결을 받을 경우에는 신청인이 특례보충역으로 해당 전문분야에서 2개월 남짓만 더 종사하여 5년의 의무종사기간을 마침으로써 구 병역법 제46조 제1항에 의하여 방위소집복무를 마친 것으로 볼 것이나, 만일 위 처분의 효력이 정지되지 아니한 채 본안소송이 진행된다면 신청인은 입영하여 다시 현역병으로 복무하지 않을 수 없는 결과 병역의무를 중복하여 이행하는 셈이 되어 불이익을 입게 되고 상당한 정신적 고통을 받게 될 것임은 짐작하

이 없어야 한다는 것을 규정하고 있다.[64)]

집행정지의 결정은 당해결정의 주문에 표시된 시기까지 잠정적으로 그 처분의 효력을 정지시킨다. 판례는 결정의 주문에 특별한 제한이 없으면 본안판결이 확정될 때까지 그 효력이 존속한다고 본다.[65)] 집행정지의 결정이 확정된 후 집행정지가 공공복리에 중대한 영향을 미치거나, 그 정지사유가 없어진 때에는 당사자의 신청 또는 직권에 의하여 결정으로써 집행정지의 결정을 취소할 수 있다(행정소송법 제24조 제1항).

예시적으로 제시한 집행정지 청구 신청서를 참고하라.

2. 소송의 심리

(1) 심리의 원칙

소송의 심리는 소에 대한 판결을 하기 위하여 그 기초가 되는 소송자료를 수집하는 것으로 소송절차의 가장 중심적인 위치를 차지한다. 행정소송은 공공복리와 밀접한 관련이 있으므로 가능한 한 객관적으로 공정, 타당한 해결을 기할 필요가 있다. 이런 차원에서 직권증거조사를 인정하는 등 직권주의 요소가 가미되어

기 어렵지 아니하며 이와 같은 손해는 쉽게 금전으로 보상할 수 있는 성질의 것이 아니어서 사회관념상 '회복하기 어려운 손해'에 해당된다(대법원 1992.4. 29. 자 92두7 결정).

64) 판례는 이 밖에 집행정지의 요건으로 "본안청구의 이유 없음이 명백하지 않을 것"을 요구한다. 본안청구의 이유 없음이 명백하지 않다는 것은 승소가능성이 있다는 것을 의미한다. 판례가 이러한 요건을 추가한 것은 승소가능성이 없음에도 오로지 처분의 집행을 고의로 지연시키기 위해 집행정지를 신청하는 것을 방지하기 위한 것이다. 집행정지는 임시적 보전절차이므로 본안에 관한 이유의 유무를 따지는 판례의 태도는 잘못되었다는 학설[다수설: 박윤흔, 『행정법강의(상)』, 박영사(2004), 969면]과 본안에서 처분의 취소가능성이 명백히 없다면 처분의 집행정지를 인정하는 취지에 반하므로 판례의 입장이 타당하다는 학설[홍정선, 『행정법특강』, 박영사(2009), 725면] 등이 있다.

65) 대법원 1999.2.23. 선고 98두14471 판결.

[영업정지처분]

행정처분 집행정지신청

신 청 인 홍 길 동(주민등록번호)
서울 마포구 토정동 123
(전화 000-000, 팩스 000-000)

첨부할 인지액	2,000원
송달료	12,080원

(3,020원×2회×당사자수)

피신청인 서울특별시 마포구청장

신 청 취 지

피신청인이 200 .○.○○.신청인에 대하여 한 영업정지처분은 이 법원 200 구합 호 영업정지처분취소 청구사건의 판결 선고시까지 그 집행을 정지한다.

신 청 이 유

(신청취지와 같은 신청을 하는 이유를 구체적으로 기재)

휴대전화를 통한 정보수신 신청

위 사건에 관한 재판의 종국내역(인용, 기각, 각하, 일부인용, 이송)에 관한 정보를 예납의무자가 납부한 송달료 잔액 범위 내에서 아래 휴대전화를 통하여 알려주실 것을 신청합니다.

▣ 휴대전화 번호:

2009. . . 신청인 (날인 또는 서명)

※ 재판의 종국내역(인용, 기각, 각하, 일부인용, 이송)이 법원재판사무시스템에 입력되는 당일 위 휴대전화로 문자메시지가 발송됩니다.

※ 문자메시지 서비스 이용금액은 메시지 1건당 17원씩 납부된 송달료에서 지급됩니다(송달료가 부족하면 문자메시지가 발송되지 않습니다).

※ 추후 서비스 대상 정보, 이용금액 등이 변동될 수 있습니다.

소명방법 및 첨부서류

1. 소갑 제1호증 행정처분명령서
1. 소갑 제2호증 영업허가증
1. 송달료 납부서 1부.
1. 신청서 부본 1부.

2009. . .

위 신청인 홍길동 (서명 또는 날인)

○○법원 귀중

〈행정집행정지 신청서 양식〉[66]

있는 특징을 가진다. 심리의 원칙에는 처분권주의, 변론주의와 직권탐지주의,[67] 구두변론주의, 공개주의 등이 있다. 상세한 내용은 민사절차 부분을 참조하라.

(2) 심리의 내용 및 범위

행정소송의 심리는 크게 요건심리와 본안심리로 나뉜다. 요건심리란 본안판단의 전제요건(소송요건)을 구비한 적법한 소송인가를 심리하는 것을 말하고 요건심리를 통해 소송판결을 내리게 된다. 즉, 소송요건이 구비되어 있지 않다면, 소를 각하하게 된

---

66) 서울행정법원(http://sladmin.scourt.go.kr)에서 양식을 확인할 수 있다.

67) 행정소송법 제26조는 "법원은 필요하다고 인정할 때에는 직권으로 증거조사를 할 수 있고, 당사자가 주장하지 아니한 사실에 대하여도 판단할 수 있다"고 규정하고 있는바, 이러한 행정소송법 제26조의 해석과 관련하여서 행정소송에서는 변론주의가 적용되지 않고 직권탐지주의가 적용된다는 견해(직권탐지주의설)가 있다. 그러나 우리 판례는 행정소송의 경우에도 변론주의가 원칙이며 직권탐지주의는 보충적으로 적용된다는 입장(변론주의보충설)을 취하고 있다. 이러한 판례의 입장에 따르면 행정소송에서 처분의 적법성에 대한 주장·입증책임이 피고 행정청에 있는 경우라 하더라도 원고는 청구원인으로 단순히 그 처분이 위법하다는 것만을 주장하여서는 안 되고, 구체적으로 어떠한 점이 위법한지를 먼저 주장하여야 한다. 원고가 청구원인으로 위법하다고 주장한 바가 법원 심리의 주된 쟁점이 되고 원고가 주장하지 않은 사유는 원칙적으로 심리대상이 되지 않는다. 변론주의 원칙을 밝힌 판례와 예외를 인정한 판례를 차례로 살펴보자.

원칙 - 대법원 2000.3.23. 선고 98두2768 판결: 행정소송에 있어서 특단의 사정이 있는 경우를 제외하면 당해 행정처분의 적법성에 관하여는 당해 처분청이 이를 주장·입증하여야 할 것이나 행정소송에 있어서 직권주의가 가미되어 있다고 하여도 여전히 변론주의를 기본 구조로 하는 이상 행정처분의 위법을 들어 그 취소를 청구함에 있어서는 직권조사사항을 제외하고는 그 취소를 구하는 자가 위법사유에 해당하는 구체적인 사실을 먼저 주장하여야 한다.

예외 - 대법원 1997.10.28. 선고 96누14425 판결: 행정소송에서는 법원이 필요하다고 인정할 때에는 당사자가 명백히 주장하지 아니한 사실도 기록에 나타난 자료를 기초로 하여 직권으로 판단할 수 있는바, 상속세등부과처분취소소송에서 당사자들이 다투지는 아니하였지만 기록에 현출된 자료에 의하여 상속세 신고세액 공제액에 관하여 법원이 심리·판단하는 것은 정당하고, 거기에 변론주의를 위반한 위법이 있다고 할 수 없다.

다. 본안심리란 본안판단의 전제요건(소송요건)이 구비된 경우, 청구를 인용할 것인가 또는 기각할 것인가를 판단하기 위해 본안에 대해 심리하는 것을 말한다.[68] 본안심리를 통해 본안판결을 내리게 된다.

법원은 이러한 심리를 함에 있어 소송의 대상이 된 처분의 실체적·절차적 측면 및 법률적·사실적 측면 등 모든 측면에서 심사를 할 수 있다. 그러나 전문 기술적인 사항에 관한 심사[69]나 통치행위의 문제[70] 등 심리를 제한하는 법원칙들도 있다. 재량행위에 대해서는 행정청의 재량에 속하는 처분이라도 재량권의 한계를 넘거나 그 남용이 있는 때에는 법원은 이를 취소할 수 있다(행정소송법 제27조)고 하여 법원이 이를 판단할 수 있음을 명확히 하였다.

---

68) 우리는 흔히 "승소했다", "패소했다"는 용어를 사용하지만 법은 승소와 패소라는 단어를 모른다. 일반적으로 원고의 청구에 대하여 인용판결을 승소라 하고 기각판결과 각하판결을 패소라 한다. 당사자의 입장에서 기각과 각하는 같은 패소일지 몰라도 두 판결의 의미는 차이가 크다. 각하의 경우는 소송자격 자체를 부인하는 것으로서 본안에 대해서 법원은 아무런 판단을 하지 않은 것이다. 따라서 행정법학에서 소송자격을 갖추었는지를 논하는 소송요건에 대한 논의가 매우 중요하다. 소송요건에 대한 판단이 엄격할수록 국민의 권리구제는 힘들어지게 된다. 잘못을 따지기 전에 잘못을 따지는 자격이 없다고 해버리면 국가의 잘못이 심판받을 수가 없게 되는 것이다. 행정법학이 소송요건에 관련된 문제에 매달려 정작 개별행정법 영역의 법령 연구 및 공익의 구체적 분석 등에 소홀하게 된 '소송요건법학'이라는 오명을 갖게 되었다는 비판은 경청할만하다[박정훈, 『행정소송의 구조와 기능』, 박영사(2006), 50면].

69) 행정의 전문성, 통일성을 살리기 위해 법원의 심리범위를 법률문제(question of law)에 한정시키도록 미국에서는 판례법상 실질적 증거의 법칙(substantial evidence rule)이 확립되어 있고 독일의 판단여지 이론도 사실문제에 관한 법원의 심리를 제한하기 위한 것이다.

70) 일반사병의 이라크파병 위헌확인심판청구에서 우리 헌법재판소는 고도의 정치적 결단은 존중되어야 한다며 판단을 유보한바 있다(헌재결 2004.4.29, 2003헌마814). 이 외에도 몇몇 형사사건과 헌법재판소 결정 등에서 통치행위성(고도의 정치성)을 근거로 사법심사를 자제한 경우는 있으나 아직 우리 대법원 행정판례에서 통치행위성을 근거로 사법심사 자제를 선언한 예는 찾기 힘들다.

(3) 요건심리

요건심리란 본안판단의 전제요건(소송요건)[71]을 구비한 적법한 소송인가를 심리하는 것으로 본안판단의 전제요건으로는 아래의 것들이 있다.

1) 제소기간

취소소송은 처분 등이 있음을 안 날부터 90일 이내에 제기하여야 한다. 이 90일은 불변기간이다. 따라서 법원은 직권으로 이 기간을 늘이거나 줄일 수 없다. 또한 처분 등이 있은 날부터 1년을 경과하면 이를 제기하지 못한다. 1년의 경우는 정당한 사유가 있는 때에는 그러하지 아니하므로 불변기간이 아니다. 처분이 있음을 안 날부터 90일과 처분이 있은 날부터 1년은 서로 선택적인 것이 아니라 이 기간 중 어느 하나의 기간만이라도 경과하면, 제소기간은 종료하게 된다.

2) 처분 등의 존재(대상적격)

취소소송은 "행정청의 위법한 처분 등을 취소 또는 변경하는 소송"이다. 취소소송은 위법하지만 유효한 처분 등을 취소하는 소송이므로 취소소송을 제기하기 위해서는 처분 등이 존재하여야 한다. 행정소송법상 처분은 ① 행정청이 행하는 구체적 사실에 관한 법집행으로서의 공권력의 행사 또는 ② 그 거부와 ③ 그 밖에 이에 준하는 행정작용으로 정의되고 있다. 행정소송법 제2조

---

71) 본안판단이 이루어지기 위한 전제요건으로 처분 등이 존재하고, 관할법원에, 원고가 피고를 상대로, 일정한 기간 내에, 소장을 제출하여야 하고, 일정한 경우에는 행정심판전치를 거쳐야 하되, 원고에게는 처분 등의 취소 또는 변경을 구할 법률상 이익이 있어야 하며, 권리보호의 이익도 필요하다, 아울러 당사자 사이의 소송대상에 대하여 기판력 있는 판결이 없어야 하고 또한 중복제소도 아니어야 한다. 이러한 내용을 하나하나 자세히 분석하여 이해하는 것이 현행 행정소송제도의 이해에 필수적이다. 독자들에게 시중에 나와 있는 행정법 교과서의 소송요건 부분을 더욱 자세히 학습할 것을 권한다.

제1항 제1호는 처분개념을 정의함에 있어 '법적 행위'라는 용어는 사용하고 있지 않다. 그런데 취소소송의 본질은 일반적으로 위법성의 소급적 제거에 있다고 이해된다. 그런데 사실적인 것은 소급적인 제거가 불가능하지만, 법적 행위에 있는 위법성은 소급적으로 제거할 수 있으므로, 취소소송의 대상이 되는 공권력행사(처분)는 법적 행위에 한정된다고 본다.[72] 판례도 법적 행위인지를 처분개념의 본질적 요소의 하나로 본다.

여하튼 처분으로서 인정되어야만 행정소송이 되는 것이고 판례는 지금까지 이러한 처분개념을 매우 좁게 해석하여 취소소송의 대상적격을 부정한 경우가 많았다.[73] 항고소송의 대상은 이를 확대하도록 입법적 조치가 필요하고 입법적 조치가 당분간 기대하기 힘들다면, 당사자소송의 활성화, 판례의 태도 변화 등이 필요하다는 논의가 활발히 이루어지고 있다.[74]

3) 원고의 법률상 이익(원고적격)

취소소송은 처분 등의 취소를 구할 법률상 이익이 있는 자가 제기할 수 있다(행정소송법 제12조 제1문). 법률상 이익이 없는 자는 취소소송을 제기할 수 없다.[75] 법률상 이익을 판단함에 있어

---

72) 홍정선, 『행정법특강』, 박영사(2009), 648면

73) 판례의 태도에 대한 비판적 견해는 박정훈, 『행정소송의 구조와 기능』, 박영사, 2006, 178면; 강경선 · 이계수, 『행정법 I』, 한국방송통신대학출판부, 2009, 314면 등을 참조. 최근 이러한 판례의 태도에 변화가 나타나고 있는바 처분개념의 확대를 시사하는 판례들이 계속하여 등장하고 있다. 이러한 판례의 태도에 대하여는 김성수, 『일반행정법』, 법문사(2008), 902면 이하를 참조.

74) 김성수, 『일반행정법』, 법문사(2008), 901면; 박정훈, 『행정소송의 구조와 기능』, 박영사(2006), 179면; 홍준형, 『행정구제법』, 한울아카데미(2001), 537면 등

75) 판례는 "법률상의 이익은 당해 처분의 근거 법률에 의하여 보호되는 직접적이고 구체적인 이익이 있는 경우를 말하고 다만 공익보호의 결과로 국민 일반이 공통적으로 가지는 추상적, 평균적, 일반적 이익과 같이 간접적이거나 사실적, 경제적 이해관계를 가지는 데 불과한 경우는 여기에 포함되지 않는다"고 정의하고 있다.

서는 개인적 공권[76]의 성립요건 중 첫 번째 요건인 행정청의 의무의 존재(강행규범성)를 판단하고, 두 번째 요건인 근거 법령과 관련법령의 사익보호성을 판단한다. 사익보호목적의 존부는 당해 처분의 근거되는 법률의 규정과 취지 외에 관련 법률의 규정과 취지, 그리고 기본권규정도 고려하여 판단한다는 것이 학설과 판례의 태도이다.

처분의 상대방의 경우에는 일반적으로 원고적격이 인정된다. 문제는 제3자가 원고적격을 가질 수 있는가이다. 제3자의 원고적격을 인정하게 되면 이웃소송,[77] 경쟁자소송,[78] 경원자소송[79] 등

---

76) 개인적 공권은 '개인이 자기의 이익을 추구하기 위해 국가 등 행정주체에 일정한 행위를 요구할 수 있는 힘'을 의미한다. 권리를 집단이 가지는 것이 아니라 개인이 가진다는 의미에서, 사권과 대비되는 공적인 권리라는 의미에서 개인적 공권이라는 단어를 쓴다. 독자들은 공법의 실체법 영역에서 '개인적 공권'으로 불리는 것이 공법의 절차법 영역에서 '법률상 이익'이라 불린다고, 즉 두 관념은 사실상 같은 것이라 이해하면 된다. '권리 = 법률상 이익(행정심판법, 행정소송법) = 개인적 공권'이며 권리가 아니라서 이익이 침해되는 경우에도 법적으로 보호를 받지 못하는 경우가 '반사적 이익'인 것이다.

77) 제3자의 개인적 공권을 인정하는 이론은 1975년 이웃소송을 인정한 청주시 연탄공장사건 판결 이후 계속하여 그 범위를 넓히는 방향으로 발전해 왔다. 청주시 연탄공장사건이란 청주시장이 주거지역내에 연탄공장건축허가를 내주자 주거지역 내의 (구)도시계획법 19조 1항과 (구)건축법 32조 1항 소정의 제한면적을 초과한 연탄공장건축허가 처분으로 불이익을 받고 있는 이웃주민들이 청주시장을 상대로 건축허가처분취소청구소송을 제기한 사건이다. 즉 건축허가의 직접상대방이 아닌 제3자인 주민들이 자신들의 피해를 이유로 소송을 제기한 것으로서 권리의 개념을 처분당사자로 좁혀 봤던 당시의 법원의 태도에 획기적인 변화를 가져온 사건이다. 판결의 요지는 다음과 같다; 도시계획법과 건축법의 규정취지에 비추어 볼 때 이 법률들이 주거지역 내에서의 일정한 건축을 금지하고 또한 제한하고 있는 것은 (구)도시계획법과 (구)건축법이 추구하는 공공복리의 증진을 도모하는 데 그 목적이 있는 동시에, 한편으로는 주거지역 내에 거주하는 사람의 주거안녕과 생활환경을 보호하고자 하는 데도 그 목적이 있는 것으로 해석된다. 그러므로 주거지역 내에 거주하는 사람의 주거의 안녕과 생활환경을 보호받을 이익은 단순한 반사적 이익이나 사실상의 이익이 아니라 바로 법률에 의하여 보호되는 이익이라고 할 것이다(대법원 1975.5.13. 선고 73누96,97 판결).

78) 경쟁자소송이란 서로 경쟁관계에 있는 자들 사이에서 특정인에게 주어지는 수익적 행위가 제3자에게는 법률상 불이익을 초래하는 경우에 그 제3자가 자기의 법률상 이익의 침해를 다투는 소송을 말한다. 예컨대 서울-안동간 고속

다양한 방식의 소송형태를 인정할 수 있게 된다. 현대에 와서 환경소송, 소비자소송 등이 많은 문제가 되고 있는데 3자의 원고적격은 그러한 신형태의 소송제기 가능성과도 밀접한 관련성을 가진다.[80)]

4) 권리보호의 필요(협의의 소익)

처분 등의 효과가 기간의 경과, 처분 등의 집행 그 밖의 사유로 인하여 소멸된다면(행정소송법 제12조 제2문) 취소로 인하여 회복되는 이익이 없으므로 소송을 제기할 수 없다. 쉽게 말하면 처분성과 원고적격을 인정받더라도 그 처분을 지금 취소하는 것이 아무런 의미가 없는 경우에는 소송요건을 인정받지 못한다.[81)]

버스를 운행하는 A, B두 회사가 있는데 행정청이 A회사에게만 증차처분을 해준다면 B회사의 경영상 이익이 법률상 이익일 경우 B회사는 경쟁자로서 소송을 제기할 수 있게 된다. 여객자동차운수사업법상 경영상 이익을 법률상 이익이라 판단 할 수 있으므로 B는 소송을 제기할 수 있다. 소송을 제기할 수 있는 법률상 이익 성립 여부는 B가 승소할 것이라는 처분의 위법성 인정과는 다른 판단이라는 점도 유념하여야 한다. B는 경쟁자로서 자신의 법률상 이익(개인적 공권)을 주장해 소송을 제기할 수 있을 것이고 법원은 행정청이 A에게만 증차처분 한 것이 재량의 일탈 남용과 같은 위법한 행위는 아니었는지 판단하여 B의 승소 여부를 결정할 것이다.

79) 경원자소송이란 면허나 인·허가 등의 수익적 행정처분을 신청한 수인이 서로 경쟁관계에 있어서 일방에 대한 면허나 인·허가 등의 행정처분이 타방에 대한 불면허·불인가·불허가 등으로 귀결될 수밖에 없는 경우에 불허가 등으로 인한 자기의 법률상의 이익의 침해를 다투는 소송을 말한다. 이 경우 타인에 대한 허가처분과 자신에 대한 불허가 처분은 표리의 관계에 있는 것으로 타인에 대한 허가 등 처분의 취소를 구하거나 자신에 대한 불허가처분의 취소를 구하거나 혹은 양자를 병합 제기할 수도 있다.

80) 환경이익이나 소비자의 이익은 일반적 이익이거나 집단적 이익인 경우가 많다. 이 경우에 환경단체나 소비자단체가 당해 단체가 목적으로 하는 일반적, 집단적 이익의 보호를 위해서 단체소송을 제기할 수 있는가의 문제는 원고적격의 문제와는 논의의 궤가 다르다. 단체소송의 경우는 입법에 의한 특별법에 의해 인정되어야 한다는 것이 다수설이다. 그러나 명문의 규정이 없더라도 공익단체의 정관에 정해진 단체의 존립목적인 공익이 침해된 경우 공익단체에게 항고소송의 원고적격을 인정할 수 있다는 논의도 있다[박균성, 『행정법론(상)』, 박영사(2007), 946면].

5) 중복제소의 금지 등

소송요건을 갖추기 위해서는 위의 요건 이외에도 기판력 있는 판결이 없을 것, 중복제소가 아닐 것, 제소권의 포기가 없을 것 등 일반적으로 민사소송절차에 필요한 요건들이 그대로 적용된다.

(4) 본안심리

소송요건을 통과한 원고의 청구는 본안에서 처분의 위법성을 심사하여 원구 청구의 이유를 다투게 된다. 부당한지 여부는 소송의 대상이 아니다. 처분의 위법성을 본안요건(本案要件)이라 한다. 처분의 위법성을 판단하는 데는 행정법의 법원[82]에 근거하여 처분이 주체, 절차, 형식, 내용에 있어서 적법했는지 여부를 주로 따지게 된다. 예컨대 행정법의 불문법원인 비례원칙[83]에 위반된

---

81) 예컨대 판례에 따르면 사법시험 1차시험에 불합격한 자가 불합격을 다투던 도중 새로 실시된 1차시험에 합격한 경우 불합격의 효과는 새로운 시험을 합격한 때에 소멸되므로 더이상 재판에서 불합격을 다툴 실익이 없다(대법원 1996.2.23. 선고 95누2865 판결). 이러한 판례의 태도에 대해 명예, 신용 등 인격적 이익이 법률상 이익에 해당하지 않는다고 본 것은 잘못이라는 학설상의 지적이 있다[정하중, 『행정법총론』, 법문사(2005), 709면].

82) 법의 인식근거, 존재형식을 의미하는 법원(法源)의 의미를 명확히 아는 것이 필요하다. 우선 法源은 법원(法院)과 구별하여야 한다. 法院은 그야말로 법해석이 이루어지는, 즉 사법권을 행사하는 국가 기관을 의미한다. 法源에는 성문법원과 불문법원이 있으며 法院은 소송에서 본안판단을 함에 있어 이렇게 존재하는 모든 유형의 法源을 동원하여 위법성을 판단한다.

83) 비례원칙은 헌법 제37조 제2항의 "필요한 경우"를 반영한 것으로서 헌법적 지위를 가진 성문법원이라는 견해도 있다[홍정선, 『신행정법입문』, 박영사(2009), 11면]. 비례원칙이란 행정의 목적과 그 목적의 실현을 위한 수단의 관계에서 그 수단은 목적을 실현하는 데 적합하고 또한 최소침해를 가져오는 것이어야 할 뿐만 아니라, 아울러 그 수단의 도입으로 인해 생겨나는 침해가 의도하는 이익·효과를 능가하여서는 아니 된다는 원칙을 말한다. 사법관계에서는 일반적으로 사적 자치가 적용되기에 비례원칙이 원칙적으로 적용되지 않는다. 하지만 공법영역에서는 행정의 전영역에 적용되는 일반원칙이다. 심지어는 불법행위를 한 사인을 체포하기 위하여 공권력을 수행하는 경찰도 비례원칙을 지켜야 한다. 불법에 대한 공권력의 집행도 그것이 공권력이 집행이라면 적법하게 이루어져야 하기 때문이다. 불법에 대한 불법으로의 응징은 법치국가에서 있을 수 없다. 경찰이 난동을 부리던 범죄자에게 가스총을 근

행정행위는 본안심리에서 '위법한 행정행위'로 판단한다.

법원은 행정처분 당시 행정청이 알고 있었던 자료뿐만 아니라 사실심변론종결 당시까지 제출된 모든 자료를 종합하여 처분 당시 존재하였던 객관적 사실을 확정하고 그 사실에 기초하여 처분의 위법 여부를 판단할 수 있다. 처분의 위법성판단의 기준시(基準時)와 관련하여 학설은 판결시기준설과 처분시기준설, 그리고 절충설이 있다. 처분시기준설이 통설과 판례이다.[84)]

(5) 심리의 방법

1) 주장책임

분쟁의 중요한 사실관계를 주장하지 않음으로 인하여 일방당사자가 받는 불이익부담을 주장책임이라 한다. 행정소송의 심리에서도 원칙적으로 변론주의가 채택되고 있기 때문에 주장책임의 분배도 민사소송법상 원칙에 의한다.

2) 입증책임

어떠한 사실관계에 대한 명백한 입증이 없을 때, 누가 이로 인한 불이익을 부담하여야 할 것인가의 문제가 입증책임의 문제이

접발사하여 실명하게 만든 사건에서 법원은 경찰의 위법성을 인정하여 국가배상을 인정한 판례도 있다.

대법원 2003.3.14. 선고 2002다57218 판결: 경찰관은 범인의 체포 또는 도주의 방지, 타인 또는 경찰관의 생명·신체에 대한 방호, 공무집행에 대한 항거의 억제를 위하여 필요한 때에는 최소한의 범위 안에서 가스총을 사용할 수 있으나, 가스총은 통상의 용법대로 사용하는 경우 사람의 생명 또는 신체에 위해를 가할 수 있는 이른바 위해성 장비로서 그 탄환은 고무마개로 막혀 있어 사람에게 근접하여 발사하는 경우에는 고무마개가 가스와 함께 발사되어 인체에 위해를 가할 가능성이 있으므로, 이를 사용하는 경찰관으로서는 인체에 대한 위해를 방지하기 위하여 상대방과 근접한 거리에서 상대방의 얼굴을 향하여 이를 발사하지 않는 등 가스총 사용시 요구되는 최소한의 안전수칙을 준수함으로써 장비 사용으로 인한 사고 발생을 미리 막아야 할 주의의무가 있다.

84) 홍정선, 『신행정법입문』, 박영사(2009), 434면.

다. 민사소송의 원칙에 따라 당사자는 각각 자기에게 유리한 요건사실의 존재에 대하여 입증책임을 부담한다(입증책임분배설, 판례의 태도). 이러한 입증책임분배설에 대해 행정청의 행위에 대한 적법성 담보에 대한 최종 책임은 행정작용의 주체가 부담하는 것이 원칙이며 따라서 취소소송에서의 입증책임은 피고인 행정청이 지는 것이 타당하다는 피고부담설,[85] 행정법의 독자적 이론으로 구체적 사안에 따라 입증책임을 정해야 한다는 행정법독자분배설로서의 이익형량설[86]등의 논의가 있다.

3) 처분이유의 사후변경

행정처분의 발령시점에 존재하던 사실상 또는 법상의 상황이 처분의 근거로 사용되지 않았으나, 사후에 행정소송절차에서 행정청이 그 상황을 처분의 근거로 제출하거나 법원이 직권으로 회부하여 고려하는 것을 처분이유의 사후변경이라 한다. 결국 소송절차 진행 중에 처분 근거의 변경이 허용될 것인가가 문제되는바, 처분근거의 사후변경은 소송경제를 고려하여 원칙적으로는 허용된다고 볼 것이나 원고의 권리가 침해되는 경우가 발생할 수 있으므로 일정한 제약하에서만 허용되어야 한다는 것이 일반적인 견해이다.[87]

---

85) 김성수, 『일반행정법』, 법문사(2008), 938면.

86) 박윤흔, 『행정법강의(상)』, 박영사(2004), 996면.

87) 판례는 취소소송에서 행정청은 당초 처분의 근거로 삼은 사유와 기본적 사실관계가 동일하다고 인정되는 한도 내에서만 다른 처분사유를 새로 추가하거나 변경할 수 있을 뿐, 기본적 사실관계가 동일하다고 인정되지 않는 별개의 사실을 들어 처분사유로 주장할 수 없다고 한다. 그리고 처분사유의 추가·변경은 사실심변론종결시까지만 허용된다고 한다. 예컨대 판례는 주택신축을 위한 산림형질변경허가신청에 대하여 행정청이 거부처분을 하면서 당초 거부처분의 근거로 삼은 준농림지역에서의 행위제한이라는 사유와 나중에 거부처분의 근거로 추가한 자연경관 및 생태계의 교란, 국토 및 자연의 유지와 환경보전 등 중대한 공익상의 필요라는 사유는 기본적 사실관계에 있어서 동일성이 인정된다고 하고(대법원 2004.11.26. 선고 2004두4482 판결), 자동차 매

3. 취소소송의 판결

(1) 판결의 종류

1) 각하판결과 기각판결, 인용판결

각하판결이란 요건 심리결과 소송요건의 결여로 인하여 본안의 심리를 거부하는 판결을 말한다. 각하판결은 취소청구의 대상인 처분의 위법성에 관한 판단은 아니므로 원고는 결여된 요건을 보완하여 다시 소를 제기할 수 있고, 아울러 법원은 새로운 소에 대해 판단하여야 한다. 기각판결이란 본안심리 결과 원고의 청구를 배척하는 판결을 말한다. 인용판결이란 원고의 청구가 이유 있음을 인정하여 처분 등의 취소·변경을 행하는 판결을 의미한다.

2) 사정판결

원고의 청구가 이유 있다고 인정하는 경우에도, 즉 처분 등이 위법한 경우에 처분 등을 취소하는 것이 현저히 공공복리에 적합하지 아니하다고 인정하는 때에는 법원은 원고의 청구를 기각할 수 있다(행정소송법 제28조 제1항 본문). 사정판결은 기각판결의 일종이다.[88] 사정판결은 공공복리의 유지를 위해 극히 예외적으로

매업 허가신청에 대한 거부처분을 하면서 제시한 처분사유인 기존 공동사업장과의 거리제한규정에 저촉된다는 사실과 피고 주장의 최소 주차용지에 미달한다는 사실은 기본적 사실관계를 달리하는 것(대법원 1995.11.21. 선고 95누10952 판결)이라 한다.

88) 사정판결의 주문은 다음과 같이 나온다(손해배상청구가 병합된 경우):
1. 원고의 청구를 기각한다.
2. 피고 서울시장이 2010년 11월 8일 원고에게 한 건축불허가처분은 위법하다.
3. 피고 서울시는 원고에게 금 1억원을 지급하라.
4. 원고의 피고 서울시에 대한 나머지 청구를 기각한다.
5. 소송비용은 피고들의 부담으로 한다.
6. 제3항은 가집행 할 수 있다.

『행정구제법』, 사법연수원(2007), 268면 변형.

인정된 제도인 만큼 그 적용은 극히 엄격한 요건 아래 제한적으로 하여야 한다. 법원이 사정판결을 하기 위해서는 원고가 그로 인하여 입게 될 손해의 정도와 배상방법, 그 밖의 사정을 미리 조사하여야 한다(동조 제2항). 사정판결시 법원은 그 판결의 주문에서 그 처분 등이 위법함을 명시하여야 한다(동조 제1항 단서). 이는 후행의 손해배상청구소송 등에 있어서는 위법성을 근거로 손해배상을 받을 수 있기 때문이다. 위법한 처분이 있었는데 공익을 위하여 기각판결을 한 것이므로 소송비용은 피고가 부담하여야 한다. 원고는 사정판결에 불복하면 물론 상고할 수 있다. 사정판결의 필요성은 피고가 입증하여야 한다. 당사자의 주장 또는 항변 없이 법원이 자발적으로 사정판결을 할 수는 없다고 보는 것이 다수설이지만 판례는 할 수 있다고 본다.[89]

(2) 판결의 효력

법원의 판결은 자박력,[90] 확정력,[91] 형성력,[92] 기속력,[93] 집행

---

89) 행정처분이 위법한 경우에는 이를 취소하는 것이 원칙이고, 예외적으로 그 위법한 처분을 취소·변경하는 것이 도리어 현저히 공공복리에 적합하지 아니하는 경우에는 그 취소를 허용하지 아니하는 사정판결을 할 수 있고, 이러한 사정판결에 관하여는 당사자의 명백한 주장이 없는 경우에도 기록에 나타난 여러 사정을 기초로 직권으로 판단할 수 있는 것이나, 그 요건인 현저히 공공복리에 적합하지 아니한지 여부는 위법한 행정처분을 취소·변경하여야 할 필요와 그 취소·변경으로 인하여 발생할 수 있는 공공복리에 반하는 사태 등을 비교·교량하여 판단하여야 한다(대법원 2001.1.19. 선고 99두9674 판결).

90) 법원이 판결을 선고하면 선고법원 자신도 판결의 내용을 취소·변경할 수 없게 되는 효력이다.

91) 형식적 확정력과 실질적 확정력이 있다. 형식적 확정력은 상고의 포기, 모든 심급을 거친 경우 혹은 상고 제기기간의 경과 등으로 인해 판결에 불복하는 자가 더 이상 판결을 상고로써 다툴 수 없게 되는 경우에 판결이 갖는 구속력을 의미한다. 불가쟁력이라고도 한다. 실질적 확정력은 판결이 형식적 확정력(불가쟁력)을 발생하게 되면 그 후의 절차에서 동일한 사항이 문제되는 경우에 당사자와 이들의 승계인은 기존 판결의 주문에 반하는 주장을 할 수 없을 뿐만 아니라 법원도 그것에 반하는 판단을 할 수 없는 구속을 받는 것을 의미한다. 기판력이라고도 한다. 형식적 확정력은 실질적 확정력의 전제요건

력[94] 등을 가진다.

(3) 위헌판결의 공고

행정소송에 대한 대법원판결에 의하여 명령·규칙이 헌법 또는 법률에 위반된다는 것이 확정된 경우에는 대법원은 지체 없이 그 사유를 행정안전부장관에게 통보하여야 한다. 이러한 통보를 받은 행정안전부장관은 지체 없이 이를 관보에 게재하여야 한다(행정소송법 제6조). 위헌·위법의 확정은 명령의 폐지가 아니라 적용거부인 것이므로, 일선행정기관에서는 여전히 위헌·위법의 명령규칙을 적용할 가능성이 있기 때문에 이를 공고할 필요가 있다. 이러한 공고제도는 더 이상 위헌인 명령·규칙에 의하여 국민의 권익침해를 받지 않도록 하는 예방적 취지에서 비롯된 것이다.

이 된다.

92) 취소판결이 확정되면 행정청에 의한 취소나 취소통지의 의사표시 내지 절차 없이 당연히 행정상 법률관계의 발생·변경·소멸의 효과를 가져온다. 이를 형성력이라 한다. 예컨대 A가 서울지방경찰청장을 상대로 제기한 운전면허 취소처분 취소청구소송에서 법원이 "서울지방경찰청장이 A에게 한 운전면허 취소처분을 취소한다"라는 청구 인용판결을 내리게 되면 그 판결만으로 운전면허취소처분은 취소되는 것이지 서울지방경찰청장이 판결에 근거하여 새로운 처분으로서 운전면허취소처분의 취소를 할 필요는 없는 것이다. 이러한 취소판결의 형성력은 소급하기 때문에 A는 원래부터 운전면허가 취소되지 않았던 것과 같다.

93) 당사자인 행정청과 관계행정청에 대하여 판결의 취지에 따라야 할 실체법상의 의무를 발생시키는 효력을 기속력이라 한다. 기속력은 소극적 관점에서의 기속력(반복금지효)과 적극적 관점에서의 기속력(재처분의무)이 있다. 취소판결의 기속력에 반하는 행위, 즉 취소판결에 반하는 행정청의 처분은 위법한 행위로서 무효이다.

94) 이행판결에서 명령된 이행의무를 강제집행절차로써 실현할 수 있는 효력을 집행력이라 한다. 행정소송법은 강제의 방법으로 행정소송법 제34조 제1항에서 간접강제제도를 도입하고 있다(행정청이 행정소송법 제30조 제2항의 규정에 의한 처분을 하지 아니한 때에는 제1심 수소법원은 당사자의 신청에 의하여 결정으로써 상당한 기간을 정하고 행정청이 그 기간 내에 이행하지 아니하는 때에는 그 지연기간에 따라 일정한 배상을 할 것을 명하거나, 즉시 손해배상을 할 것을 명할 수 있다).

(4) 소송비용

소송비용은 민사소송의 일반원칙에 따라 패소자가 부담한다. 단 취소청구가 사정판결의 규정에 의하여 기각되거나 행정청이 처분 등을 취소 또는 변경함으로 인하여 청구가 각하 또는 기각된 경우에는 소송비용은 피고의 부담으로 한다(행정소송법 제32조).

(5) 판결의 불복

판결에 대한 헌법소원은 원칙적으로 인정되지 않는다(헌법재판소법 제68조 제1항). 단 헌법재판소가 위헌으로 결정한 법령을 적용함으로써 국민의 기본권을 침해한 재판은 예외적으로 헌법소원이 인정된다.[95]

행정사건에 관한 행정법원 및 고등법원의 판결에 대하여 고등법원 및 대법원에 항소·상고할 수 있음은 헌법상 당연하다(헌법 제27조·제101조 제2항·제107조). 법원은 판결이 선고된 후 그 정본을 당사자에게 송달하는데, 판결에 불복이 있는 당사자는 판결서가 송달된 날부터 2주 이내에 항소장을 1심 법원에 제출하는 방식으로 항소할 수 있다.

취소소송의 확정판결은 제3자에 대하여도 효력이 있는 관계로(행정소송법 제29조 제1항), 처분 등을 취소하는 판결에 의하여 권리 또는 이익의 침해를 받은 제3자는 자기에게 책임 없는 사유로 소송에 참가하지 못함으로써 판결의 결과에 영향을 미칠 공격 또는 방어방법을 제출하지 못한 때에는 이를 이유로 확정된 종국판결에 대하여 재심을 청구할 수 있다(동법 제31조 제1항). 권리 또는 이익이 침해된 자란 법률상 이익이 침해된 자를 의미한다. 재심의 청구는 확정판결이 있음을 안 날로부터 30일 이내, 판결이 확정된 날로부터 1년 이내에 제기하여야 한다(동조 제2항). 동 기간

95) 헌재결 1997.12.24, 96헌마172, 173(병합).

은 불변기간이다(동조 제3항).

(6) 판결 이외의 소송의 종료 사유

1) 소의 취하

당사자가 소 또는 상소의 취하로 소송을 종료시킬 수 있다. 행정소송에 있어서도 처분권주의가 타당한 이상 소의 취하에 의하여 취소소송이 종료되는 것은 당연하다. 원고는 판결이 확정되기 이전에는 언제든지 소를 취하할 수 있다. 다만 민사소송법 제266조에 따라 상대방 피고가 본안에 관하여 준비서면을 제출하거나 변론준비기일에서 진술하거나 변론을 한 뒤에는 피고의 동의를 받아야 효력을 가진다. 취소소송은 제소기간의 제한이 있기 때문에 취하 후의 제소가 사실상 불가능 하므로 취하할 경우 소송이 종국적으로 종결되는 효과가 있어 원고의 소 취하에 피고가 부동의할 실익은 거의 없다. 행정소송에 민사소송인 관련청구가 병합되어 있는 경우, 기본이 되는 행정소송이 취하되면 병합된 민사소송을 각하하여야 한다는 견해도 있으나 별개 독립의 소로 취급하여 심리 판단하거나 관할법원으로 이송하여야 할 것이다.[96]

2) 청구의 포기, 인낙

청구의 포기란 원고가 자기의 소송상의 청구가 이유 없음을 자인하는 법원에 대한 일방적인 의사표시 이고 청구의 인낙이란 거꾸로 피고가 원고 청구의 이유 있음을 자인하는 법원에 대한 일방적인 의사표시이다. 행정소송법에는 이를 금지하는 명문의 규정이 없어 인정여부가 문제 된다. 분쟁의 자율적, 종국적 해결이라는 측면에서 이를 찬성하는 견해도 있다.[97] 하지만 ① 사적자

96) 사법연수원, 『행정구제법(2007)』, 257면.

97) 유지태, 『행정법신론』, 신영사(2005), 601면; 청구의 포기는 소송경제의 측면에서 허용하는 것이 유용하고 청구의 인낙은 대상소송물에 대해 당사자의 처분

치의 소송법적 표현인 민사소송의 처분권주의와 달리 행정소송에서의 처분권주의를 본안에 관한 처분의 자유까지 가지는 것으로 보는 것은 타당하지 않고, ② 행정청의 위법행위가 원고의 청구포기로 적법해 진다고 볼 수 없으며, ③ 일선 공무원의 부정과 편법을 조장할 우려도 있고, ④ 제3자에게도 판결의 효력이 미칠 수 있으며, ⑤ 공법상 법률관계를 당사자가 임의로 처분할 수 있다고 보아서는 안 된다는 측면에서 부정설이 타당하다. 부정설이 다수설이다. 실무에서는 소의 취하로 청구의 포기와 동일한 효과를 얻을 수 있고, 행정청이 직권으로 처분을 취소, 변경하고 원고가 소를 취하함으로서 청구의 인낙과 같은 결과를 가져올 수 있으므로 논의의 실익은 크지 않다.

3) 소송상 화해

소송상 화해는 소송계속중 당사자 쌍방이 서로의 양보에 의하여 소송을 종료시키기로 합의하는 것을 말한다. 2002. 7. 1부터 시행된 개정 민사소송법에 화해권고결정제도가 신설되었는데 행정소송법의 준용규정에 의하여 행정소송에서도 이러한 화해권고결정을 할 수 있는지 문제된다. 학설은 부정설과 긍정설로 나뉜다. 부정설은 청구의 포기와 인락을 인정할 수 없다는 주장과 근거가 같다. 긍정설의 경우는 제3자의 권리에 영향을 미치는 경우 관계인의 동의를 얻어야 하며, 법원의 화해권고안에 따라 이루어져야 한다는 등의 조건이 있다면 화해를 인정하는 것이 현실적으로 타당하다고 본다. 논리적으로는 부정하는 것이 타당할 것이나 실무적으로는 법원의 권고[98]에 따라 행정청이 계쟁처분을 직권으로

권에 의존하여도 법치행정의 원리와 모순되지 아니한다는 점을 논거로 한다.

98) 서울행정법원의 조정권고안 예시:

1. 원고는 20XX. 0. 0 원고에 대하여 한 영업정지 2개월의 처분을 영업정지 1개월의 처분[또는 과징금 0원의 처분]으로 변경 처분한다(단, 20XX. 0. 0부터 집행정지결정의 효력 개시일 전날인 20XX. 0. 0까지의 집행 기간은 위 1개월의

취소 또는 변경하고 원고가 소를 취하하는 소위 '사실상 화해'가 빈번하게 행해지고 있다. 독일 행정법원법의 경우는 소송상 화해의 규정을 명문으로 인정하고 있으며 우리나라도 행정소송법 개정안에는 소송상 화해에 관한 규정을 두고 있다.

4) 당사자의 소멸

원고가 사망하고 소송물을 승계할 자가 없는 경우에는 소송은 종료될 수밖에 없다. 성질상 승계가 허용될 수 없는 소송에서 원고가 사망한 경우도 소송은 종료한다. 반면 피고 행정청이 없게 된 때에는 그 처분 등의 사무가 귀속되는 국가 또는 공공단체가 피고로 소송을 승계해야하므로(행정소송법 제13조 제2항) 피고의 폐지 등으로 인한 소송의 종료는 있을 수 없다.

4. 취소소송 이외의 행정소송

(1) 무효등확인소송, 부작위위법확인소송

취소소송 이외에도 우리 행정소송법은 항고소송의 종류로 무효등확인소송과 부작위위법확인소송을 규정하고 있다. 무효등확인소송이란 행정청의 처분등의 효력 유무 또는 존재여부를 확인하는 소송을 말한다(행정소송법 제4조 제2호).[99] 부작위위법확인소송

영업정지 기간에 산입한다).
2. 원고는 피고가 위 변경처분을 하면 이 사건 소를 취하하고, 피고는 이에 동의한다.
3. 소송비용은 각자가 부담한다.
『행정소송의 이론과 실무』, 서울행정법원 실무연구회, 사법연구지원재단(2008), 192면; 실무에서의 이러한 조정권고는 원칙적으로 원고의 의사를 확인하여 조정권고에 응할 의사가 있는 경우에 하고 원고가 재판을 받기 원하는 의사를 명확히 한 경우에는 조정권고를 하지 않는다고 한다(같은 책, 189면).

99) 종래의 판례는 무효확인의 소에 있어서 법률상 이익은 원고의 권리 또는 법률상 지위에 현존하는 불안·위험이 있고, 그 불안·위험을 제거함에는 확인판결을 받는 것이 '가장 유효적절한 수단'일 때 인정된다고 하여 무효등확인

이란 행정청의 부작위가 위법하다는 것을 확인하는 소송을 말한다(행정소송법 제4조 제3호).[100]

(2) 무명항고소송

무명(無名)항고소송이란 행정소송법에 그 이름이 없는, 즉 법에 정한 바 없는 항고소송을 의미한다. 법정외(法定外)항고소송이라고도 한다. 이러한 관념에 의하면 행정소송법상 항고소송인 취소소송, 무효등확인소송, 부작위위법확인소송은 유명(有名)항고소송 또는 법정(法定)항고소송이라 할 수 있다. 판례는 무명항고소송을 부정한다. 판례에 따르면 오로지 우리의 행정소송은 법에 규정되어 있는 형태만 가능하다.[101]

소송을 보충적인 것으로 보았다. 그러나 대법원은 원고가 그 처분의 무효를 주장하여 부당이득반환청구소송을 제기하고 아울러 그 처분에 대하여 무효확인을 구하는 예비적 청구를 한 사건에서 판례를 변경하여 「무효확인소송의 보충성」이 요구되는 것은 아니라고 하여 입장을 변경하였다(2008.3.20. 선고 2007두6342 전원합의체 판결). 따라서 이제는 행정처분의 무효를 전제로 한 이행소송 등과 같은 직접적인 구제수단(예: A과세처분의 무효를 청구이유로 한 부당이득반환청구소송)이 있다고 하여도 그와 관계없이 무효확인소송(예: A과세처분 무효확인 청구소송)을 제기할 수 있게 되었다.

100) 부작위란 행정청이 당사자의 신청에 대하여 상당한 기간 내에 일정한 처분을 하여야 할 법률상 의무가 있음에도 불구하고 이를 하지 아니하는 것을 말한다(행정소송법 제2조 제1항 제2호). 부작위가 성립하기 위해서는 ① 당사자의 신청이 있을 것, ② 상당한 기간이 경과할 것, ③ 행정청에 일정 처분을 할 법률상 의무가 있을 것, ④ 행정청이 아무런 처분도 하지 않았을 것이 요구된다.

101) 판례의 태도에 대해 우리 헌법이 재판청구권 조항을 "법률상" 재판청구권으로 한정해 놓았기 때문에 현행 헌법의 해석상 어쩔 수 없다고 보기도 하며 권력분립의 원칙상 사법권의 부당한 간섭을 방지하기 위해 행정소송법을 엄격히 해석하여야 한다며 긍정적으로 평가하는 견해도 있다. 이러한 견해에서는 행정소송법상 항고소송 유형 규정을 열거규정으로 보게 된다. 하지만 절대 다수의 학설은 국민의 권리구제의 폭을 넓힌다는 측면에서 무명항고소송의 인정에 긍정적이다. 국민의 재판청구권을 넓게 해석하는 것이 타당하고, 행정소송법상 소송의 종류에 관한 규정은 열거규정이라 제한할 필요가 없다는 점, 소송형식의 인정은 학문과 판례에 의해서도 발전될 수 있다는 점 등을 고려할 때, 긍정설이 타당하다.

(3) 당사자소송

당사자소송이란 행정청의 처분 등을 원인으로 하는 법률관계에 관한 소송, 그 밖에 공법상의 법률관계에 관한 소송으로서 그 법률관계의 한쪽 당사자를 피고로 하는 소송을 말한다(행정소송법 제3조 제2호). 항고소송이 행정청이 우월한 지위에서 행하는 공권력의 행사·불행사와 관련된 분쟁의 해결을 위한 절차인 데 반해, 당사자소송은 민사소송과 같은 형식의 소송이다. 당사자소송을 공법상의 당사자소송이라 한다면 민사소송은 사법상의 당사자소송이라 할 수 있다. 당사자소송은 형식면에서는 민사소송과 다를 바 없으나 공법상의 법률관계를 소송의 대상으로 하는 까닭에 행정소송으로 이해되며 행정소송법도 당사자소송을 명시적으로 행정소송의 종류로 규정하고 있다.

제4장

형사소송절차

'형사절차'는 범죄 혐의에 의한 '수사단계'에서 시작하여 수사결과에 대한 기소여부를 결정하는 '공소제기 단계' 그리고 혐의 사실에 관한 유무죄를 판단하는 '공판 단계'를 거쳐서 확정된 판결을 집행하는 '형집행 단계'에 이르는 일련의 절차를 의미한다. '형사소송'이란 엄격한 의미에서는 이 중 공소제기 이후의 공판절차를 의미하지만, 실제로는 수사와 형의 집행절차를 포함하는 개념으로 흔히 사용되며,[1] 형사절차 전반을 규율하는 현행법 역시 그 명칭을 형사소송법이라고 하고 있다.

이러한 형사소송은 소송의 대상인 개별 사건에 대하여 객관적 진실을 밝혀야 한다는 '실체적 진실주의'의 요청과 함께 인간의 존엄과 가치를 인정하고 형사피고인의 기본적 인권을 보장하여야 한다는 '적법절차의 요청'을 양대 이념으로 하고 있다.[2]

---

1) 수사와 형의 집행절차를 포함하는 개념으로 형사소송이라는 용어를 사용하는 것은 형사절차가 소송의 형태에 의하여 진행된다는 것을 명백히 한 특수한 의미를 가진 것으로 이해할 수 있다고 한다[이재상, 『신형사소송법』, 박영사(2008), 4면].

2) 여기에 대하여 '신속한 재판의 원칙'을 또 다른 형사소송의 이념으로 드는 견해도 있다.

Ⅰ. 수사의 실시

1. 수사의 의의 및 조건

수사란 범죄의 혐의 유무를 명백히 하여 공소의 제기와 유지 여부를 결정하기 위하여 범인을 발견, 확보하고 증거를 수집, 보전하는 수사기관의 활동을 말한다.[3] 수사의 주체는 수사기관, 즉, 검사[4]와 사법경찰관리[5]로, 수사의 1차적 목적은 범죄 혐의의 유무를 밝히는 것이고, 2차적 목적은 공소제기와 공소유지 여부를 결정하는 것이며, 이를 위한 수단으로 범인을 발견하여 확인하고 증거를 수집, 보전하는 활동이 필요하다.

수사절차는 잠재적으로 대상자의 기본권을 침해할 가능성을 가지고 있으므로 수사를 개시하기 위해서는 수사의 필요성[6]과 수사

3) 대법원 1999.12.7. 선고 98도3329 판결.

4) 검사는 검찰권을 행사하는 국가기관으로 스스로의 이름으로 공권적 의사표시를 할 수 있는 단독관청이면서, 법원에 준하는 정도의 직무상 독립성을 가지는 준사법기관이다. 검사는 형사사건과 관련하여 '수사의 주체', '공소제기의 주체', '소송의 당사자', '재판의 집행기관'이라는 지위와 함께 '공익의 대표자'라는 지위에서 여러 가지 직무를 수행한다. 검찰 조직은 '검사동일체의 원칙'에 의해 운용되는데, 모든 검사는 검찰총장을 정점으로 하여 상하의 계층을 이루어 유기적 조직체로서 활동한다는 원칙으로 검찰권 행사의 전체적인 통일성과 효율성을 도모하기 위한 구조적 원칙이다.

5) 사법경찰관리는 검사의 지휘를 받아 수사를 보조하는 기관으로 사법경찰관(수사관, 경무과, 총경, 경정, 경감, 경위)과 사법경찰리(경사, 경장, 순경)로 나뉜다. 그리고 이런 일반사법경찰관리 외에도 삼림, 해사, 전매, 세무 등 특별한 사항에 대하여 사법경찰관리의 직무를 행하는 특별사법경찰관리가 있다. 검사와 사법경찰관리의 관계에 대하여 수사권 조정에 관한 다양한 논의가 계속되고 있지만, 현행법은 사법경찰관리가 범죄수사에 관한 검사의 직무상 명령에 복종하여야 한다고 규정하고 있다(검찰청법 제53조).

6) 수사의 필요성이란 범죄 혐의가 있고 소송 조건이 충족 될 가능성이 있어 국가가 수사권을 발동할 필요가 있음을 의미한다. 형사소송법 제199조는 "수사에 관하여 그 목적을 달성하기 위하여 필요한 조사를 할 수 있다"고 하여 수사의 필요성을 규정하고 있다.

의 상당성[7]이 요구된다.

2. 수사의 개시

형사소송법 제195조는 "검사는 범죄의 혐의 있다고 사료하는 때에는 범인, 범죄사실과 증거를 수사하여야 한다."고 하여 검사가 주관적 혐의를 가지게 되면 피의자[8]에 대한 수사가 개시[9]되도록 규정하고 있다. 주관적 혐의라고 하여 검사의 자의적인 판단을 의미하는 것은 아니고 적어도 구체적 사실에 근거를 둔 혐의일 것을 요한다. 이 때 수사기관이 주관적 혐의를 갖게 되는 원인을 '수사의 단서'라고 하는데, 수사의 단서는 종류를 불문하며 소문, 범죄신고, 신문보도 등 법률에 규정되지 않은 것도 가능하다. 형사소송법 및 특별법이 규정하고 있는 수사의 단서에는 다음과 같은 것들이 있다.

(1) 불심검문

불심검문이란 경찰관이 거동수상자 등[10]을 정지시켜서 질문하

---

7) 수사의 상당성이란 일반적으로 수사비례의 원칙과 수사의 신의칙을 그 내용으로 한다. 수사비례의 원칙이란 수사는 목적달성을 위하여 필요최소한도에 그쳐야 하고, 수사를 위해 침해되는 이익과 수사 활동에 의해 얻게 되는 이익이 균형을 이루어야 한다는 원칙이다. 그리고 수사의 신의칙이란 일반 국민의 보호가치 있는 신뢰를 해치는 수사 방법은 허용되지 않는다는 의미로 주로 '함정수사'의 허용 여부와 관련하여 문제된다.

8) 피의자란 공소제기 전에 수사기관의 범죄 혐의를 받아 수사의 대상이 된 자를 의미한다. 수사단계에서의 판단은 이후의 유무죄 판단에 결정적인 영향을 미치게 되므로 헌법과 형사소송법은 수사단계에서 피의자의 지위를 보장하기 위하여 진술거부권, 변호인의 조력을 받을 권리 등 다양한 방어권을 인정하고 있다. 이 후, 피의자가 검사의 공소 제기로 인하여 소추의 대상이 되면 그 때부터는 '피고인'의 지위를 가지게 된다.

9) 일반적으로 이를 입건(立件)이라고도 하는데, 이때부터 범죄혐의자가 정식 수사의 대상자인 피의자가 된다.

10) 수상한 거동 또는 기타 주위의 사정을 합리적으로 판단하여 어떠한 죄를 범

는 것(경찰관직무집행법 제3조 제1항)을 의미한다. 그리고 임의동행이란 그 장소에서 질문을 하는 것이 본인에게 불리하거나 교통에 방해가 된다고 인정되는 때에 질문을 위하여 부근의 경찰관서에 동행할 것을 요구하는 것[11]을 의미한다(경찰관직무집행법 제3조 제2항). 또한 불심검문과 함께 흉기 기타 물건의 소지 여부를 확인하기 위하여 휴대품을 조사하는 소지품검사도 가능하다(경찰관직무집행법 제3조 제3항).

(2) 변사자검시

변사자검시란 범죄의 결과로 발생한 사망인지를 판단하기 위하여 수사기관이 사체의 상황을 조사하는 것을 말한다(형사소송법 제222조).[12] 검시의 결과 범죄의 혐의가 인정되고 긴급을 요할 때에는 영장 없이도 검증이 가능하다(제222조 제2항).

(3) 고　　소

고소란 범죄의 피해자 또는 그와 일정한 관계가 있는 고소권자[13]가 수사기관에 범죄사실을 신고하여 범인의 처벌을 구하는

하였거나 범하려하고 있다고 의심할만한 상당한 이유가 있는 자 또는 이미 행하여진 범죄나 행하여지려고 하는 범죄행위에 관하여 그 사실을 안다고 인정되는 자를 말한다.

11) 이 경우 언제든지 당해인은 경찰관의 동행요구를 거절할 수 있고, 임의동행이 이루어진 경우라도 경찰관은 6시간을 초과하여 당해인을 경찰관서에 머물게 해서는 안된다.

12) 본장의 이하에서 별도로 법명이 표시되지 않은 것은 모두 「형사소송법」을 뜻한다.

13) 범죄로 인한 피해자(형사소송법 제223조), 피해자의 법정대리인(형사소송법 제225조 제1항), 피해자 사망시 피해자의 배우자, 직계친족 또는 형제자매(형사소송법 제225조 제2항), 피해자의 법정대리인이 피의자이거나 법정대리인의 친족이 피의자인 때에는 피해자의 친족(형사소송법 제226조), 사자명예훼손죄에 대하여는 그 친족 또는 자손(형사소송법 제227조), 친고죄에서 고소할 자가 없을 때 이해관계인의 신청이 있는 경우, 검사가 지정한 자(형사소송법 제228조)이다.

의사표시이다.

일반적으로 고소는 단순한 수사의 단서이지만, 친고죄에서는 공소제기의 조건이자 소송조건[14]이 된다. 친고죄의 고소기간은 범인을 알게 된 날[15]로부터 6개월 이내이고, 고소할 수 없는 불가항력의 사유가 있는 때에는 그 사유가 없어진 날부터 6개월 이내이다(제230조 제1항).

고소는 서면 또는 구술로 검사 또는 사법경찰관에게 하여야 한다(제237조 제1항). 그리고 검사 또는 사법경찰관이 구술에 의한 고소를 받은 때에는 조서를 작성하여야 한다(동조 제2항). 고소의 효력이 미치는 범위에 관하여는 '고소불가분의 원칙'[16]이 적용된다.

---

14) 소송조건이란 법원이 피고사건에 대한 형벌권의 존부를 심판하는 데에 구비되어야 할 조건을 의미하는 것으로 민사소송법상 소송요건과 유사하다. 소송조건은 공소제기의 적법요건이며, 실체적 심리와 재판의 조건이다. 법원이 항상 직권으로 조사하여야 할 소송조건이 절대적 소송조건(예)보통의 소송조건)이고, 당사자의 신청이 있으며 조사하는 것이 상대적 소송조건(예) 토지관할)이다. 또 소송의 절차면에 관한 사유가 소송조건이 되는 경우는 형식적 소송조건(예)법원의 재판권, 관할권, 친고죄의 고소 등)이고, 소송의 실체면에 관한 사유가 소송조건(예)확정판결의 부존재, 사면의 부존재, 공소시효의 미완성 등)이 되는 경우는 실체적 소송조건이다. 소송조건이 흠결된 경우는 사건의 실체 판단에 들어갈 수 없고, 형식적 재판(공소기각 판결 또는 결정, 관할위반의 판결, 면소판결)으로 종결시켜야 한다.

15) 범인을 알게 된 날에서의 '범인'은 정범 뿐 아니라 공범을 포함하고, '아는' 것은 단지 범죄사실을 아는 것뿐 아니라 범인이 누구인지를 어느 정도 특정할 수 있어야 한다.

16) 고소불가분의 원칙이란 친고죄에 있어서 고소의 효력이 미치는 범위에 관한 원칙이다. 우선 객관적 불가분의 원칙은 한 개의 범죄사실의 일부분에 대한 고소 또는 그 취소는 그 범죄 사실 전부에 대하여 효력이 발생한다는 원칙이다. 단순일죄에 대해서는 예외 없이 이 원칙이 적용되지만, 과형상 일죄의 경우, ① 각 부분이 모두 친고죄일 때에는 원칙이 적용되고 ② 각 부분이 모두 친고죄라도 피해자가 다를 때에는 원칙이 적용되지 않으며 ③ 일죄의 일부분만 친고죄인 때에는 비친고죄에 대한 고소의 효력이 친고죄에 미치지 않는다. 그리고 수죄에 대해서는 이 원칙이 적용되지 않는다. 다음으로 주관적 불가분의 원칙은 친고죄의 공범 중 1인 또는 수인에 대한 고소와 그 취소는 다른 공범자에 대하여 효력이 미친다는 원칙이다. 절대적 친고죄의 경우에는 언제나 이 원칙이 적용되지만 상대적 친고죄의 경우에는 비신분자에 대한 고소가 신분관계 있는 자에 대하여 효력을 미치지 아니한다.

고소의 취소는 범인에 대한 처벌 희망의 의사표시를 철회하는 소송행위로, 제1심판결 선고 전까지 가능하다(제232조 제1항). 고소를 취소할 수 있는 자는 고소를 한 자[17]이며 고소취소의 방식은 고소의 경우와 같다(제239조). 다만, 공소제기 이후의 고소취소는 수소법원에 대하여 할 수 있다. 그리고 고소의 취소에 의하여 고소권은 소멸하게 되므로 고소를 취소한 자는 다시 고소하지 못한다(제232조 제2항).

고소권의 포기란 친고죄의 고소기간 내에 장차 고소권을 행사하지 않겠다는 의사표시를 말한다. 그러나 우리 판례[18]는 고소권은 형사소송법상 부여된 공법상의 권리로 명문의 규정이 없는 한 자유로운 처분이 불허된다고 보아 고소권의 포기를 불허하는 입장이다.

(4) 고 발

고발이란 고소권자와 범인 이외의 사람이 수사기관에 대한 범죄사실을 신고하여 그 소추를 구하는 의사표시를 말한다. 일반적으로는 수사의 단서에 불과하나 관세법 또는 조세범처벌법위반의 경우에는 고발이 소송조건이 되는 경우가 있다.

누구든지 범죄가 있다고 사료되는 때에는 고발할 수 있다(제234조 제1항). 그리고 공무원은 그 직무를 행함에 있어 범죄가 있다고 사료하는 때에는 고발하여야 한다(동조 제2항).

고발과 그 취소의 절차 및 방식은 고소의 경우와 같다(제237조, 제238조, 제239조).

---

17) 고유의 고소권자는 대리권자가 제기한 고소를 취소할 수 있지만, 고소권자 본인이 한 고소를 대리권자가 취소할 수는 없다.

18) 대법원 1967.5.23. 선고 67도471 판결.

(5) 자 수

자수란 범인이 수사기관에 대하여 자신의 범죄사실을 신고하여 자신에 대한 처벌을 희망하는 의사표시를 말한다. 자수는 수사단서임과 동시에 양형상의 참작사유가 된다(형법 제52조 제1항).

3. 임의수사

임의수사란 강제력을 행사하지 않고 수사 대상자의 동의 내지 승낙을 얻어서 행하는 수사를 의미한다. 수사는 기본적으로 임의수사에 의하는 것이 원칙이다(임의수사의 원칙).[19] 그러나 임의수사라 하더라도 잠재적으로 수사 대상자의 기본권을 침해할 우려는 존재하므로 헌법 제12조 제1항이 규정한 '적법절차원칙'의 규율을 받는다.

(1) 피의자신문

피의자신문이란 검사 또는 사법경찰관이 수사에 필요한 때에 피의자의 출석을 요구하여 진술을 듣는 것을 말한다(제200조). 피의자신문은 임의수사의 한 방식이므로 원칙적으로 피의자는 수사기관의 출석에 응할 의무가 없고 언제든지 퇴거가 가능하다.[20]

피의자신문을 위해서는 우선, 수사기관의 피의자에 대한 출석요구가 이루어진다. 그리고 출석한 피의자에 대한 신문이 이루어지기 전에 검사 또는 사법경찰관은 피의자에게 진술거부권[21]을

---

19) 형사소송법은 제198조 제1항에 "피의자에 대한 수사는 불구속상태에서 함을 원칙으로 한다"고 하여 불구속수사 원칙을 규정하고 있다.

20) 그러나 체포영장 발부(제200조의2)의 요건으로 출석불응사유가 규정되어 있으므로 수사기관의 출석요구는 상당한 정도의 강제성을 가지는 것이 사실이다.

21) 진술거부권이란 형사상 자기에게 불리한 진술을 강요당하지 않을 권리로 헌법 제12조 제2항이 규정하고 있는 헌법상의 권리이다. 그 내용은 사전 고지되어야 하고, 고지 없이 얻어진 진술은 증거능력이 없으며, 이로 인한 불이익추

고지하여야 한다. 여기에는 ① 일체의 진술 또는 개별적 질문에 진술하지 않을 수 있다는 점, ② 진술을 하지 않더라도 불이익을 받지 않는다는 점, ③ 진술거부권을 포기하고 한 진술은 법정에서 유죄의 증거로 사용될 수 있다는 점, ④ 변호인의 조력을 받을 권리가 있다는 점이 포함되어야 한다(제244조의3). 피의자신문에 들어가면 검사 또는 사법경찰관은 피의자를 신문하면서 성명, 연령, 등록기준지와 주거, 직업 등을 물어 피의자 본인이 맞는지를 확인하여야 한다(제241조, 인정신문). 이후, 검사 또는 사법경찰관은 범죄사실과 정상에 관하여 필요한 사항을 신문하는데, 이때 피의자에게 이익이 되는 사실을 진술할 기회도 제공하여야 한다(제242조). 또한 사실 확인을 위하여 필요하다고 인정되는 때에는 피의자와 제3자를 대질[22]하게 할 수도 있다(제245조).

피의자신문단계에서 변호인의 참여권에 관하여 종래 논의[23]가 있어왔으나, 현행 형사소송법은 피의자 측의 신청에 의한 변호인의 접견권과 참여권을 보장하고 있다(제243조의2). 그러나 변호인의 참여권이 보장된다고 하여 변호인이 신문 과정 전체에 일일이 개입할 수 있는 것은 아니며, 원칙적으로 신문 후에 의견을 진술할 수 있다. 그러나 신문 중이라도 부당한 신문방법에 대하여는 이의를 제기할 수 있고, 검사 또는 사법경찰관의 승인이 있으면 의견의 진술도 가능하다(제243조의2 제3항).

피의자신문에서 이루어진 진술은 피의자신문조서에 기재되어야 하고, 수사기관은 기재된 내용을 피의자가 확인하도록 해야 하며,

---

정은 금지된다.

22) 대질이란 피의자와 다른 증인을 서로 대면시켜서 같은 시간에 신문하는 것을 말한다.

23) 과거 학설상의 논의가 계속 되다가 소위 송두율 사건에서 헌법재판소(헌법재판소 2004.9.24. 결정 2000헌마138 결정)와 대법원(대법원 2003.11.11. 선고 2003모402 판결)은 피의자신문시 변호인참여권을 인정하였고, 2007년 형사소송법 개정에서는 변호인참여권이 입법화되었다.

진술한 대로 기재되지 아니하였거나 사실과 다른 부분의 유무를 물어 피의자의 이의제기나 의견 등이 있으면 이를 조서에 추가로 기재하여야 한다(제244조 제1항, 제2항). 그리고 더 이상의 이의제기나 의견 등이 없으면 피의자는 그 취지를 자필로 기재하고 조서에 간인한 후 기명날인 또는 서명하여야 한다(동조 제3항).

한편 피의자신문시 피의자 진술에 대하여는 영상녹화가 가능한데, 영상녹화시에는 피의자에게 영상녹화사실을 알려준 후, 조사의 개시부터 종료의 전과정 및 객관적 정황을 모두 녹화하여야 한다(제244의조2). 이렇게 작성된 영상녹화물은 이후 피고인이 검사작성의 피의자신문조서에 대하여 진정성립을 부인하는 경우[24]에 이를 증명하는 객관적 증명방법으로 활용된다(제312조).

(2) 참고인조사

참고인조사란 검사 또는 사법경찰관이 수사에 필요한 때에 피의자 아닌 자의 출석을 요구하여 진술을 듣는 것이다(제221조). 참고인은 재판에서의 증인과는 달리 과태료의 부과나 구인 등의 제재가 가해지지 않으므로, 참고인조사는 임의수사의 한 방법이라고 할 수 있다. 참고인조사의 방법과 조서의 작성은 피의자신문의 절차에 준한다(제48조). 단, 참고인은 자기부죄금지의 특권[25]을 가지는 당사자가 아니므로 진술거부권의 고지는 불필요하다.

---

24) 검사 작성의 피의자신문조서가 증거능력을 인정받으려면 피고인의 진술에 의하여 진정성립이 인정되어야 한다. 따라서 피고인이 공판정에서 부인해 버리면 검사 작성의 피의자신문조서는 증거능력이 없게 되고(대법원 2004.12.16. 선고 2002도537 전원합의체 판결), 이는 피의자신문의 무용화 또는 수사기관의 무력화를 조장할 위험이 있다. 따라서 개정 형사소송법은 영상녹화물 등 객관적 방법에 의하여 증명이 된다면 검사 작성 피의자신문조서의 진정성립이 인정될 수 있도록 규정하였다.

25) 형사사건에서 자신에게 불리한 내용을 진술할 것을 강요당하지 않을 권리로 진술거부권이 인정되는 이론적 근거이다.

(3) 기 타

수사기관이 강제력을 사용하지 않고 행할 수 있는 그 밖의 수사방법으로는 실황조사, 사실조회, 감정·통역·번역의 위촉 등을 들 수 있다.

실황조사란 수사기관이 범죄현장 또는 기타 장소에서 실제 상황을 조사하는 활동을 말한다. 이는 영장을 필요로 하는 법원 또는 수사기관의 '검증'과는 달리 임의수사의 한 방법이다.

사실조회란 수사에 관하여 공무소 기타 공사단체에 조회하여 필요한 사항의 보고를 요구하는 것(제199조)으로 조회를 받은 상대방에게 보고를 강제할 수 없다는 점에서 임의수사의 한 종류이다. 전과조회와 신원조회가 그 대표적인 예이다.[26)]

감정·통역·번역의 위촉이란 검사 또는 사법경찰관이 수사에 필요한 경우 수사와 관련된 특정 내용에 관하여 감정, 통역, 번역을 의뢰하는 것이다(제221조). 이는 의뢰받은 감정인, 통역인, 번역인은 이를 수락할 의무가 없고, 출석하여도 언제든지 퇴거할 수 있다는 면에서 임의수사의 한 유형이다.

4. 강제수사

임의수사와 달리 강제수사는 강제력을 사용한 국가의 공권적 처분인 강제처분에 의한 수사방법이다. 따라서 위법수사로 인한 국민의 인권 침해에 대한 위험성을 방지하고자 헌법과 형사소송법은 강제처분은 반드시 법률의 근거가 있는 때에만 허용하고(제199조 제1항, 강제수사법정주의), 법률에 규정되어 있는 경우라도 필요최소한의 범위로 제한되어야 하며(제199조 제1항, 수사비례의 원

---

26) 과거 임의수사 중 사실조회의 한 종류로 인식되어 오던 통신사실확인자료제공 요청은 통신비밀보호법에 의하여 강제수사로 전환되었다.

칙), 강제처분의 남용 방지와 적법절차의 보장을 위하여 법관 또는 법원이 발부한 영장에 의할 것(헌법 제12조 제3항, 영장주의)을 규정하고 있다

(1) 체　　포

체포란 죄를 범하였다고 의심할 상당한 이유가 있는 경우에 단시간 동안 피의자의 신체를 일정한 장소에 확보하여 두는 제도이다. 체포에는 영장에 의한 통상체포(제200조의2)와 영장 없이 할 수 있는 긴급체포(제200조의3) 그리고 현행범체포(제212조)가 있다.

1) 영장에 의한 체포

영장에 의한 체포(제200조의2)를 위해서는 '범죄혐의의 상당성'과 '체포의 사유' 및 '체포의 필요성'이 요구된다. 범죄혐의의 상당성이란 피의자가 죄를 범하였다고 의심할만한 상당한 이유가 있음을 의미하는 것으로 유죄판결을 위한 혐의의 정도 보다는 낮지만 피의자가 구체적인 범죄를 범하였다고 볼 만한 고도의 개연성 정도는 인정되어야 한다. 체포의 사유란 정당한 이유 없이 수사기관의 출석요구에 응하지 아니하거나 응하지 않을 우려가 있는 경우를 말한다. 그리고 체포의 사유가 존재한다면 명백하게 체포의 필요성이 부정되는 경우를 제외하고 영장을 발부하여야 할 필요성이 인정된다.

체포영장은 검사의 청구에 의하여 관할지방법원의 판사가 발부하며, 체포영장의 집행에는 구속영장의 집행에 관한 규정이 준용된다(제200조의2 제1항). 그리고 체포영장을 집행 한 후 수사기관이 계속해서 피의자를 구인하려면 48시간 이내에 구속영장을 청구하여야 하고, 이 시간 내에 구속영장이 청구되지 않는다면 즉시 피의자를 석방하여야 한다(제200조의2 제5항).

2) 긴급 체포

긴급체포란 중대한 죄를 범하였다고 의심할 만한 상당한 이유가 있고, 체포의 필요성과 긴급성이 인정되는 경우에 수사기관이 법관의 체포영장을 발부받지 않고 피의자를 체포할 수 있는 제도이다(제200조의3). 영장주의를 관철함으로써 중대한 범죄를 범한 범인을 놓치는 결과를 방지하기 위하여 영장주의의 예외를 인정한 것이다. 긴급체포의 요건으로는 '범죄의 객관적 혐의 및 중대성', '체포의 필요성' 및 '체포의 긴급성'이 요구된다. 우선, 헌법상 비례성 원칙에 따른 혐의의 중대성이 요구되는데, 중대성은 사형, 무기, 장기 3년 이상의 징역이나 금고에 해당하는 범죄인 경우에 인정된다. 또한 체포의 필요성으로 구속사유(제70조)가 존재할 것이 요구되는 바, 이는 영장에 의한 체포가 아닌 점을 고려하여 그 요건을 엄격하게 요구한 것이라고 할 수 있다. 그리고 체포의 긴급성은 체포영장을 받기 위하여 시간을 지체하면 피의자에게 수사기관으로의 출석요구를 기대할 수 없어 체포가 불가능하게 되거나 현저히 곤란하게 되는 상황을 의미한다.

긴급체포시 수사기관은 피의자에게 영장을 받을 수 없는 사유를 알리고 체포하여야 하고, 사법경찰관의 경우에는 즉시 검사의 승인을 받아야 한다(제200조의3 제2항). 그리고 긴급체포가 이루어진 후에는 긴급체포서를 작성하여야 한다(제200조의3 제3항). 긴급체포의 경우에도 수사기관이 계속해서 피의자를 구인하려면 48시간 이내에 구속영장을 청구하여야 하며, 이 때 긴급체포서를 첨부하여야 한다(제200조의4 제1항). 만약 48시간 이내에 구속영장을 청구하지 아니하거나 발부받지 못한 때에는 피의자를 즉시 석방해야 한다(제200조의4 제2항). 긴급체포된 피의자를 석방한 경우에는 석방된 날로부터 30일 이내에 법원에게 긴급체포 및 석방에 관한 내용을 통지하여야 한다(제200조의4 제4항).

3) 현행범인의 체포

현행범인의 체포는 범죄의 실행중 또는 실행 직후인 현행범인 또는 현행범인으로 간주되는 자[27]에 대하여 누구든지 법관의 체포영장을 발부받지 않고 피의자를 체포할 수 있는 제도이다(제211조). 현행범인의 경우 범죄의 혐의가 명백하여 수사기관의 권한남용의 우려가 적을 뿐 아니라 수사의 필요성이 강력하게 요구되는 경우이므로 영장주의의 예외를 인정한 것이다. 다만, 수사의 비례성 원칙을 반영하여 다액[28] 50만원 이하의 벌금, 구류 또는 과료에 해당하는 경미한 죄의 현행범인에 대하여는 범인의 주거가 분명하지 아니한 때에 한하여 현행범체포가 가능하다(제214조).

현행범인의 경우 수사기관 뿐 아니라 사인도 체포가 가능하다는 점에 특색이 있는데, 사인이 체포한 경우에는 즉시 검사 또는 사법경찰관리에게 인도하여야 한다(제213조). 그리고 현행범인 체포의 경우에도 긴급체포 규정에 의하여 구속영장을 청구하여야 한다(제213조의2).

(2) 구　　속

구속이란 피의자 또는 피고인의 신체의 자유를 제한하는 대인적 강제처분으로서 구인[29]과 구금[30]을 포함한다(제69조). 구속은 피

---

27) 형사소송법 제211조 ② 다음 각호의 1에 해당하는 자는 현행범인으로 간주한다.
1. 범인으로 호창되어 추적되고 있는 때
2. 장물이나 범죄에 사용되었다고 인정함에 충분한 흉기 기타의 물건을 소지하고 있는 때
3. 신체 또는 의복류에 현저한 증적이 있는 때
4. 누구임을 물음에 대하여 도망하려 하는 때.

28) 법정형이 '일정액 이상 일정액 이하'라고 규정되어 있을 때, 일정액 이하의 부분이 '다액'이 되고, '일정기간 이상 일정기간 이하'라고 규정되어 있을 때, 일정기간 이하의 부분이 '장기'가 된다.

29) 구인이란 피의자 또는 피고인을 강제력에 의하여 법원, 교도소, 구치소 또는 경찰서의 유치장에 데려오는 강제처분을 말한다.

의자 및 피고인의 출석을 보장하고, 증거인멸을 방지하며, 형벌의 집행을 확보하기 위하여 인정된 제도이다.

구속의 요건으로는 '범죄혐의의 상당성'과 '구속사유'가 요구된다. 구속사유는 주거불명, 증거인멸의 우려, 도망 또는 도망의 우려 중 한 가지 이상에 해당하는 것이다(제70조 제1항). 또한 구속사유를 심사할 때에는 범죄의 중대성, 재범의 위험성, 피해자 및 중요 참고인 등에 대한 위해 우려 등을 고려하여야 한다(제70조 제2항). 또한 수사의 비례성 원칙을 반영하여 다액50만원 이하의 벌금, 구류 또는 과료에 해당하는 사건에 관하여는 주거가 분명하지 아니한 때 한하여 구속할 수 있다(제70조 제3항).

구속의 절차는 크게 구속영장의 발부 단계, 구속전피의자심문(영장실질심사)단계, 구속영장의 집행 단계로 나누어 볼 수 있다. 구속영장은 검사가 관할지방법원에 청구하며, 검사는 구속영장 청구시 구속의 필요를 인정하는 자료를 함께 제출한다(형사소송법 제201조 제1항, 제2항). 그리고 일단 구속영장의 청구가 있으면, 법원은 구속전피의자심문절차(영장실질심사)를 실시하게 된다. 구속전피의자심문제도란 구속영장을 청구 받은 판사가 피의자를 직접 심문하여 구속사유의 존부를 심리, 판단하는 제도이다(제201조의2). 이 제도는 체포된 피의자를 예외 없이[31] 신속하게 법관에게 인치[32]하고 이들의 청문권을 보장하여 이후 석방 여부를 결정하는 것을 내용으로 한다. 법원은 체포된 피의자에 대하여는 즉시, 체포되지 않은 피의자에 대하여는 구인을 위한 구속영장을 발부하여 구인 후, 심문기일을 지정하여 통지하고, 심문기일에 심문을 실시한다(제201조의2 제3항). 법원이 구속전 피의자심문을 실시하

30) 구금이란 피의자 또는 피고인을 강제력에 의하여 구치소 또는 교도소에 감금하는 강제처분을 말한다.

31) 과거에는 임의적 피의자심문제도였으나 2007년 형사소송법 개정시 필요적인 절차로 전환하였다.

32) 인치란 강제력을 행사하여 일정 장소로 데려오는 것을 의미한다.

는 경우에는 심문의 요지 등을 조서로 작성하여야 한다(제201조의 2 제6항). 구속영장 발부의 기각에 대하여는 항고, 재항고가 허용되지 않는다는 것이 판례[33]의 태도이지만, 구속영장의 재청구는 가능하다.

사법경찰관은 구속시로부터 10일 이내에 검사에게 인치하여야 하고(제202조), 검사는 사법경찰관으로부터 인치 받은 날로부터 10일 이내에 공소를 제기하여야 하는데(제203조), 지방법원판사의 허가를 얻는 경우에는 10일을 초과하지 않는 한도 내에서 1회에 한하여 구속기간을 연장할 수 있다(제205조). 한편, 피고인의 경우 구속기간은 2개월이며(제92조 제1항), 구속을 계속할 필요가 있는 경우에는 심급마다 2개월 단위로 2차에 한하여(상소심의 경우, 부득이하면 3차까지) 갱신할 수 있다(제92조 제2항).

(3) 체포·구속된 이후의 권리

체포·구속된 피의자 또는 피고인은 형사절차의 목적 달성을 위하여 신체의 자유를 제한 받고 있지만, 그 제한은 필요 최소한의 것으로 한정되어야 한다. 또한, 피의자 및 피고인의 인권 보호를 위하여 변호인과의 접견교통권, 체포구속적부심사청구권, 보석청구권 등의 보장이 이루어져야 한다.

그리고 일단 석방된 피의자에 대하여는 일정한 경우, 재체포와 재구속이 제한[34]된다.

1) 접견교통권

접견교통권이란 헌법상 변호인의 조력을 받을 수 있는 권리(헌법

33) 대법원 2006.12.18.자 2006모646 결정.

34) 긴급체포 후 구속영장을 청구하지 않거나 발부받지 못하여 석방된 경우, 영장 없이 동일한 범죄사실에 관하여 체포하지 못한다(제200조의4 제3항). 또 검사 또는 사법경찰관에 의하여 구속되었다가 석방된 자는 다른 중요한 증거를 발견한 경우를 제외하고는 동일한 범죄사실에 대하여 재차 구속하지 못한다(제208조 제1항).

제12조 제4항)에 근거하여 체포·구속된 피의자 또는 피고인이 변호인 등 타인과 접견하고, 서류 또는 물건을 수수하며, 의사의 진료를 받을 수 있는 권리이다. 우리 법은 비변호인과의 접견교통권은 증거인멸 등의 우려를 이유로 일정 범위 내[35]에서만 인정하고 있지만, 변호인과의 접견교통권은 제한 없이 보장하고 있다. 접견교통권을 침해당한 경우에는 준항고(제417조), 보통항고(제402조)[36]로 구제받을 수 있으며, 이 때 얻어진 증거는 증거능력이 없다.

2) 체포구속적부심사

체포구속적부심사제도란 수사기관에 의하여 체포·구속된 피의자에 대하여 사후적으로 법원이 체포 구속의 적부와 그 계속의 필요성을 심사하여 그 체포 구속이 부적법, 부당한 경우에 피의자를 석방시키는 제도를 말한다(제214조의2).

체포구속적부심사의 청구권자는 체포 또는 구속된 피의자 또는 그 변호인, 법정대리인, 배우자, 직계친족, 형제자매나 가족, 동거인 또는 고용주이며 여기에는 이미 공소가 제기된 피고인은 해당되지 않는다(제214조의3 제1항). 다만 전격기소[37]의 폐해를 방지하고자 형사소송법은 체포구속적부심사청구 후 검사가 공소를 제기하더라도 피고인의 지위에서 적부심의 판단을 받을 수 있도록 규정하고 있다(제214조의2 제4항).

---

35) 형의집행및수용자의처우에관한법률 제41조(접견) ① 수용자는 교정시설의 외부에 있는 사람과 접견할 수 있다. 다만, 다음 각 호의 어느 하나에 해당하는 사유가 있으면 그러하지 아니하다.
1. 형사 법령에 저촉되는 행위를 할 우려가 있는 때
2. 형사소송법이나 그 밖의 법률에 따른 접견금지의 결정이 있는 때
3. 수형자의 교화 또는 건전한 사회복귀를 해칠 우려가 있는 때
4. 시설의 안전 또는 질서를 해칠 우려가 있는 때.

36) 항고에 관한 설명은 Ⅲ. 상소절차 1. 상소절차 중 (4) 항고에서 후술한다.

37) 체포·구속된 피의자측이 적부심사를 청구하여 법원이 적부심사에 들어간 상황에서 검사가 공소를 제기하는 것을 말한다.

법원은 청구서가 접수된 때부터 48시간 이내에 체포 또는 구속된 피의자를 심문하고, 수사관계서류와 증거물을 조사하고(제214조의2 제4항), 이 절차가 종료된 때로부터 24시간 이내에 청구에 대하여 결정하여야 한다(형사소송규칙 제106조). 청구가 이유 없다고 인정한 때에는 결정으로 이를 기각하고, 이유 있다고 인정한 때에는 결정으로 체포 또는 구속된 피의자의 석방을 명하여야 하는데, 이 결정에 대하여는 항고할 수 없다.

법원이 피의자를 심문하는 경우에는 구속전 피의자심문의 조서에 준하여 조서를 작성하여야 한다(제214조의2 제14항).

3) 보증금납입조건부 피의자석방제도(피의자보석)

보증금납입조건부 피의자석방제도[38]란 피의자의 체포구속적부심의 청구가 있는 경우에 한하여 법원이 보증금납입을 조건으로 구속된 피의자를 석방하는 제도를 말한다(제214조의 2 제5항). 피고인보석[39]과 달리 피의자보석은 청구에 의한 보석은 인정되지 않으며 체포구속적부심사 청구시 법원의 직권에 의한 보석만 가능하다.

피의자석방의 제외사유로는 증거를 인멸할 염려가 있다고 믿을

38) 본래적 의미의 보석은 피고인에게 허용되는 것이다.

39) 피고인보석은 일정한 보증금의 납부를 조건으로 구속된 피고인을 석방하는 제도이다. 종류로는 피고인의 청구유무에 따라 청구보석과 직권보석이 있고, 법원의 재량유무에 따라 필요적 보석과 임의적 보석이 있다. 기본적으로 보석 청구가 있는 경우, 필요적 보석이 원칙이며, 피고인이 사형, 무기 또는 장기 10년이 넘는 징역이나 금고에 해당하는 죄를 범한 때, 피고인이 누범에 해당하거나 상습범의 죄를 범한 때, 피고인이 죄증을 인멸, 인멸할 염려 또는 도망, 도망할 염려가 있다고 믿을 만한 충분한 이유가 있는 때, 피고인의 주거가 불명할 때, 피고인이 피해자, 증인 등을 위협할 염려가 있다고 믿을 충분한 이유가 있을 때에는 필요적 보석에서 제외된다(제95조). 그러나 필요적 보석의 제외사유에 해당하더라도 법원은 결정으로 보석을 허가할 수 있다(제96조). 보석의 조건에는 보증금 납입 외에도 서약서와 출석보증서의 제출, 피해금액의 공탁, 주거 제한 등의 조건이 있다(제98조).

만한 충분한 이유가 있는 때 또는 피해자, 당해 사건의 재판에 필요한 사실을 알고 있다고 인정되는 자 또는 그 친족의 생명·신체나 재산에 해를 가하거나 가할 염려가 있다고 믿을만한 충분한 이유가 있는 때이다(제214조의2 제5항).

보증금납입을 조건으로 피의자를 석방하는 경우, 법원은 주거의 제한, 법원 또는 검사가 지정하는 일시·장소에 출석할 의무 기타 적당한 조건을 부가할 수 있다(제214조의2 제6항).

법원은 석방된 피의자를 재체포, 재구속 사유로 재차 구속하거나 공소제기 후 동일한 범죄사실에 관하여 재차 구속할 때에는 보증금을 임의적으로 몰수한다(제214조의4 제1항). 또 석방된 자가 동일한 범죄사실에 관하여 형의 선고를 받고 그 판결이 확정된 후, 집행하기 위한 소환을 받고 정당한 이유 없이 출석하지 아니하거나 도망한 때에는 보증금을 필요적으로 몰수한다(제214조의4 제2항).

(4) 압수, 수색

압수란 수사기관이 물건의 점유를 취득하기 위하여 행하는 강제처분으로 종류에는 압류,[40] 영치,[41] 제출명령[42]이 있다(제106조). 그리고 수색이란 수사기관이 압수할 물건이나 피의자를 발견할 목적으로 사람의 신체, 물건 또는 장소에 대하여 행하는 강제처분을 말한다(제109조).

압수의 대상은 증거물과 몰수할 것으로 사료되는 물건이고, 수색의 대상은 피고인의 신체, 물건 또는 주거 기타의 장소이다.

압수·수색은 공판정에서 법원이 행하는 압수·수색을 제외하

---

40) 압류란 강제력을 사용하여 유체물의 점유를 수사기관 또는 법원에 이전하는 강제처분이다.

41) 영치란 소유자가 임의로 제출한 물건이나 유류물을 계속하여 점유하는 것이다.

42) 제출명령이란 일정한 물건의 제출을 명하는 강제처분이다.

고는 검사가 지방법원판사에게 청구하여 발부받은 압수·수색 영장에 의하여야 한다(제113조). 압수수색영장은 검사의 지휘에 따라 사법경찰관리가 집행하며, 필요한 경우 재판장이 법원사무관 등에게 그 집행을 명할 수 있다(제115조 제1항, 제219조). 압수·수색 시에는 처분 상대방에게 반드시 영장을 제시하여야 하며, 영장 집행 중에는 타인의 출입을 금할 수 있다(제118조, 제119조). 압수·수색으로 인한 타인의 권리침해를 방지하고자 형사소송법은 압수·수색 영장 집행 시 타인의 비밀을 지키고, 처분 대상자의 명예를 다치지 않도록 할 것(제116조), 당사자 및 책임자에게 통지하고 그들을 참여시킬 것(제121조, 제122조), 여자의 신체 수색시 성년 여성을 참여시킬 것(제124조), 그리고 야간집행을 제한 할 것(제125조)을 규정하고 있다. 압수·수색 영장집행 후에는 증명서 및 압수목록을 작성하여 교부하여야 한다(제128조, 제129조).

압수물은 압수한 법원 또는 수사기관의 청사에서 보관하는 것이 원칙이다. 그러나 운반 또는 보관이 불편한 압수물은 위탁보관이 가능하며, 위험발생의 염려가 있는 압수물은 폐기할 수 있다(제130조). 그리고 몰수하여야 할 압수물로서 멸실·파손·부패 또는 현저한 가치 감소의 염려가 있거나 보관하기 어려운 압수물은 매각하여 대가를 보관할 수 있다(제132조).

압수의 근거가 사라지거나[43] 압수계속의 필요성이 없어진 경우에는 압수물을 종국적으로 소유자 또는 제출인에게 반환하여야 하는데 이를 압수물의 환부라고 한다(제133조 제1항). 환부는 법원 또는 수사기관의 결정에 의한 것으로 소유자 등의 청구는 필요로 하지 않는다. 한편, 압수의 효력은 존속시키면서도 압수물을 잠정적으로 환부하는 것을 압수물의 가환부라고 한다. 가환부의 대상

43) 긴급체포 또는 현행범체포시 체포현장에서 압수한 물건 또는 긴급체포된 자가 소유, 소지, 보관하는 물건에 대하여 사후에 구속영장을 발부받지 못하는 경우가 이에 해당한다.

은 증거로 사용할 목적의 압수물 중 사용자가 계속 사용하여야 할 물건으로, 가환부 시에는 사진촬영 기타 원형보존의 조치를 취해야 한다(제133조 제2항). 환부, 가환부에 대한 법원의 결정에 대하여는 항고, 준항고를 제기할 수 있고, 수사기관의 결정에 대하여는 수사기관의 관할법원 또는 검사의 소속검찰청에 대응한 법원에 결정의 취소 또는 변경을 구할 수 있다.

(5) 검증, 감정

검증이란 수사기관이 사람, 장소, 물건의 성질, 형상을 오관의 작용에 의하여 직접 인식하는 강제처분이다. 법원이 행하는 검증은 증거조사의 한 방법으로 이루어져서 영장을 필요로 하지 않지만, 수사기관이 행하는 검증은 증거를 수집, 보전하기 위한 강제처분이므로 원칙적으로 영장에 의하여야 한다(제215조).

한편 감정이란 특별한 전문지식이 있는 수사기관 이외의 제3자가 그 전문지식을 적용하여 일정한 사실판단을 하는 것이다(제221조). 검사가 감정을 위촉하는 경우에 감정유치처분[44]이 필요하면 판사에게 감정유치를 청구하고, 판사가 청구의 상당성을 인정한 경우에는 감정유치장을 발부하여 감정유치처분을 하게 된다(제221조의3). 수사기관으로부터 감정을 위촉받은 자는 감정에 관하여 필요한 때에는 판사의 허가를 얻어 타인의 주거, 간수자가 있는 가옥, 건조물, 항공기, 선차 안에 들어갈 수 있고, 신체검사, 사체해부, 분묘도굴, 물건파괴의 행위를 할 수 있다(제221조의4 제1항).

(6) 판사에 대한 강제처분의 청구 – 증거보전청구, 증인신문청구

판사에 대한 강제처분의 청구란 공판정에서 법원이 증거조사를 할 때까지 기다리면 이미 확보된 증거를 사용할 수 없거나 곤란

---

44) 감정유치처분이란 감정을 위하여 일정한 기간 동안 병원 기타 장소에 피의자를 유치하는 강제처분이다.

해지는 경우에, 절차의 당사자가 판사에게 수사절차상 증거의 보전을 위한 처분을 청구하는 제도로, 증거보전청구(제184조)과 증인신문청구(제221조의2)가 있다.

증거보전청구는 미리 증거를 보전하지 아니하면 그 증거를 사용하기 곤란한 사정이 있는 때 제1회 공판기일전에 판사에게 압수, 수색, 검증, 증인신문 또는 감정을 청구하는 것이다(제184조 제1항). 제1회 공판기일 전에 증거보전청구가 있더라도 일단 공판기일이 열리면 증거보전절차는 더 이상 허용되지 않는다. 증거보전의 청구권자는 검사, 피고인, 피의자 또는 변호인이고, 청구의 상대방은 압수물건의 소재지, 수색, 검증할 장소, 신체, 물건의 소재지, 감정대상의 소재지 또는 현재지를 관할하는 지방법원판사이다. 증거보전의 청구에 대하여 판사는 청구가 적법하고 필요하다고 인정하면 증거보전을 하여야 한다. 이 때 판사는 법원 또는 재판장과 동일한 권한을 가진다(제184조 제2항). 증거보전에 대하여 압수한 물건 또는 작성한 조서는 증거보전을 한 판사가 소속된 법원에 보관하며, 검사, 피고인, 피의자, 변호인은 판사의 허가를 얻어 이를 열람, 등사할 수 있다(제185조).

증인신문청구는 범죄의 수사에 없어서는 안 될 사실을 안다고 명백히 인정되는 참고인이 출석 또는 진술을 거부한 경우에 검사가 제1회 공판기일전에 판사에게 증인신문을 청구하고 그 증언을 보전하기 위한 절차이다(제221조의2 제1항). 증거보전과 달리 증인신문은 검사만이 청구할 수 있다. 청구의 상대방은 증인의 주거지 또는 현재지를 관할하는 지방법원의 판사로 검사의 청구가 적법하고 요건을 갖춘 것이면 의무적으로 증인신문을 실시하여야 한다. 이 때 증인신문을 행하는 판사는 증인신문에 관하여 법원 또는 재판장과 동일한 권한이 있다(제221조의2 제4항). 증인신문을 한 때에는 참여한 법원사무관 등이 증인신문조서를 작성하여야 하며, 판사는 이 서류를 지체 없이 검사에게 송부하여야 한다(제

221조의2 제6항). 그러나 증거보전과 달리 이 서류에 대해서는 피고인, 피의자, 변호인에게 열람, 등사신청권이 인정되지 않는다.

5. 수사의 종결

수사에 의하여 범죄의 혐의 유무가 어느 정도 밝혀져서 공소제기 여부가 결정이 되면 수사절차를 종결하는 처분이 있게 되는데 이를 수사의 종결처분이라고 한다. 수사의 개시는 검사와 사법경찰관이 할 수 있으나 수사의 종결권은 검사만이 가진다.[45)]

(1) 공소의 제기

검사는 수사의 결과, 피의자에 대한 범죄의 혐의가 분명하고 소송요건이 구비되어 법원에 의한 유죄판결을 받을 수 있다고 판단되면 공소를 제기한다(제246조). 공소의 제기는 공소장을 관할법원에 제출함으로써 이루어진다.

(2) 불기소처분

불기소처분에는 크게 협의의 불기소처분과 기소유예로 나눌 수 있으며, 기타 기소중지,[46)] 참고인중지,[47)] 타관송치[48)] 등의 형식에 의하여 수사를 잠정적으로 종결시킬 수 있다. 협의의 불기소처분

45) 이에 대한 예외로 20만원 이하의 벌금 또는 구류나 과료에 처할 범죄사건으로서 즉결심판절차에 의하여 처리될 경미사건의 경우에는 예외적으로 경찰서장이 수사절차를 종결할 수 있다(즉결심판에 관한 절차법 제3조 제1항).

46) 기소중지란 피의자의 소재불명 등의 사유로 수사를 종결할 수 없는 경우에 그 사유가 해소될 때까지 행하는 처분이다.

47) 참고인중지란 참고인·고소인·고발인 또는 같은 사건의 다른 피의자의 소재불명으로 수사를 종결할 수 없는 경우에 그 사유가 해소될 때까지 행하는 처분이다.

48) 타관송치란 사건이 소속검찰청에 대응한 법원의 관할에 속하지 아니한 때 서류와 증거물과 함께 사건을 관할법원에 대응하는 검찰청 검사에게 송치하는 처분이다.

에는 피의사실이 아예 인정되지 않거나 이를 입증할 증거가 없을 때 하는 '혐의 없음의 불기소처분', 피의사실에 대한 범죄성립조각사유(위법성조각사유, 책임조각사유)가 존재할 때 하는 '죄가 안 됨의 불기소처분', 피의사실에 대한 소송조건이 결여되었거나 형이 면제된 경우에 하는 '공소권 없음의 불기소처분'이 있다.

기소유예는 협의의 불기소처분과 달리 일단 범죄의 성립요건과 소송조건이 다 구비되었으나 범인의 연령, 성행, 지능과 환경, 범행동기, 수단과 결과, 범행 후 정황 등을 참작하여 검사가 기소재량에 의하여 공소를 제기하지 않는 것이다.

(3) 불기소처분에 대한 불복방법

불기소처분에 관한 불복방법으로는 크게 검찰항고와 재정신청을 들 수 있다.[49]

검찰항고는 검사의 불기소처분에 대하여 불복이 있는 고소인 또는 고발인이 그 검사가 속하는 지방검찰청 또는 지청을 거쳐 서면으로 관할 고등검찰청 검사에게 항고하는 것이다(검찰청법 제10조 제1항). 항고를 기각하는 처분에 대하여는 검찰청장에게 재항고할 수 있다(검찰청법 제10조 제2항).

재정신청은 고소권자가 고소(모든 범죄) 또는 고발(형법 제123조 내지 125조의 범죄[50]에 한함)을 한 경우, 불기소처분을 한 검사소속의 고등검찰청에 대응한 고등법원에 그 당부에 관한 판단을 신청하는 제도이다(형사소송법 제260조). 법원이 재정신청에 대하여 공소제기를 결정한 경우, 재정결정서를 송부 받은 관할 지방검찰청

49) 과거에는 검사의 불기소처분에 대한 헌법소원의 청구가 가능하였으나 개정 형사소송법이 재정신청의 대상을 모든 범죄로 확대하면서 헌법소원의 보충성 요건 때문에 불기소처분은 더 이상 헌법소원의 대상이 되는 것으로 보기 힘들어졌다.

50) 공무원의 직무에 관한 죄 중 직권남용, 불법체포·감금, 폭행·가혹행위에 관한 죄가 해당된다.

검사장 또는 지청장은 지체 없이 담당 검사를 지정하고, 지정받은 검사는 공소를 제기하여야 하기 때문에 이를 '기소강제절차'라고도 한다.

6. 공소제기

공소는 검사가 법원에 대하여 특정한 사건의 심판을 요구하는 의사표시이고, 공소권은 검사가 특정 사건에 대하여 유효하게 공소를 제기하고 유지할 수 있는 권한을 말한다.

우리 형사소송법은 공소권을 검사에게 독점시키면서(제246조, 기소독점주의), 공소권 행사 여부에 관하여 검사에게 일정한 재량을 부여하고 있다(제247조, 기소편의주의). 기소독점주의는 전국적으로 통일되고 일관된 기소를 가능하게 하여 공소제기의 적정성을 보장한다는 장점이 있지만, 잘못하면 검사의 자의나 독선에 기소여부가 좌우될 우려가 있다는 단점이 있다. 따라서 현행법은 불기소처분에 대한 항고제도와 재정신청에 의한 기소강제절차를 두어 법적 규제 장치를 마련하고 있다. 또한 기소편의주의는 형사절차에 탄력성을 기하여 구체적 타당성을 도모할 수 있다는 장점이 있으나, 검사의 자의나 독선에 의한 판단으로 법적 안정성을 해칠 우려가 있다는 단점이 있다. 따라서 불기소처분에 대한 규제 조치와 함께 이론적으로는 공소권 남용 이론[51]을 통하여 재량권 남용에 대한 규제의 근거를 마련하고 있다.

---

51) 공소권남용이론은 공소와 관련된 검사의 재량권은 일정한 재량 범위 내에서 행사되어야 하고, 혐의 없는 사건에 대한 공소제기, 선별적 공소제기, 소추재량권을 일탈한 공소제기 등 실질적으로 공소권이 남용된 경우에는 비록 형식적으로 적법한 공소제기라 하더라도 형식재판으로 소송을 종결하여야 한다는 논의이다.

(1) 공소제기의 방식

서 울 중 앙 지 방 검 찰 청
공 소 장

2009 형제 11111호 2009. 1. 13.
수 신 자 서울중앙지방법원 발 신 자 서울중앙지방검찰청

제 목

검 사 정 의 론 (인)
아래와 같이 공소를 제기합니다.

피 고 인	성 명	나 악 당
	주민등록번호	000000-1111111 (0 세)
	직 업	무직
	주 거	부정
	본 적	서울시 종로구
죄 명	성폭력범죄의처벌및피해자보호등에관한법률위반(강간등치상)	
공 소 사 실	별지와 같음	
적 용 법 조	성폭력범죄의처벌및피해자보호등에관한법률 제9조 제1항, 제6조 제1항, 형법 제297조	
신 병	2009. 1. 1. 구속 (2008. 12. 31 체포)	
변 호 인		

첨 부 : 1. 체포영장 1통.
2. 구속영장 1통.
3. 피의자수용증명 1통.

〈공소장 양식〉[52]

52) 사법연수원, 검찰서류작성례(2007) 53면 수정.

별첨) 공 소 사 실

피고인은 2008. 12. 25. 23:00 경 서울 강남구 무슨동 어느산에서 그곳을 지나가던 피해자 김억울(여자 19세)에게 욕정을 품고 약100미터를 뒤따라 가다가 인적이 없는 곳에 이르러 피해자에게 달려들어 뒤에서 껴안으며 소지하고 있던 위험한 물건인 길이 약 15센티미터의 송곳을 옆구리에 들이대며 "말을 듣지 않으면 찔러 버리겠다" 고 말하여 반항을 억압한 후 왼팔을 잡고 그 부근 숲으로 끌고 들어가 1회 간음하여 피해자를 강간하고, 이로 인하여 피해자로 하여금 약 1주간의 치료를 요하는 처녀막파열상을 입게 한 것이다.

검사는 공소장을 관할법원에 제출함으로써 공소제기를 할 수 있는데, 공소장에는 필요적 기재사항[53] 및 임의적 기재사항[54]이 기록된다(제254조 제3항, 제5항). 그리고 공소장에는 사건에 관하여 법원의 예단이 생기게 할 수 있는 서류 기타 물건을 첨부, 인용하거나 여사기재[55](형사소송규칙 제118조 제2항)를 하는 것이 금지되는데 이를 '공소장일본주의'라고 한다. 공소장일본주의에 위반한 공소제기는 중대한 방식상의 위반이 있는 것이므로 무효가 되어 법원은 판결로써 공소기각을 선고하여야 한다(제327조).

(2) 공소제기의 효과

법원은 일단 검사에 의해서 공소제기가 이루어진 경우에만 공판을 개시할 수 있는데 이를 '불고불리의 원칙'이라 한다. 따라서 검사의 공소제기로 소송계속이라는 효과가 발생하게 되는데, 소송계속은 적극적으로는 법원에게 공소제기 된 사건을 심리할 권

53) 필요적 기재사항은 피고인의 성명 기타 피고인을 특정할 수 있는 사항, 죄명, 공소사실, 적용법조이다.

54) 임의적 기재사항은 수 개의 범죄사실과 적용 법조에 대하여 공소사실의 동일성이 인정되는 경우 이에 대한 예비적 또는 택일적으로 기재이다.

55) 여사기재란 형사소송법 제154조 제3항에 규정된 내용 이외의 것을 공소장에 기재하는 것을 의미한다.

리와 의무가 발생한다는 의미와 소극적으로는 동일한 사건에 대하여 다시 공소가 제기 될 수 없게 된다는 의미(이중기소의 금지)를 가진다. 또한 공소제기에 의하여 공소시효[56]의 진행은 정지된다(제253조 제1항).

공소제기의 효과는 공소장에 기재된 피고인[57]과 공소사실에 대하여 사건의 단일성[58]과 동일성[59]이 인정되는 범위 전부에 대하여 불가분적으로 미치는데 이를 '공소불가분의 원칙'이라고 한다. 따라서 공범 1인에 대한 공소제기는 그 효력이 다른 공범자에게 미치지 않고, 범죄사실의 일부에 대한 공소는 그 죄 전부에 대하여 효력이 미친다(제248조).

Ⅱ. 공판의 실시

검사의 공소제기에 의하여 소송이 계속되면 수소법원은 당사자능력[60]과 소송능력[61]을 갖춘 피고인에 대하여 피고사건의 심리와

56) 공소시효란 검사가 일정한 기간 동안 공소를 제기하지 않은 경우에 국가의 소추권을 소멸시키는 제도로서, 시간의 경과에 따른 사실관계를 존중하여 사회의 법적 안정성을 도모하려는 제도이다.

57) 피고인이란 검사에 의하여 공소가 제기된 자를 말한다. 피고인은 검사와 대립하는 '당사자로서의 지위'를 가지므로 이에 따라 각종 참여권과 방어권이 인정된다. 또 피고인은 '증거방법으로서의 지위'도 가지는데, 피고인의 진술은 인적 증거방법이 되고, 피고인의 신체는 검증의 대상인 물적 증거방법이 된다. 한편, 피고인은 소환·구속·압수·수색 등 각종 강제처분의 객체가 되므로 '절차의 대상으로서의 지위'도 가진다고 할 수 있다.

58) 사건의 단일성이란 소송절차에 있어서 소송법적으로 1개의 사건으로 취급되는 것을 의미하며, 단일성이 인정되기 위해서는 피고인이 단일하고 범죄사실이 단일하여야 한다. 공소제기의 효력은 단일한 사건 전부에 미치고, 심판의 대상은 단일한 사건 전부가 되며, 기판력 역시 단일한 사건의 전부에 미친다.

59) 사건의 동일성이란 사건이 소송절차의 전후관계에서 동일한 사건으로 취급되는 것을 말하며, 동일성의 개념은 단일성을 전제로 하여 소송의 일정 단계를 기준으로 한 전후의 동일함을 의미한다. 공소장 변경은 공소사실의 동일성이 인정되는 범위에서 허용된다.

재판을 행하게 되는데 이 절차를 공판절차라고 한다. 소송의 당사자는 아니지만 법률전문가인 상대 당사자(검사)와의 불균형을 시정하고 대등한 당사자로서 피고인의 정당한 이익을 옹호하기 위하여(무기대등의 원칙의 실현) 변호인이 피고인을 보조하게 된다. 변호인에는 사선변호인[62]과 국선변호인[63]이 있다.

1. 정당한 법원에의 소송계속

(1) 공평한 법원의 구성

공정한 재판을 위한 전제 조건인 법원 구성의 공평성을 보장하기 위한 제도에는 법관의 제척과 기피, 회피 제도가 있다.

---

60) 당사자능력이란 형사소송에서 당사자가 될 수 있는 일반적·추상적 능력을 말한다. 자연인과 법인 모두 형벌을 받을 가능성이 있으면 당사자능력이 인정된다.

61) 소송능력이란 피고인으로서 유효하게 소송행위를 할 수 있는 소송행위능력을 말한다. 피고인이 자신의 소송상 지위와 소송에 관한 주요 내용을 이해하고 자신의 방어권을 독립하여 행사할 수 있는 의사능력을 가지고 있는 경우에 소송능력은 인정된다(제26조).

62) 사선변호인은 피의자 또는 피고인이 언제든지 선임할 수 있으며(제30조 제1항) 이들의 법정대리인, 배우자, 직계혈족, 형제자매도 독립하여 선임할 수 있다(제30조 제2항). 변호인은 변호사 중에서 선임하는 것이 원칙이며, 수인의 변호사가 있는 때에는 재판장이 피의자, 피고인, 변호인의 신청이나 직권으로 대표변호인을 지정할 수 있다(제32조의2 제1항). 변호인 선임의 효과는 그 심급에 한하며(심급대리의 원칙) 공소사실의 동일성이 인정되는 사건의 전부에 미친다.

63) 국선변호인은 사선변호인제도를 보충하여 피의자 및 피고인의 변호권을 실질적으로 보장하기 위하여 헌법상 보장된 제도이다(헌법 제12조 제4항 단서). 국선변호인이 선정되는 사유로는 형사소송법 제33조에 해당하는 사건(피고인이 구속된 때, 피고인이 미성년자인 때, 피고인이 70세 이상인 때, 피고인이 농아자인 때, 피고인이 심신장애의 의심이 있는 때, 피고인이 사형, 무기 또는 단기 3년 이상의 징역이나 금고에 해당하는 사건으로 기소된 때에 변호인이 없는 경우), 필요적 변호사건(국선변호인이 선임되었으나 변호인이 출석하지 아니한 때와 치료감호법상 치료감호청구인에게 변호인이 없거나 변호인이 출석하지 않은 때), 체포구속적부심사, 구속전피의자심문, 재심사건을 들 수 있다.

제척은 재판의 공평성을 저해할 우려가 현저한 법정의 사유(제한적 열거사유)[64]가 있을 때에 그 법관을 당해 재판에 관한 모든 직무집행으로부터 당연히 배제하는 제도이다(제17조). 제척의 효과는 법률의 규정에 따라 당연히 발생하며, 제척사유 있는 법관이 재판에 참여한 때에는 절대적 항소이유(제361조의5) 및 상고이유(제383조)가 된다.

기피는 법관이 불공평하게 재판을 할 사정이 있는 경우에 당사자의 신청에 의하여 그 법관을 직무집행으로부터 탈퇴하게 하는 제도이다(제18조). 제척의 원인과는 달리 법관이 불공평한 재판을 할 염려가 있는 경우에 대한 제한은 없다. 역시 기피신청에 해당하는 사유가 있는 법관이 사건에 관여한 경우에는 절대적 항소이유 및 상고이유가 된다.

회피는 법관 자신이 기피의 원인에 해당하는 사유가 있다고 판단한 때에 스스로 그 사건의 직무집행으로부터 탈퇴하는 제도이다. 법관이 회피의 원인에 해당하는 사유가 있다고 판단한 때에는 의무적으로 회피하여야 한다.

(2) 관할권 있는 법원

법원의 관할이란 재판권의 행사에 관하여 각 법원에 분배된 직무의 분담을 의미한다. 관할의 종류는 발생 근거에 따라 법정관할[65]과 재정관할[66]로 나눌 수 있는데, 법정관할에는 사물관할,[67]

---

64) 제17조 (제척의 원인) 법관은 다음 경우에는 직무집행에서 제척된다.
1. 법관이 피해자인 때
2. 법관이 피고인 또는 피해자의 친족 또는 친족관계가 있었던 자인 때
3. 법관이 피고인 또는 피해자의 법정대리인, 후견감독인인 때
4. 법관이 사건에 관하여 증인, 감정인, 피해자의 대리인으로 된 때
5. 법관이 사건에 관하여 피고인의 대리인, 변호인, 보조인으로 된 때
6. 법관이 사건에 관하여 검사 또는 사법경찰의 직무를 행한 때
7. 법관이 사건에 관하여 전심재판 또는 그 기초되는 조사, 심리에 관여한 때

65) 법정관할이란 법률의 규정에 의하여 정하여지는 관할을 말한다.

토지관할,[68] 심급관할[69]이 포함되는 고유관할과 관련사건의 관할[70]이 있고, 재정관할에는 관할의 지정[71]과 이전[72]이 있다.

(3) 배 심 원

2008년 1월 1일부터 「국민의 형사재판 참여에 관한 법률」에 의한 국민참여재판이 실시됨에 따라 국민참여재판[73]하에서는 배심원[74]이 사실의 인정, 법령의 적용 및 형의 양정에 관한 의견을 제시할 권한을 갖는다. 단, 이들의 평결과 의견은 권고적 효력만을 가지고 법원을 기속하지는 못한다(국민의 형사재판 참여에 관한 법률 제12조 제1항, 제46조 제5항).

2. 증거개시절차

증거개시제도란 피고인의 방어권을 충실히 보장하고 신속한 재판을 가능하도록 하기 위하여 피고인 또는 변호인이 검사가 보관하고 있는 사건 관련 서류나 물건을 열람 또는 등사할 수 있도록

66) 재정관할이란 법원의 재판에 의하여 정하여지는 관할을 말한다.

67) 사물관할이란 사건의 경중 또는 성질에 따라 정해지는 제1심 관할의 분배를 말한다.

68) 토지관할이란 동등한 법원 간에 사건의 토지구역에 따른 관할을 말한다.

69) 심급관할이란 상소관계에 의한 관할을 말한다.

70) 수개의 사건이 상호 관련이 있는 경우를 관련사건이라고 하는데 관련사건에서는 병합관할이 인정되고, 심리의 병합과 분리가 인정된다.

71) 관할의 지정이란 관할법원이 없거나 명확하지 않은 경우 상급법원이 사건을 심판할 법원을 지정하는 것이다.

72) 관할의 이전이란 관할법원이 재판권을 행사할 수 없거나 행사하는 것이 적당하지 않을 때 관할권 없는 법원으로 관할권을 이전하는 것을 말한다.

73) 대상사건은 중죄사건에 한정되고, 피고인이 희망한 경우에만 실시가 된다.

74) 만 20세 이상의 대한민국 국민 중에서 무작위의 방법으로 선정되며, 법정형이 사형, 무기인 사건에서는 9인의 배심원, 그 외 대상사건에서는 7인의 배심원, 피고인이 공소사실의 주요사실을 인정하는 사건에서는 5인의 배심원이 선정된다.

하는 제도이다. 형사소송법 제266조의3은 "피고인 또는 변호인은 검사에게 공소제기 된 사건에 관한 서류 또는 물건의 목록과 공소사실의 인정 또는 양형에 영향을 미칠 수 있는 서류 등의 열람·등사 또는 서면의 교부를 신청할 수 있다. 다만, 피고인에게 변호인이 있는 경우에는 피고인은 열람만을 신청할 수 있다"고 규정하고 있다.[75)]

(1) 열람·등사의 대상

검사가 증거를 개시하여야 하는 대상에는 ① 검사가 증거로 신청할 서류 등, ② 검사가 증인으로 신청할 사람의 성명·사건과의 관계 등을 기재한 서면 또는 그 사람이 공판기일 전에 행한 진술을 기재한 서류 등, ③ 위 서류 등의 증명력에 관련된 서류 등, ④ 피고인 또는 변호인이 행한 법률상·사실상 주장과 관련된 서류 등(관련 형사재판확정기록, 불기소처분기록 등을 포함한다)이 포함된다(제266조의3 제1항).

한편, 피고인 또는 변호인이 공판기일 또는 공판준비절차에서 현장부재·심신상실 또는 심신미약 등 법률상 사실상의 주장을 한 때에는 검사의 증거개시범위에 상당하는 대상에 대하여 열람 등사 또는 서면의 교부를 요구할 수 있다(제266조의11 제1항).

(2) 열람·등사의 제한

검사는 국가안보, 증인보호의 필요성, 증거인멸의 염려, 관련사건의 수사에 장애를 가져올 것으로 예상되는 구체적인 사유 등이 상당하다고 인정하는 때에는 열람·등사 또는 서면의 교부를 거부하거나 범위를 제한할 수 있다(제266조의3 제2항). 그러나 이 경우

75) 과거 '소송계속 중의 관계서류 또는 증거물'에 대한 열람·등사만을 규정한 법규정(구 형사소송법 제35조) 때문에 법원에 증거로 제출되지 않은 관계서류나 증거물이 대상이 될 수 있는지 논란의 여지가 있었으나 현행법은 이를 입법적으로 해결하였다.

에도 서류 등의 목록에 대하여는 열람·등사를 거부할 수 없다(제266조의3 제5항).

⑶ 열람·등사된 서류의 남용 금지

개시된 증거가 남용되는 것을 방지하기 위하여 피고인 또는 변호인은 증거개시 된 서류 등을 소송 준비 목적이 아닌 다른 목적으로 타인에게 교부, 제시하여서는 안 되고, 이에 위반하는 때에는 1년 이하의 징역 또는 500만원 이하의 벌금에 처해진다(제266조의16).

3. 공판준비절차

공판준비절차란 공판기일의 심리를 준비하기 위하여 법원이 행하는 일련의 절차를 말한다. 넓은 의미에서 공판준비절차는 공판기일 이전의 준비절차 전반을 의미하는 반면, 좁은 의미에서 공판준비절차는 공판기일의 집중심리를 위하여 재판장이 특별히 공판준비절차라는 형식을 통하여 시행하는 절차를 말한다. 그리고 좁은 의미의 공판준비절차는 제1회 공판기일을 열기 전에 행하는 기일전 공판준비절차와 공판기일이 열린 후 공판기일 사이에 행하는 기일간 공판준비절차로 구분할 수 있다.[76] 형사소송법상의 공판준비절차는 임의적 절차[77]이나 일반인이 배심원으로 재판에 참여하는 국민참여재판에서는 공판준비절차가 필요적 절차로 규정되어 있다(국민의 형사재판참여에 관한 법률 제36조 제1항).

---

76) 형사소송법은 기일간 공판준비절차에 대하여 기일전 공판준비절차에 관한 규정을 준용하도록 하고 있으므로 여기에서는 기일전 공판준비절차를 기준으로 설명한다.

77) 일반적으로 사안이 복잡하고 쟁점이 많은 사건, 증거관계가 많거나 복잡한 사건, 증거개시가 문제된 사건이 공판전 준비절차의 대상이 되는 효율적이고 집중적인 심리가 필요한 사건이라고 할 수 있다(이재상, 앞의 책, 431면).

(1) 공판기일 이전의 일반적 절차

법원은 공소의 제기가 있는 때에 지체 없이 공소장 부본을 피고인 또는 변호인에게 송달하여야 하는데, 이는 제1회 공판기일 5일전까지 송달되어야 한다(제266조). 그리고 피고인・변호인은 공소장 부본을 송달받은 날로부터 7일 이내에 공소사실에 대한 인정여부, 공판준비절차에 관한 의견 등을 기재한 의견서를 법원에 제출하여야 한다(제266의2 제1항).[78]

공소장부본이 송달되고 국선변호인의 선정절차가 완료되면 재판장은 공판기일을 지정하는데(제267조 제1항), 검사, 피고인, 변호인의 신청이 있는 경우에는 공판기일을 변경할 수 있다(제270조 제1항). 정하여진 공판기일은 검사, 변호인과 보조인에게 통지[79] 하여야 한다. 공판기일에는 피고인, 대표자 또는 대리인을 소환하여야 하는데(제267조 제3항) 이는 강제처분이기 때문에 불응시 구인당하거나 과태료의 제재를 받는다.

(2) 협의의 공판전 준비절차

공판준비의 방식에는 크게 서면의 제출에 의한 방식과 공판준비기일의 지정에 의한 방식이 있다.

서면제출에 의한 공판준비절차에서는 검사, 피고인 또는 변호인이 법률상, 사실상 주장의 요지 및 입증취지 등이 기재된 서면을 법원에 제출할 수 있고, 재판장은 이러한 서면의 제출을 명하거나 제출된 서면에 대한 설명을 요구할 수 있다(제266조의6).

---

78) 공소사실에 대한 피고인의 입장을 조기에 확인함으로써 법원으로 하여금 심리계획의 수립을 용이하게 하여 공판정에서 충실한 심리가 이루어지도록 하고, 피고인으로서도 검사의 공소장에 대응하는 의사표시를 할 기회로 활용함으로써 방어에 도움이 되도록 하는 것이 이 규정의 신설배경이다[법무부, 『개정 형사소송법』(2007), 164면].

79) 피고인의 경우와 달리 강제적인 출석의무를 부담하지 않으므로 소환이 아닌 통지의 방법에 의하도록 하고 있다.

한편 공판준비기일실시에 의한 공판준비를 위해서는 법원이 검사, 피고인 또는 변호인의 의견을 들어 공판준비기일을 지정할 수 있고, 검사, 피고인 또는 변호인이 법원에 대하여 공판준비기일의 지정을 신청할 수 있다(제266조의 7).

서면의 제출이나 공판준비기일에 의한 준비절차에서 할 수 있는 공판준비의 내용에는 쟁점정리,[80] 증거정리,[81] 증거개시,[82] 심리계획의 수립[83]이 있다(제266조의9 제1항).

법원은 쟁점 및 증거의 정리가 완료된 때에는 공판준비절차를 종결하여야 한다. 또한 사건을 공판준비절차에 부친 뒤 3개월이 도과한 때와 검사, 변호인 또는 소환 받은 피고인이 출석하지 아니한 때에도 공판준비절차를 종결하여야 한다. 단, 이때에는 공판준비를 계속하여야 할 상당한 이유가 있는 때에는 그러하지 아니하다(제266조의12).

공판준비절차의 실효성을 확보하기 위하여 형사소송법은 공판준비기일에 신청하지 못한 증거는 ① 그 신청으로 인하여 소송을 현저히 지연시키지 아니하는 때, ② 중대한 과실 없이 공판준비기일에 제출하지 못하는 등 부득이한 사유를 소명한 때를 제외하고는 공판기일에 신청할 수 없도록 하는 실권효를 규정하고 있다(제266조의13 제1항).

---

80) 여기에는 1. 공소사실 또는 적용법조를 명확하게 하는 행위, 2. 공소사실 또는 적용법조의 추가, 철회, 변경을 허가하는 행위, 3. 공소사실과 관련하여 주장할 내용을 명확하게 하여 사건의 쟁점은 정리하는 행위, 4. 계산이 어렵거나 기타 복잡한 내용에 관하여 설명하도록 하는 행위가 있다.

81) 여기에는 1. 증거신청을 하도록 하는 행위, 2. 신청된 증거와 관련하여 입증취지 및 내용 등을 명확하게 하는 행위, 3. 증거신청에 관한 의견을 확인하는 행위, 4. 증거채부의 결정을 하는 행위, 5. 증거조사의 순서와 방법을 정하는 행위가 있다.

82) 여기에는 서류 등의 열람, 등사와 관련된 신청의 당부를 결정하는 행위가 있다.

83) 여기에는 1. 공판기일을 지정하거나 변경하는 행위, 2. 기타 공판절차의 진행에 필요한 사항을 정하는 행위가 있다.

4. 공판기일의 절차

(1) 공판정의 구성

공판정이란 공판을 행하는 법정으로, 법원에서 개정하는 것을 원칙으로 한다.

공판정은 판사와 검사, 법원사무관 등이 출석하여 개정하는데(제275조) 검사가 공판기일의 통지를 2회 이상 받고도 출석하지 아니하는 때에는 검사의 출석 없이 개정할 수 있다(제278조).

피고인의 방어권 행사는 공판기일에 출석하여야 보장될 수 있는 것이므로 피고인이 기일에 출석하지 아니한 때에는 특별할 사정이 없으면 개정하지 못하고(제276조), 피고인은 재판장의 허가 없이 퇴정하지 못한다(제281조 제1항). 피고인 없이 개정할 수 있는 예외적인 사유로는 피고인이 소송무능력자인 경우,[84] 경미한 사건의 경우,[85] 피고인에게 유리한 재판을 하는 경우[86] 피고인이 권리를 남용하거나 행사하지 않은 경우[87]를 들 수 있다.

한편, 국민참여재판의 경우에는 배심원 및 예비배심원의 출석이 공판개정의 요건이다(국민의 형사재판참여에 관한 법률 제39조 제1항).

---

84) 여기에는 의사무능력자인 피고인의 법정대리인 또는 특별대리인이 출석한 때와 법인인 피고인의 대표자 또는 대리인이 출석한 때가 있다.

85) 여기에는 법정형이 다액500만원 이하의 벌금 또는 과료에 해당하는 사건, 즉결심판사건, 장기3년 이하의 징역 또는 금고에 해당하는 사건, 다액500만원을 초과하는 벌금 또는 구류에 해당하는 사건 중 법원으로부터 불출석에 대한 허가를 받은 사건이 있다.

86) 여기에는 공소기각 또는 면소의 판결을 할 것이 명백한 경우, 의사무능력자인 피고인에 대하여 무죄를 선고하는 경우가 있다.

87) 여기에는 구속된 피고인이 출석을 거부하는 경우, 항소심공판에서 피고인이 출정하지 아니하는 경우, 피고인이 재판장의 허가 없이 퇴정하거나 재판장의 퇴정명령을 받은 경우가 있다.

(2) 모두(冒頭)절차

1) 진술거부권의 고지와 인정신문

재판장은 피고인에게 진술하지 아니하거나 개개의 질문에 진술을 거부할 수 있음을 고지하여야 한다(제283조의2 제2항).[88] 그리고 진술거부권 고지 이후 재판장은 피고인의 성명·연령·본적·주거와 직업을 물어서 피고인임에 틀림없음을 확인하여야 한다(제284조).

2) 검사의 모두진술

인정신문이 끝나면 검사는 공소장에 의하여 공소사실·죄명 및 적용 법조를 낭독하여야 한다(제285조). 공소장 낭독에 의하여 법원은 소송지휘의 기초를 마련하고, 피고인은 적절한 방어를 준비하며, 공개된 재판정에 있는 사람들은 앞으로의 재판에 대한 이해와 예상을 할 수 있다. 그러나 오히려 공소장을 그대고 낭독하는 것이 심리절차의 지연을 초래한다고 판단되는 경우에는 재판장이 '공소의 요지'를 진술하게 할 수 있다(제285조의 단서).

3) 피고인의 모두진술

피고인은 검사의 모두진술이 끝난 뒤에 공소사실의 인정 여부를 진술하여야 한다(제286조 제1항). 여기에서 피고인은 공소사실의 인정 여부 뿐 아니라 자신에게 이익이 되는 사실[89]에 관해서도 진술할 수 있다(제286조 제2항).

---

88) 구 형사소송법하에서는 피고인신문 부분에서 진술거부권에 관한 규정만 두고 진술거부권의 고지에 관한 별도의 규정이 없어 인정신문에 대하여 진술거부권이 보장되는지 논란이 있었으나 현행법은 재판장의 진술거부권의 고지를 명문화함과 동시에 그 위치를 인정신문 앞으로 옮겨 규정하였다.

89) 그 예로 관할이전신청, 기피신청, 국선변호인의 선임신청, 공판기일변경신청, 토지관할위반의 신청 등을 들 수 있다.

4) 재판장의 쟁점정리

피고인의 모두진술에서 쟁점이 명확하게 드러나지 않은 경우 재판장은 피고인 또는 변호인에게 쟁점정리를 위하여 필요한 질문을 할 수 있다(제287조 제1항). 또한 증거조사에 앞서 검사 및 변호인으로 하여금 공소사실 등의 증명과 관련된 주장 및 입증계획 등을 진술하게 할 수도 있다(제287조 제2항).

(3) 증거조사

1) 의의와 목적

증거조사란 좁은 의미로는 법원이 심리중인 사건의 사실인정을 위한 심증을 얻기 위하여 각종의 증거방법을 조사하여 그 내용을 얻어내는 소송행위를 말하며, 넓은 의미로는 좁은 의미의 증거조사와 관련한 증거신청, 증거결정, 이의신청 등의 소송행위 전체를 포함한다.

증거조사에는 당사자의 신청에 의한 경우와 법원의 직권에 의한 경우가 있다.

2) 증인신문

증인신문은 증인이 체험한 사실을 내용으로 하는 진술을 얻는 증거조사의 방법을 말한다. 증인에게는 법정에 출석할 의무[90]와 선서의무[91] 및 증언의무[92]가 있으므로 수사단계에서의 참고인조

---

90) 공판기일, 공판준비절차, 증거보전절차에서 증인신문에 소환 받은 증인은 출석의무가 있고(제153조) 정당한 사유 없이 소환에 불응하는 경우에는 구인할 수 있으며(제152조), 불출석 시에는 소송비용의 부담 및 과태료의 부과를 명할 수 있다(제151조).

91) 선서무능력자와 16세 미만자와 선서의 취지를 이해하지 못하는 자를 제외한 모든 증인은 반드시 선서하여야 하며, 정당한 이유 없이 이를 거부하는 경우에는 과태료를 부과할 수 있다(제161조).

92) 증인은 신문받은 사항에 대하여 양심에 따라 숨김없이 증언할 의무가 있으며(제157조 제2항), 정당한 이유 없이 이를 거부하는 경우에는 과태료를 부과

사와 달리 증인신문은 일종의 강제처분으로서의 성질을 가진다.

증인신문에서의 증인이란 법원 또는 법관에 대하여 자기의 과거 체험사실을 진술하는 제3자로서 원칙적으로 누구든지 증인적격을 가진다(제146조). 그러나 법률상 공무원 또는 공무원이었던 자가 그 직무에 관하여 알게 된 사실에 관하여 본인 또는 당해공무소가 직무상 비밀에 속한 사항임을 신고한 때에는 그 소속공무소 또는 감독관공서의 승낙이 있어야 증인신문이 가능하다(제147조).[93]

증인신문의 방법으로 형사소송법은 이른바 '교호신문방식'을 채택하고 있다. 따라서 증인을 신청한 검사 또는 변호인·피고인이 먼저 주신문을 하고, 다음에 상대방이 반대신문을 하며, 그 후에도 필요한 범위에서 교대로 재주신문, 재반대신문을 하도록 되어 있고, 재판장은 당사자의 신문이 끝난 후에 보충적으로 증인을 신문할 수 있다. 물론 재판장이 필요하다고 인정하면 전항의 규정에 불구하고 어느 때나 신문을 할 수 있고, 교호신문의 순서를 변경할 수 있다(제161조의2).

주신문은 입증할 사항과 이에 관련된 사항에 관하여 행하는 것이므로 원칙적으로 유도신문[94]이 허용되지 않는다. 반대신문은 주신문에 나타난 사항과 이에 관련된 사항에 관하여 하는데, 필요할 때에는 유도신문을 할 수 있다.

3) 증거서류와 증거물에 대한 증거조사

증거서류란 서류에 기재된 내용의 의미가 증거자료로 되는 것

할 수 있다(제161조).

93) 이론적으로 현재 사건의 법관, 담당 검사, 변호인 등의 증인적격은 제한된다고 본다.

94) 유도신문이란 ① 신문자가 기대하는 답을 암시하는 신문, ② "예", "아니오"의 한마디로 답하는 신문, ③ 다툼이 있는 사실이나 아직 진술에 나타나 있지 않은 사실을 존재하는 것으로 전제하거나 가정하여 행하는 신문을 말한다.

을 말한다. 증거서류를 조사하는 방식은 원칙적으로 신청인이 이를 '낭독'하는 것이고, 법원이 직권으로 증거조사를 하는 때에는 소지인 또는 재판장이 이를 낭독하는 방식이다(제292조 제1항, 제2항, 제3항). 그리고 재판장은 열람이 다른 방법보다 적절하다고 인정하는 때에는 증거서류를 증거를 신청한 상대방 당사자에게 제시하여 '열람'하게 하는 방법으로 조사할 수 있다(형사소송법 제292조 제5항).

증거물이란 어떤 물건의 존재 및 상태가 증거자료로 되는 것을 말한다. 예를 들어 살인죄에서의 살인무기, 장물죄에서의 장물 등이 이에 해당한다. 증거물을 조사하는 때에는 신청인이 이를 '제시'하여야 하고, 법원이 직권으로 증거물을 조사하는 때에는 소지인 또는 재판장이 이를 제시하여야 한다(형사소송법 제292조의2).

4) 감정, 검증

법원이 행하는 감정, 검증은 영장을 필요로 하는 강제처분이 아닌 증거조사의 방법이라는 점을 제외하고는 앞에서 살펴본 수사기관이 행하는 감정, 검증과 본질적인 의미가 같다.

5) 증거절차에 관한 의견진술과 이의신청

재판장은 피고인에게 각 증거조사의 결과에 대한 의견을 물어야 한다(제293조).

증거조사에 대하여 이의가 있다면 검사, 피고인 또는 변호인은 증거조사에 관한 이의신청을 할 수 있고 법원은 이에 대하여 결정하여야 한다(제296조). 이의신청은 각 행위, 처분, 결정시마다 즉시 하여야 한다(형사소송규칙 제137조). 시기에 늦은 이의신청, 소송지연만을 목적으로 하는 것임이 명백한 이의신청과 이유 없는 이의신청은 결정으로 이를 기각하여야 하고, 이유 있다고 인정되는 이의신청은 결정으로 그 이의신청에 상응하는 조치(이의신청의 대상이 된 행위, 처분 또는 결정을 중지, 철회, 취소, 변경하는 등)를 취하여야 한다(형사소송규칙 제139조 제2항, 제3항). 증거조사를 마친 증거가 증거능력이 없다는 이의신청이 이유 있다고 인정할 경우에는 그 증거의 전부 또는 일부를 배제한다는 취지의 결정을 하여야 한다(형사소송규칙 제139조 제4항).

(4) 피고인신문

피고인신문은 피고인에 대하여 공소사실과 정상에 관하여 필요한 사항을 신문하는 절차를 말한다(제296조의2). 피고인신문은 증거조사절차 이후에 이루어지는 것이 원칙[95]이며, 다만 재판장이 필요하다고 인정하는 경우에는 증거조사가 완료되기 전이라도 피고인신문을 허가할 수 있다(제296조의2 제1항).

피고인신문의 순서는 증인신문의 순서와 마찬가지로 신청한 검사, 변호인 또는 피고인이 먼저 신문하고, 다음에 상대 당사자가 신문하며 재판장은 그 신문이 끝난 뒤에 신문하는 것을 원칙으로 한다. 다만, 재판장은 필요하다고 인정하며 어느 때나 신문할 수 있고, 순서를 변경할 수도 있다(제296조).

피고인신문의 내용은 '공소사실과 정상에 필요한 사항'에 관한 것이다. 이 때 피고인이 신체적 또는 정신적 장애로 사물을 변별하거나 의사를 결정·전달할 능력이 미약한 경우 또는 피고인의 연령·성별·국적 등의 사정을 고려하여 그 심리적 안정의 도모와 원활한 의사소통을 위하여 필요한 경우에는 직권 또는 피고인·법정대리인·검사의 신청에 따라 피고인과 신뢰관계에 있는

---

95) 종래 피고인신문에 대하여 형사재판의 당사자라기 보다는 절차의 객체 또는 신문의 대상으로 본다는 문제점이 지적되어 왔는데, 이에 대하여 개정 형사소송법은 피고인신문제도는 그대로 유지하되, 피고인신문절차를 증거조사절차 이후에 이루어지도록 개정하였다. 이는 피고인신문의 기능 중 증거방법으로서의 기능보다는 공소사실에 대한 피고인의 답변과 쟁점을 정리하는 기능을 중시하기 위한 것으로 이해된다.

자를 동석하게 할 수 있다(제276조의2 제1항).

(5) 증거법칙

1) 임의성 없는 자백배제법칙

헌법 제12조 제7항은 "피고인의 자백이 고문, 폭행, 협박, 구속의 부당한 장기화 또는 기망 기타의 방법에 의하여 자의로 진술한 것이 아니라고 인정될 때에는 유죄의 증거로 삼을 수 없다"고 규정하고 있고, 형사소송법 제309조도 "피고인의 자백이 고문, 폭행, 협박, 신체구속의 부당한 장기화 또는 기망 기타의 방법으로 임의로 진술한 것이 아니라고 의심할 만한 이유가 있는 때에는 이를 유죄의 증거로 하지 못한다"고 규정하여 자백배제법칙을 규정하고 있다.

고문·폭행·협박에 의한 자백, 신체구속의 부당한 장기화에 의한 자백, 기망 또는 위계에 의한 자백, 약속에 의한 자백, 진술거부권을 고지하지 않은 자백, 변호인선임권·접견교통권의 침해에 의한 자백 등이 대표적으로 자백배제법칙에 의하여 증거능력이 부정되는 자백이다,

임의성을 의심할 만한 이유가 있는 자백은 증거능력이 절대적으로 배제된다. 따라서 이러한 자백에 대해 피고인이 증거에 동의하더라도 증거능력이 인정되지 않고, 탄핵증거로도 사용할 수 없다.

2) 위법수집증거배제의 법칙

위법수집증거배제원칙이란 위법한 절차에 의하여 수집된 증거의 증거능력을 부정하는 법칙이다. 형사소송법 제308조의 2는 "적법한 절차에 따르지 아니하고 수집한 증거는 증거로 할 수 없다"라고 규정하여 그동안 판례와 학설에 따라 인정되어 오던 위법수집증거의 배제원칙을 입법화하였다.

이 원칙은 약간의 절차상 위법만 있는 증거라도 모두 증거능력을 부정하여야 한다는 의미가 아니라, 증거수집절차에 중대하고 명백한 위법이 인정되는 경우에 그 증거능력을 부정하여야 한다는 의미로 이해된다. 따라서 그 증거의 증거능력을 배제하는 것이 오히려 실체진실주의와 함께 적법절차원칙의 조화를 추구하려는 절차 조항의 규정 취지를 몰각시키는 예외적 결과를 초래한다면 법원은 그 증거를 유죄 인정의 증거로 사용할 수 있다.

증거능력이 부정되는 위법수집증거의 대표적인 예로는 영장주의 위반, 변호인의 접견교통권 침해, 진술거부권의 미고지 등 적정절차를 위반하여 얻은 증거를 들 수 있다.

위법수집증거는 증거능력이 절대적으로 배제되어 당사자의 동의가 있다 하더라도 증거능력이 없고, 탄핵증거로도 사용할 수 없다. 또한 원칙적으로 적법한 절차에 따르지 아니하고 수집된 증거를 기초로 획득된 2차적 증거(이른바 독수의 과실)의 경우에도 증거능력이 없다.

3) 전문(傳聞)법칙과 그 예외

전문증거란 요증 사실의 진실성을 입증하기 위한 법정 외에서의 진술을 의미한다. 전문증거는 법에서 특별히 증거로 할 수 있음을 규정한 경우(제311조 내지 제316조, 제318조, 제318조의2 제1항)가 아니면 증거로 삼을 수 없는데, 이러한 원칙을 전문법칙 또는 전문증거 배제의 원칙이라고 한다. 전문법칙은 진술증거에 대하여만 적용되며, 증거물과 같은 비진술증거에 대하여는 적용되지 않는다. 또한 전문법칙은 원진술 내용에 의하여 요증사실[96]을 증명하는 경우에만 제한하여 적용된다. 그리고 전문증거에 해당하

96) 요증사실이란 소송에서 당사자의 입증을 필요로 하는 사실로 형사소송법에서는 엄격한 증명(증거능력이 있고, 적법한 증거조사를 거친 증거에 의한 증명)을 요하는 주요 사실을 말한다.

더라도 당사자가 증거로 함에 동의한 경우에는 전문법칙이 적용되지 않는다.

전문증거의 증거능력을 부정하는 이유는 당사자의 반대신문권이 보장되어 있지 않고 신용성이 결여되어 있기 때문이다. 그런데 전문증거에 대하여 당사자의 반대신문이 없더라도 진술 당시의 상황에 비추어 허위진술의 위험성이 없고(신용성의 정황적 보장, 특신상태), 원진술과 같은 가치의 증거를 얻는 것이 어렵기 때문에 전문증거라도 사용해야 할 경우(필요성)에는 예외적으로 증거능력을 부여할 필요가 있는데 이를 전문법칙의 예외라고 한다.

현행법상 인정되는 전문법칙의 예외규정은 다음과 같다.

① 법원·법관이 주재하는 절차에서 작성된 서류(제311조)[97]

② 검사 작성의 피고인이 된 피의자의 진술을 기재한 조서(제312조 제1항, 제2항)[98]

③ 검사 이외의 수사기관이 작성한 피의자신문조서(제312조 제3항)[99]

---

97) 법원이나 법관이 진술을 청취하고 그 결과가 조서로 작성되었기 때문에 성립이 진정하고 신용성의 정황적 보장이 인정된다. 공판준비 또는 공판기일에서 피고인이나 피고인 아닌 자가 행한 진술을 기재한 조서, 법원 또는 법관의 검증조서, 법원 또는 법관의 감정인 신문조서, 증거보전절차에서 작성한 조서(제184조), 검사의 청구에 의한 제1회 공판기일 전 증인신문조서(제221조의2), 감정서 등이 그 예이다.

98) 검사가 피고인이 된 피의자의 진술을 기재한 조서는 (i) 적법한 절차와 방식에 따라 작성된 것으로서 (ii) 피고인이 진술한 내용과 동일하게 기재되어 있음이 공판준비 또는 공판기일에서의 피고인의 진술에 의하여 인정되고, (iii) 그 조서에 기재된 진술이 특히 신빙할 수 있는 상태(신용성의 정황적 보장)하에서 행하여졌음이 증명된 때(제312조 제1항), 또는 (i) 피고인이 그 조서의 성립의 진정을 부인하는 경우에는 (ii) 그 조서에 기재된 진술이 피고인이 진술한 내용과 동일하게 기재되어 있음이 영상녹화물이나 그 밖의 객관적인 방법에 의하여 증명되고, (iii) 그 조서에 기재된 진술이 특히 신빙할 수 있는 상태 하에서 행하여졌음이 증명된 때(제312조 제2항)에 한하여 증거능력이 인정된다.

99) 검사 이외의 수사기관이 작성한 피의자신문조서는 (i) 적법한 절차와 방식에 따라 작성된 것으로 (ii) 공판준비 또는 공판기일에 그 피의자였던 피고인

④ 검사 또는 사법경찰관 작성의 피고인 아닌 자에 대한 조서(제312조 제4항)[100]

⑤ 수사과정에서 작성한 진술서(제312조 제5항)[101]

⑥ 검사 또는 사법경찰관의 검증조서(제312조 제6항)[102]

⑦ 수사과정 이외에서 작성한 진술서나 진술을 기재한 서류[103]

⑧ 감정서(제313조 제2항)[104]

⑨ 형사소송법 제314조[105]

또는 변호인이 그 내용을 인정한 때에 한하여 증거로 할 수 있다. 여기에서 내용의 인정이란 조서의 진정성립과 조서 내용의 진실성을 의미한다.

100) 검사 또는 사법경찰관이 피고인이 아닌 자의 진술을 기재한 조서는 (i) 적법한 절차와 방식에 따라 작성된 것으로서 (ii) 그 조서가 검사 또는 사법경찰관 앞에서 진술한 내용과 동일하게 기재되어 있음이 원진술자의 공판준비 또는 공판기일에서의 진술이나 영상녹화물 또는 그 밖의 객관적인 방법에 의하여 증명되고, (iii) 피고인 또는 변호인이 공판준비 또는 공판기일에 그 기재 내용에 관하여 원진술자를 신문할 수 있었던 때에는 증거로 할 수 있다. (iv) 다만, 그 조서에 기재된 진술이 특히 신빙할 수 있는 상태 하에서 행하여졌음이 증명된 때에 한한다(제312조 제4항).

101) 피고인 또는 피고인 아닌 자가 수사과정에서 작성한 진술서의 증거능력에 대해서는 수사기관이 작성한 조서와 동일하다(제312조 제5항). 따라서 검사의 관여 하에 작성, 제출된 피고인의 진술서는 검사 작성의 피의자신문조서에 준하여, 검사 이외의 수사기관 관여 하에 작성된 피고인의 진술서는 검사 외의 수사기관에서 작성한 피의자신문조서에 준하여, 피고인 아닌 자가 작성·제출한 진술서는 모두 참고인 진술조서에 준하여 각기 증거능력이 결정된다.

102) 검사 또는 사법경찰관이 검증의 결과를 기재한 조서는 (i) 적법한 절차와 방식에 따라 작성된 것으로서 (ii) 공판준비 또는 공판기일에서의 작성자의 진술에 따라 그 성립의 진정함이 증명된 때에는 증거로 할 수 있다.

103) 형사소송법 제311조, 제312조의 규정 이외에 피고인 이외의 자가 작성한 진술서나 진술을 기재한 서류는 (i) 그 작성자 또는 진술자의 자필이거나 그 서명 또는 날인이 있고 (ii) 공판준비나 공판기일에서의 그 작성자 또는 진술자의 진술에 의하여 그 성립의 진정함이 증명된 때에는 증거로 할 수 있다. 또 형사소송법 제311조, 제312조의 규정 이외에 피고인의 진술서나 진술을 기재한 서류는 (i) 공판준비 또는 공판기일에서의 그 작성자의 진술에 의하여 그 성립의 진정함이 증명되고 (ii) 그 진술이 특히 신빙할 수 있는 상태 하에서 행하여 진 때에 한하여 피고인의 공판준비 또는 공판기일에서의 진술에도 불구하고 증거로 할 수 있다(제313조 제1항).

104) 감정서는 위의 피고인 아닌 자가 작성한 진술서와 마찬가지로 증거능력이 인정된다.

⑩ 당연히 증거능력이 있는 서류(제315조)[106]

⑪ 전문의 진술(제316조)[107]

4) 당사자의 증거동의

당사자의 증거동의란 전문법칙에 의하여 증거능력이 없는 증거라도 당사자가 진정한 것으로 인정하는 경우 증거능력을 인정하도록 하는 제도를 말한다(제318조). 검사와 피고인에게 증거동의권을 인정하여 재판의 신속과 소송경제를 도모하기 위한 취지로 동의의 상대방은 법원이다. 따라서 반대당사자에게 증거동의를 하는 것은 증거의 증거능력에 아무런 영향을 가져오지 못한다.

증거동의의 대상은 전문증거로서 증거로 할 수 없는 진술증거이다. 따라서 전문을 기재한 서류와 전문진술, 증거물[108]이 여기

---

105) 원진술자의 진술불능의 경우에 대비한 보충적 규정으로서 (ⅰ) 사망, 질병, 외국거주, 소재불명 그 밖에 이에 준하는 부득이한 사유로 원진술자 또는 작성자가 진술을 할 수 없는 때에 (ⅱ) 특히 신빙할 수 있는 상태 하에서 행하여진 진술에 대하여는 전문증거의 증거능력이 인정된다.

106) 공무원 등이 직무상 증명할 수 있는 사항에 관하여 작성한 문서(예)가족관계증명서, 등기부 등·초본 등), 업무상 필요로 작성한 통상문서(예)상법장부, 항해일지), 기타 특히 신용할 만한 정황에 의하여 작성된 문서(예)스포츠기록, 공식통계, 다른 피고인에 대한 공판조서 등)는 신용성의 정황적 보장이 강력한 문서이므로 증거능력이 인정된다.

107) 다른 사람의 진술을 전하는 전문진술은 형식상으로는 원본증거이지만 그 내용이 그 진술자가 아니라 타인의 진술을 전하는 것이므로 전문증거가 된다. 피고인이 아닌 자의 공판준비 또는 공판기일에서의 진술이 '피고인의 진술'을 내용으로 하는 것인 때에는 그 진술이 특히 신빙할 수 있는 상태 하에서 행하여진 때에 한하여 이를 증거로 할 수 있다(제316조 제1항). 반면, 피고인 아닌 자의 공판준비 또는 공판기일에서의 진술이 '피고인 아닌 타인의 진술'을 그 내용으로 하는 것인 때에는 (ⅰ) 원진술자가 사망·질병·외국거주·소재불명 그 밖에 이에 준하는 부득이한 사유로 인하여 진술할 수 없고, (ⅱ) 그 진술이 특히 신빙성이 있는 상태 하에서 행하여졌음이 증명된 때에 한하여 이를 증거로 할 수 있다(제316조 제2항).

108) 물건에 대해서는 반대신문과 관련이 없고 현행법상 물적 증거의 증거능력을 제한하는 규정이 없으므로 증거동의의 대상이 되지 않고 따라서 '물건'이라는 규정은 입법상의 과오라고 보는 논의가 있다.

에 해당한다. 그러나 위법수집증거나 임의성 없는 자백과 같이 절대적으로 증거능력이 부정되는 증거는 증거동의의 대상이 되지 않는다.

동의는 원칙적으로 증거조사 전에 하여야 하지만 예외적으로 변론종결전에 전문증거임이 밝혀지면 이 때에는 사후동의가 가능하다고 보는 것이 일반적이다. 동의는 반대신문권을 포기한다는 내용을 서면이나 구두로 할 수 있으며 이견이 없다는 소극적인 의사표시로도 증거동의를 인정한다[109]. 또한 개별적인 증거가 아니라 검사가 제시한 모든 증거에 대하여 포괄적으로 증거동의를 하는 방식에 대하여도 판례는 유효성을 인정하고 있다.

증거동의가 있고, 법원이 당사자가 동의한 서류 또는 물건의 진정성[110]을 인정하면 그 증거는 증거능력이 인정된다.

5) 탄핵증거

탄핵증거란 적극적으로 범죄사실의 존부를 증명하기 위한 증거가 아니라 다른 진술의 증명력을 다투기 위한 증거로서, 엄격한 증명이 필요 없고, 따라서 전문법칙의 적용이 없다. 그러나 탄핵증거는 실제 재판에 있어서 범죄사실의 존부에 관한 법관의 심증형성에 영향을 줄 수 있다는 점에서 일정한 제한이 필요하다.

탄핵증거로 사용가능한 증거는 형사소송법 제312조 내지 제316조의 규정에 해당하지 않아 증거능력이 인정되지 않는 전문증거이다. 따라서 적법한 절차에 따르지 않고 수집한 증거나 임의성 없는 자백이나 진술은 탄핵증거로도 허용되지 않는다.

탄핵의 대상이 되는 증거는 공판준비 또는 공판기일에서의 피

---

109) 판례(대법원 1972.6.13. 선고 72도922 판결)의 태도이다. 그러나 아무런 이의를 제기하지 않았다고 증거동의가 되는 것은 아니다(대법원 1983.9.27. 선고 83도516 판결).

110) 서류 또는 물건의 신용성을 의심스럽게 하는 유형적 상황이 없음을 의미한다.

고인 또는 피고인 아닌 자의 진술에 한한다.

탄핵증거는 피고인 또는 피고인 아닌 자의 진술의 증명력을 공격하는 데에만 사용되어야하므로, 범죄사실에 관한 유죄인정의 자료로 사용할 수 없고, 증명력을 지지 또는 보강하기 위한 자료로도 사용할 수 없다.

6) 자유심증주의와 증명력

증거능력이 증거로 허용될 수 있는 일종의 증거로서의 자격이었다면 증명력은 실질적으로 증명의 대상이 되는 사실을 실질적으로 증명할 수 있는 가치를 의미한다. 우리 형사소송법은 법관이 증명력에 관하여 자유롭게 판단할 수 있도록 하는 자유심증주의를 취하고 있다(제308조). 그러나 자유판단이라고 하여 법관의 자의를 의미하는 것은 아니며 심증의 형성이 경험칙과 논리법칙에 의하여 합리적으로 행하여질 것을 요구한다. 그리고 심증 형성의 정도는 합리적인 의심의 여지가 없을 정도(beyond a reasonable doubt)로 이루어질 것을 요한다.

그런데 우리 헌법 제12조 제2항과 형사소송법 제310조는 정식재판에 있어서 피고인의 자백이 그에게 불리한 유일한 증거인 때에는 이를 유죄의 증거로 삼지 못하도록 하여 자백의 증명력에 제한을 가하고 있다. 이는 자백 편중의 수사관행이 초래할 수 있는 폐해를 방지하기 위한 것으로 오판의 위험과 인권침해의 위험에 대한 대비책이라 할 수 있다. 여기에서의 자백은 정식재판에서의 자백만 해당되며, 피고인 아닌 증인이나 참고인의 진술은 제외된다. 따라서 피고인에게 불리한 자백을 유죄의 증거로 사용하기 위하여는 자백 이외의 보강증거가 요구되는데 보강증거는 증거능력이 인정된 증거로서, 피고인의 자백과 독립한 증거여야 한다. 피고인에게 불리한 유일한 증거인 자백을 이유로 유죄판결을 한 경우 이는 법령위반에 해당하여 항소(제361조의5) 또는 비상

상고(제441조)에의한 불복의 대상이 된다.

또 형사소송법 제56조는 공판기일의 소송절차로서 공판조서에 기재된 것을 그 조서만으로 증명한다고 규정하여 공판조서에 대하여는 배타적인 증명력을 인정하고 있다. 이는 공판조서의 경우 공판에 참여한 법원사무관이 작성하고 기명날인하여 정확성이 보장되기 때문에 자유심증주의의 예외로서 증명력을 인정하는 것이다. 배타적 증명력이 인정되는 공판조서는 공판기일의 절차에서 작성된 것에 한하며, 공판기일의 절차라 하더라도 순수하게 절차면에 해당하는 소송절차 관련 부분에만 국한된다.

(6) 판결의 선고

증거조사와 피고인신문이 종료한 후 검사는 사실과 법률적용에 관하여 의견을 진술하여야 한다. 그리고 재판장은 검사의 의견을 들은 후 피고인과 변호인에게 최종의견을 진술할 기회를 주어야 한다(제303조).

이 절차가 모두 이루어지면 판결이 선고되는데, 판결의 선고는 변론을 종결한 기일에 하고, 다만 특별한 사정이 있는 때에는 법원이 따로 선고기일을 지정하여 판결 선고를 할 수 있다(제318조의4 제1항). 이 경우에도 법원은 판결선고일을 변론종결 후 14일 이내로 지정하여야 한다(제318조의4 제3항).

5. 공판절차의 정지와 갱신

(1) 공판절차의 정지

공판절차의 정지란 심리의 진행을 방해할 중대한 사유가 발생한 경우에 그 사유가 없어질 때까지 법률상 공판절차를 진행할 수 없게 하는 것을 말한다.

피고인이 사물의 변별 또는 의사의 결정을 할 능력이 없는 상태에 있는 때와 피고인이 질병으로 인하여 출정할 수 없는 때에는 법원이 검사와 변호인의 의견 및 의사의 의견을 들어서 결정으로 그 상태가 계속하는 기간 동안 공판절차를 정지하여야 한다(제306조 제1항, 제2항).

그러나 이러한 공판절차의 정지는 피고인의 방어권을 보장하기 위한 것이므로 피고인에게 유리한 무죄, 면소, 형의 면제 또는 공소기각의 재판을 할 것이 명백한 때에는 피고인의 출정 없이도 재판할 수 있다(제306조 제5항, 제6항). 또한 검사의 공소장변경이 피고인의 불이익을 증가시킬 염려가 있다고 인정하는 때에는 법원이 결정으로 필요한 기간 공판절차를 정지할 수 있다(제298조 제4항).

공판절차의 정지결정이 있으면 취소될 때까지 공판절차를 진행할 수 없다. 그러나 정지기간이 정하여진 경우에는 기간의 경과로 당연히 효력을 잃는다. 공판절차가 정지되는 범위는 공판기일의 절차에 한하므로 구속, 보석에 관한 재판이나 공판준비는 진행이 가능하다.

(2) 공판절차의 갱신

공판절차의 갱신이란 공판절차를 진행한 법원이 판결 선고 이전에 이미 진행된 공판절차를 무시하고 다시 그 절차를 진행하는 것을 말한다.

공판갱신의 사유로는 공판개정 후 판사의 경질(제301조), 간이공판절차[111] 취소 후 통상공판절차의 진행(제301조의2), 심신상실로 인한 공판절차의 정지 후 심리진행(제306조 제1항), 국민참여재판

---

111) 간이공판절차란 유무죄에 다툼이 없는 사건에 대하여 공판절차의 진행을 간이화함으로써 신속한 재판과 소송경제를 도모하기 위한 제도이다. 간이공판절차에서는 직접심리주의와 전문법칙이 적용되지 않고 증거조사방식 역시 법원이 상당하다고 인정하는 방법으로 할 수 있다.

에 있어서 공판 개시 후 새로운 배심원의 공판참여(국민의 형사재판 참여에 관한 법률 제45조)등이 있다.

공판절차가 갱신되면 재판장은 피고인에게 진술거부권 등을 고지한 후 인정신문을 하여 피고인임에 틀림없음을 확인하여야 한다. 이후 재판장은 검사로 하여금 공소장 또는 공소장변경허가신청서에 의하여 공소사실, 죄명 및 적용 법조를 낭독하게 하거나 그 요지를 진술하게 하여야 한다. 그리고 피고인에게도 공소사실의 인정 여부 및 정상에 관하여 진술할 기회를 주어야 한다. 또한 재판장은 갱신전의 공판기일에서의 피고인이나 피고인이 아닌 자의 진술 또는 법원의 검증결과를 기재한 조서에 관하여 증거조사를 하여야 하고, 갱신전의 공판기일에서 증거조사된 서류 또는 물건에 관하여 다시 증거조사를 하여야 한다.

6. 공판절차의 종료

(1) 재판의 의의

재판이란 좁은 의미에서는 대상 사건의 유무죄에 대한 실체적 종국판결을 의미하지만, 넓은 의미에서는 법원 또는 법관의 의사표시적 소송행위 일체를 말한다.

재판의 종류로는 형식에 따라 판결,[112] 결정,[113] 명령[114]으로 나눌 수 있고, 내용에 따라서는 실체재판[115]과 형식재판[116]으로

112) 판결은 법원이 하는 종국재판의 원칙적 형식으로 구두변론에 의하고 이유를 명시하여야 한다.

113) 결정은 법원이 하는 중간재판의 원칙적 형식으로 구두변론에 의하지 않는다.

114) 명령은 법원이 아닌 재판장, 수명법관, 수탁판사가 하는 재판이며 구두변론에 의하지 않는다.

115) 실체재판은 사건의 실체를 심리하여 얻은 유무죄에 관한 공권적 판단을 말한다.

116) 형식재판은 사건의 실체 이외의 사항에 관하여 판단한 재판을 말한다.

나룰 수 있으며 기능에 따라서는 종국재판[117]과 중간재판[118]으로 나눌 수 있다.

(2) 종국재판의 종류

1) 유무죄 판결

유죄판결은 법원이 피고사건의 실체에 대하여 범죄의 증명이 있다고 판단하는 경우에 행하는 종국재판이다(제321조 제1항). 유죄판결의 종류에는 형선고의 판결, 형면제의 판결, 형의 선고유예의 판결이 있다. 유죄판결에는 범죄될 사실, 증거의 요지, 법령의 적용 및 피의자가 진술한 범죄의 성립을 조각하는 이유 또는 형의 가중 감면의 이유되는 사실에 관한 판단을 기재하여야 하는데(제323조), 이는 유죄판결의 내용을 객관적으로 명백하게 하여 법관의 자의적 판단을 방지하고 상소의 기초자료로 사용하기 위한 조치이다.

무죄판결은 법원이 피고사건이 범죄로 되지 않거나 범죄사실의 증명이 없는 때에 행하는 종국재판이다(제325조). 무죄판결은 구성요건해당성, 위법성, 책임 중 어느 성립요건이 결여되거나, 증거불충분으로 범죄사실의 증명이 없는 때에 행해진다. 무죄판결은 유죄판결과 같이 판결이유의 설시방법에 대한 명문의 규정을 두지 않고 있는데, 피고인에게 가장 유리한 판결이라는 점에서 이유 설시의 정도가 완화된다고 봄이 타당할 것이다.

2) 면소판결

면소판결은 사건에 대하여 실체적 소송조건이 결여된 경우에 내리는 판결이다. 구체적으로는 확정판결이 있은 때, 사면이 있은

117) 종국재판이란 당해소송을 그 심급에서 종결시키는 재판을 말한다.

118) 중간재판이란 종국재판에 이르는 심리도중에 하는 절차에 관한 재판을 말한다.

때, 공소의 시효가 완성되었을 때, 범죄후의 법령개폐로 형이 폐지되었을 때에 인정된다(제326조). 면소판결은 일사부재리의 효력이 인정되고 정지된 공소시효를 다시 진행시키지 않는다는 점에서 관할 위반이나 공소기각과 같은 형식재판과 구별된다. 그러나 사건에 대하여 법원이 실체심리에 들어가지 않고 형사절차를 종결시킨다는 점에서는 실체재판이라고 보기 어려워서 그 중간적 지위에 관한 견해[119]가 대립한다.

3) 공소기각의 재판

공소기각의 재판은 공소기각의 판결(제328조)과 공소기각의 결정(제327조)을 포함하는 것으로 관할권 이외의 형식적 소송조건을 결여한 경우에 법원이 사건의 실체에 대한 심리를 하지 않고 소송을 종결시키는 형식재판이다.

공소기각판결의 사유로는 피고인에 대하여 재판권이 없는 때, 공소제기의 절차가 법률의 규정에 위반하여 무효인 때, 공소가 제기된 사건에 대하여 다시 공소가 제기되었을 때, 공소취소 후 다른 중요 증거 없이 다시 공소가 제기되었을 때, 친고죄에서 고소의 취소가 있은 때, 반의사불벌죄에서 처벌을 희망하지 아니하는 의사표시나 처벌을 희망하는 의사표시의 철회가 있을 때가 있다(제327조). 그리고 공소기각결정의 사유로는 공소가 취소되었을 때, 피고인이 사망하거나 피고인인 법인이 존속하지 아니하게 되었을 때, 관할권 경합으로 재판할 수 없는 때, 공소장에 기재된 사실이 진실하다 하더라도 범죄가 될 만한 사실이 포함되지 아니하는 때가 있다(제328조 제1항).

---

119) 면소판결의 성질에 대하여 실체관계적 형식재판설, 형식재판설, 형사정책설 등이 대립하며, 주로 면소판결에 실체심리를 요하는가, 면소판결에 대하여 무죄를 이유로 상소할 수 있는가(대법원은 부정), 면소판결에 일사부재리의 효력을 인정하는 근거는 무엇인가에 관하여 견해가 대립한다.

공소기각의 재판을 하는 경우, 피고인의 출석은 요구되지 않으며(제277조), 정지되었던 공소시효는 그 때부터 다시 진행된다(제253조 제1항).

4) 관할위반의 판결

관할위반 판결이란 사건이 법원의 관할에 속하지 아니한 때에 하는 판결로 관할위반을 선고하는 재판을 말한다(제319조). 관할위반판결의 사유는 사건이 해당 법원의 관할에 속하지 않는 때인데, 예외적으로 토지관할 위반에 대해서는 피고인의 신청이 없는 경우라면 관할위반의 선고를 하지 못한다.

관할위반 판결은 공소기각과 같이 피고인의 출석이 요구되지 않는다는 규정은 없지만, 재판이 있는 때 정지된 공소시효는 다시 진행한다(제253조 제1항).

(3) 종국재판의 효력

1) 재판의 확정력

재판의 확정이란 보통의 상소방법이나 불복방법으로 더 이상 재판을 다툴 수 없게 된 상태를 말하고, 이렇게 확정된 재판이 가지는 본래의 효력을 재판의 확정력이라고 한다. 재판이 확정되는 시기는 불복신청이 허용되지 않는 재판[120]의 경우에는 재판의 선고 또는 고지시이고, 불복신청이 허용되는 재판의 경우는 상소 기타 불복신청기간의 도과, 상소 기타 불복신청기간의 포기 또는 취하, 상소 기타 불복신청을 기각하는 재판의 확정시이다.

재판의 확정력의 내용은 크게 형식적 확정력과 내용적 확정력으로 구별된다. 우선 형식적 확정력이란 재판이 통상의 불복방법에 의하여 다툴 수 없게 되는 불가쟁적 효력을 의미한다. 형식적

120) 법원의 관할에 관한 결정, 항고법원 또는 고등법원의 결정, 대법원판결 등이 그 예이다.

확정력은 모든 재판에 대하여 다 발생한다. 그리고 그 효과로 당해 사건에 대한 소송계속이 소멸되고, 재판집행의 기준시점이 정해진다.

반면 내용적 확정력이란 재판의 판단 내용인 법률관계를 확정시키는 효력을 말한다. 내용적 확정력은 실체재판 뿐 아니라 형식재판에도 인정되는데 특히 실체재판의 내용적 확정력을 실체적 확정력이라고 한다. 내용적 확정력의 내부적 효과는 당해 사건에 대하여 형벌권의 존부가 확정되어 발생하는 집행력이고, 외부적 효과는 재판이 확정되면 다른 법원이 동일한 사정에서 동일 사항에 대하여 다른 판단을 할 수 없도록 하는 내용적 구속력(후소에 대한 불가변경적 효력) 및 실체판결이나 면소판결 확정시 동일사건에 대하여 다시 심리, 판단할 수 없도록 하는 일사부재리의 효력이다.

통설에 따른 확정판결의 효력을 간단히 정리하면 다음과 같다.

- 형식적 확정력(모든 종국재판의 효력)
- 내용적 확정력(실질적 확정력)
  - 실체재판의 내용적 확정력(실체적 확정력)
    - 내부적 효력 – 집행력
    - 외부적 효력
      - 내용적 구속력
      - 일사부재리의 효력(기판력)
  - 형식재판의 내용적 확정력
    - 내부적 효력 – 집행력
    - 외부적 효력 – 내용적 구속력

2) 기 판 력

기판력의 의미 및 일사부재리효력과의 관계에 대해서 견해 대립이 있으나 실체재판의 내용적 확정력 중 외부적 효력을 지칭하는 용어로서 재소(再訴)금지를 내용으로 하는 일사부재리의 효력과 혼용하여 사용하는 것이 일반적이다(일치설).[121] 기판력이 인정되는 이유는 무용한 형사재판의 반복을 방지하고, 동일 사건에 대한 전후모순 판결을 방지하여 형사사법의 권위를 유지하며, 언제 다시 형사절차의 대상이 될지 모른다는 국민의 법적 지위의 불안을 해소하고자 함이다.

기판력이 인정되는 재판에는 유죄 및 무죄의 확정판결, 면소의 확정판결, 기타 약식명령과 즉결심판에서의 확정판결이 있다.

기판력이 미치는 객관적 범위는 법원이 현실적 심판대상으로 삼은 공소사실 및 공소사실과 동일성, 단일성이 인정되는 범위의 사실 전부이다. 따라서 포괄일죄의 일부에 대한 확정판결은 포괄일죄 전부에 대하여 효력을 미친다. 기판력이 미치는 주관적 범위는 공소제기 된 피고인에 한한다. 공동피고인이라 할지라도 피고인에 대한 판결의 효력은 미치지 않는다. 계속범, 상습범의 범죄행위가 판결의 전후에 걸쳐 범해졌을 때 기판력의 시간적 범위에 관하여 견해의 대립이 있으나 사실심리의 가능성이 있는 최후의 시기, 즉, 사실심판결선고시를 표준으로 한다는 것이 일반적인 학설과 판례의 태도이다.

법적 안정성을 도모하고 피고인의 지위를 보호하기 위한 기판력의 취지를 고려하더라도 명백하게 확정판결에 중대한 흠결이 있어 실체적 진실의 발견을 위협할 가능성이 있는 경우에는 기판력의 적용이 배제된다. 이러한 장치로 형사소송법은 상소권의 회복(형사소송법 제345조), 재심(형사소송법 제420조), 비상상고(형사소송법 제441조)를 규정하고 있다.

---

121) 기판력은 소송법적 개념이지만 일사부재리의 효력은 이중위험금지의 법리에서 유래하는 것으로 재판의 효력과는 관계가 없는 개념이라고 보는 견해(구별설), 기판력은 내용적 구속력과 일사부재리의 효력을 포함하는 개념이라고 보는 견해(포함설)도 있다.

Ⅲ. 상소절차

1. 상소절차

(1) 상소 일반

1) 의의 및 종류

상소는 아직 확정되지 않은 재판에 대하여 상급법원에 구제를 구하는 불복신청제도이다. 형사소송법은 상소의 종류로서 항소(제357조), 상고(제371조), 항고(제420조)를 규정하고 있다.

항소는 제1심판결에 대한 상소로, 단독판사의 제1심판결에 대한 항소는 지방법원본원의 합의부에 할 수 있으며, 지방법원합의부의 제1심판결에 대한 항소는 고등법원에 할 수 있다.

상고는 제2심 판결에 대한 상소로, 관할법원은 어느 경우든 대법원이 된다. 예외적인 경우에는 제1심판결에 대해서도 비약상고가 인정된다.

항고는 판결 이외의 법원의 결정에 대한 상소로, 일반항고와 특별항고 및 보통항고와 즉시항고로 나뉜다.

2) 상 소 권

상소권이란 형사재판에 대하여 상소할 수 있는 권리로서 재판의 선고 또는 고지에 의하여 발생한다. 상소권자는 검사 또는 피고인으로(제338조) 검사는 공익의 대변자적 입장에서 피고인을 위하여 상소를 할 수도 있다. 피고인의 법정대리인, 배우자, 직계친족, 형제자매 등은 피고인을 위하여 상소할 수 있으나 이들의 상소권은 피고인의 상소권 소멸로 함께 소멸한다.

항소와 상고의 기간은 7일이고(제358조, 제374조) 즉시항고의 기간은 3일이며(제405조), 보통항고의 기간은 항고의 이익이 있는 한 제한이 없다.

상소권은 상소권자가 상소기간 내에 상소를 포기하거나 제기한 상소를 재판 전에 취하하거나(제349조) 피고인이 사망함으로써 소멸한다. 상소의 포기는 원심법원에, 상소의 취하는 상소법원에 하여야 하며, 법원은 상소의 포기, 취하가 있는 때에 지체 없이 상대방에게 그 사유를 통지하여야 한다. 그리고 상소를 취하한 자 또는 상소의 포기나 취하에 동의한 자는 다시 상소하지 못한다(제354조).

그러나 상소권자의 책임 없는 사유로 상소기간이 경과한 경우에는 법원의 결정에 의하여 상소권이 회복될 수 있다(제345조). 상소권회복의 사유는 본인 또는 대리인의 고의나 과실에 기하지 않고 상소기간 내에 상소하지 못한 경우[122]이다. 상소권회복의 청구는 사유가 끝난 날부터 상소의 제기기간에 상당한 기간 내에 서면으로 원심법원에 제출하여야 한다(제346조 제1항). 그리고 법원이 그 청구의 허부를 결정하여 청구가 인정되면, 상소의 제기는 유효하게 된다(제347조).

상소가 제기되면 재판의 확정 및 그 집행은 정지되고, 소송계속이 원심을 떠나서 상소심에 옮겨지게 된다.

3) 상소의 이익

상소는 원판결에 의하여 입은 불이익을 구제하기 위하여 당사자가 제기하는 것이므로 상소하는 자는 상소의 이익이 있어야 한다.

검사는 대립당사자의 지위 뿐 아니라 법령의 정당한 적용을 법원에 청구하여야 할 직무를 부담하는 공익의 대표자이므로 피고

122) 제1심 판결에 피고인의 주소를 잘못 기재하여 항소심에서 송달불능을 이유로 공시송달절차가 이루어지고, 이에 기해 판결이 선고되어 그 사실을 알지 못한 경우, 소송촉진등에 관한 특례법에 따라 피고인이 불출석한 상태에서 재판이 진행되어 유죄판결이 선고된 것을 모른 경우 등이 그 예이다.

인에게 불리한 경우는 물론 유리한 경우에도 상소의 이익을 인정받을 수 있다.

한편 피고인의 경우에는 원심재판이 자신에게 불리한 경우에만 상소의 이익이 인정된다. 따라서 무죄판결의 경우에는 상소의 이익을 인정하지 않으며, 공소기각의 재판에 대하여 무죄를 주장하여 상소하는 경우에도 상소의 이익을 부정하는 것이 판례[123]의 태도이다.

상소의 이익은 상소의 적법요건이므로 상소제기 자체에서 상소의 이익이 없음이 명백한 경우는 상소기각의 결정을 하여야 하고, 상소이유서에 의하여 상소의 이익이 없음이 밝혀진 경우는 상소기각의 판결을 하여야 한다.

4) 일부상소

일부상소란 재판의 일부에 대하여 상소하는 것으로(제342조) 수개의 사건이 병합심판된 경우 재판의 일부[124]에 대한 상소를 의미한다.

일부상소가 허용되기 위해서는 재판의 내용이 가분적이고 독립된 판결이 가능할 것을 전제로 한다. 따라서 경합범으로 공소제기된 사실에 대한 일부유죄, 경합범에 대한 2개 이상의 형의 병과, 수 개의 공소사실 전부에 대한 전부무죄와 같은 경우에 일부상소가 가능하다. 반면, 일죄의 일부, 한 개의 형이 선고된 경합범, 주형과 일체된 부가형의 경우에는 일부상소가 불가능하다.

일부상소를 하기 위해서는 그 취지를 상소장에 명시하고 불복부분을 특정하여야 한다. 일부분이 특정되지 않은 상소는 전부상소로 보는 것이 원칙이지만, 일부무죄·일부유죄에 대한 피고인

---

123) 대법원 1988.11.8. 선고 85도1675 판결.

124) 따라서 재판의 일부란 재판의 객관적 범위의 일부를 말하는 것이므로 주관적 범위의 일부 상소(공동피고인 일부의 상소)는 인정되지 않는다.

과 검사의 상소는 각각 불리한 부분에 대하여 일부상소를 하는 것으로 보아야 한다.

일부상소에 대하여는 상소불가분의 원칙[125]이 적용되지 않고, 상소가 제기된 일부에 대해서만 상소제기의 효과가 발생함이 원칙이다.

5) 불이익변경금지의 원칙

불이익변경금지의 원칙이란 피고인이 상소한 사건이나 피고인을 위하여 상소한 사건에 관하여 상소심은 원심판결의 형보다 중한 형을 선고하지 못한다는 원칙을 말한다(제368조, 제396조). 불이익변경금지의 원칙을 인정하는 근거는 불이익한 처분을 받을 염려 때문에 피고인이 정당한 상소를 제기하는지 못하는 것을 막기 위한 정책적인 배려이다.

적용 대상은 피고인이 상소한 사건, 피고인을 위하여 상소한 사건이므로 검사만 상소한 사건과 검사와 피고인 쌍방이 상소한 사건은 중한 형으로의 변경도 가능하다. 또한 약식명령에 대하여 정식재판을 청구하는 사건에 대해서도 불이익변경금지의 원칙은 적용된다(제457조의2).

불이익변경금지의 내용은 중한 형의 선고가 금지되는 것으로 여기에서 말하는 형이란 선고형을 말한다. 그리고 그 경중에 대하여는 법정형의 경중을 규정한 형법 제50조를 원칙적인 기준으로 한다. 상소심에서 동종의 형을 선고하면서 형을 추가하거나 중한 형으로 형의 종류를 변경하는 것도 불이익 변경에 속하며, 집행유예[126]의 자유형 판결에 대하여 집행유예만을 없애거나 유

125) 일부상소는 그 일부와 불가분의 관계가 있는 부분에 대하여도 그 효력이 미치는데 이를 상소불가분의 원칙이라고 한다(제342조).

126) 집행유예란 3년 이하의 징역 또는 금고의 형이 선고된 범죄자에게 정상을 참작하여 일정한 기간 동안 형의 집행을 유예하는 것으로 집행유예 기간을

예기간만 연장한 경우도 불이익변경에 속한다. 자유형에 대한 집행유예판결을 벌금형으로 변경하는 것은 불이익변경이 되지 않으나 자유형에 대한 선고유예[127]판결을 벌금형으로 변경하는 것은 불이익변경이 된다. 또 원심의 징역형을 그대로 두면서 새로 몰수, 추징을 추가하는 것도 불이익변경이고, 미결구금일수의 산입을 박탈하거나 감소시키는 것도 불이익변경이 된다.

6) 파기판결의 기속력

파기판결의 기속력이란 상소심이 원판결을 파기하여 사건을 하급심으로 환송 또는 이송하는 경우, 상급심의 판단이 환송 또는 이송 받은 하급심에 대하여 갖는 구속력을 말한다(법원조직법 제8조). 항소심이 제1심판결을 파기하는 경우에는 원심판결을 파기하고, 다시 판결을 하는 것이 원칙(제364조 제6항)인 반면, 상고심에서는 원심판결을 파기하는 때에 판결로써 사건을 원심법원에 환송하거나 그와 동등한 다른 법원에 이송하는 것이 원칙이다(제397조).

파기재판의 기속력이 미치는 대상 법원은 당해 사건의 하급심이며, 파기 판결을 한 상급법원 자신까지도 구속한다고 보는 것이 일반적인 견해이다. 기속력이 미치는 판단의 내용은 법령의 해석과 적용 및 사실관계에 관하여 상급법원이 내린 판단이다. 그리고 기속력이 발생하는 것은 원심판결의 판단이 정당하지 않았다는 소극적인 측면에 대한 것이지 파기이유에 관한 적극적인 측면에 대한 것은 아니다. 따라서 파기 후 심리과정에서 새로운 증거의 추가로 사실 관계에 변동이 있는 경우에는 기속력이 미치

사고 없이 넘기면 형 선고의 효력이 없어진다.

127) 선고유예란 1년 이하의 징역이나 금고, 자격정지 또는 벌금의 형이 선고된 범죄자에게 정상을 참작하여 형의 선고를 유예하는 것으로 선고받은 날로부터 2년이 경과하면 면소된 것으로 간주된다.

지 않는다.

(2) 항 소

1) 의 의

항소는 제1심판결에 불복하여 제2심 법원에 제기하는 상소를 말한다. 항소심의 성질에 대해서는 원칙적으로 속심[128]이고 사후심[129]적 요소를 가진 조문들을 남상소의 폐해를 억제하고 소송경제상 필요에서 상소심의 속심적 성격에 제한을 가하는 것이라고 보는 것이 판례[130]의 태도이다.

2) 항소이유

항소의 이유로는 판결에 영향을 미친 헌법·법률·명령 또는 규칙의 위반이 있는 때, 판결 후 형의 폐지나 변경 또는 사면이 있는 때, 관할 또는 관할위반의 인정이 법률에 위반한 때(상대적 항소이유,[131] 이하는 절대적 항소이유[132]), 판결법원의 구성이 법률에 위반한 때, 법률상 그 재판에 관여하지 못할 판사가 그 사건의 심판에 관여한 때, 사건의 심리에 관여하지 아니한 판사가 그 사건의 판결에 관여한 때, 공판의 공개에 관한 규정에 위반한 때, 판결에 이유를 붙이지 아니하거나 이유에 모순이 있는 때, 재심청구의 사유가 있는 때, 사실의 오인이 있어 판결에 영향을 미칠

---

128) 속심이란 제1심의 심리절차를 전제로 그 소송자료를 이어받아 피고사건에 대하여 심리를 속행하는 것을 말한다.

129) 사후심이란 원심법원의 소송자료만을 기초로 원판결 당시를 기준으로 원판결의 당부를 사후적으로 심사하는 것을 말한다.

130) 대법원 1983.4.26. 선고 82도2829 판결.

131) 상대적 항소이유란 객관적으로 오류가 있더라도 그것이 판결에 영향을 미친 경우에 한하여 원심판결을 파기하게 만드는 항소이유를 말한다.

132) 절대적 항소이유란 객관적인 오류가 있다면 그것이 판결에 영향을 미쳤는지를 불문하고 원심판결을 파기하게 만드는 항소이유를 말한다.

때(상대적 항소이유), 형의 양정(量定)이 부당하다고 인정할 사유가 있는 때가 있다(제361조의5).

3) 항소심의 절차

항소의 제기는 7일 이내에 항소장을 원심법원에 제출함으로써 이루어진다(제358조, 제359조). 원심법원은 항소장을 심사하여 항소의 제기가 법률상 방식에 위반하거나 항소권이 소멸된 후의 것이 명백한 때에는 결정으로 항소를 기각하여야 한다(제360조). 항소기각의 결정을 하지 않은 경우 원심법원은 항소장을 받은 날로부터 14일 이내에 소송기록과 증거물을 항소법원에 송부하여야 한다(제361조). 항소법원은 기록의 송부를 받은 때에 즉시 항소인과 상대방에게 서류를 통보하여야 한다(제361조의2).

항소인 또는 변호인[133]은 소송기록의 접수통지를 받은 날로부터 20일 이내에 항소이유서를 항소법원에 제출하여야 한다(제361조의3 제1항). 항소이유서를 송달받은 상대방은 그 송달받은 날로부터 10일 이내에 답변서를 항소법원에 제출하여야 한다(제361조의3 제3항). 항소이유서와 답변서의 제출 및 부본의 송달이 끝나면 항소법원은 공판기일을 지정하여 피고인을 소환하고, 검사, 변호인 등에게 공판기일을 통지하며 공판기일 전의 증거조사준비 등을 실시한다. 이 후 항소심의 공판절차에 관하여는 특별한 규정 없으면 제1심 공판절차에 대한 규정이 준용된다(제370조).

항소법원은 원칙적으로 항소이유에 포함된 사실에 관하여 심판하여야 하나, 판결에 영향을 미친 사유라면 항소이유서에 포함되지 아니한 사유에 대하여도 직권으로 심판할 수 있다(제364조). 판결에 영향을 미친 사유는 법령위반, 사실오인, 양형부당을 모두 포함한다.

---

133) 원심에서 선임된 변호인은 항소제기로 그 권한이 종료된다. 따라서 필요적 변호사건의 경우에는 항소심이 새로운 변호인을 선임하여야 한다.

항소심의 판결선고는 기록의 송부를 받은 날로부터 4개월 이내에 하여야 하는데(소송촉진등에 관한 특례법 제21조), 구속피고인의 구속은 항소심법원의 구속기간 갱신으로 인하여 6개월까지 연장될 수 있다.

4) 항소심의 재판

공소기각의 결정에 해당하는 사유가 있는 경우에는 항소법원 역시 결정으로 공소기각의 재판을 하여야 한다(제328조 제1항). 항소제기의 적법요건이 불비된 경우에도 항소법원이 결정으로 항소기각의 재판을 하여야 한다(제360조).

항소의 적법요건은 전부 충족되었으나 항소이유 없음이 명백한 때에는 항소법원이 변론 없이 판결로써 항소를 기각하는 재판을 할 수 있다(제354조, 무변론기각).

변론을 열어 심리하였으나 항소의 이유가 없다고 판단한 경우에는 항소법원이 판결로써 항소를 기각하여야 한다(제364조 제4항).

변론을 열어 심리하여 항소이유가 있다고 인정되면 원심판결을 파기하여야 한다. 원심판결을 파기한 법원은 자판하거나 환송하거나 이송을 할 수 있다. 파기자판은 항소심에서의 원칙으로, 항소법원이 스스로 다시 판결하는 것이다(제264조 제6항). 파기환송은 공소기각 또는 관할위반의 재판이 법률에 위반됨을 이유로 원심판결을 파기하는 경우, 사건을 원심법원으로 돌려보내는 판결이다(제366조). 그리고 파기이송은 관할인정이 법률에 위반됨을 이유로 원심판결을 파기하는 때에 사건을 관할법원으로 보내는 판결이다(제367조).

항소법원의 재판서에는 항소이유에 대한 판단을 기재해야 하며 원심판결에 기재한 사실과 증거를 인용할 수 있다(제369조).

(3) 상 고

1) 의 의

상고는 제2심 판결에 대하여 대법원에 제기하는 상소를 말한다(제371조). 예외적으로 제1심 판결에 대하여 상고가 허용되는데 이를 비약상고[134]라고 한다(제372조). 상고심은 원칙적으로 법률문제를 심리, 판단하는 법률심으로 법령해석의 통일성을 기하는 기능을 한다. 그러나 예외적인 경우,[135] 중대한 사실오인과 양형부당도 상고이유가 된다. 속심의 성격을 가지는 항소심과 달리 상고심의 구조는 원칙적으로 사후심[136]이다.

2) 상고이유

형사소송법이 규정한 상고이유로는 판결에 영향을 미친 헌법·법률·명령 또는 규칙의 위반이 있을 때, 판결 후 형의 폐지나 변경 또는 사면이 있는 때, 재심청구의 사유가 있는 때, 사형, 무기 또는 10년 이상의 징역이나 금고가 선고된 사건에 있어서 중대한 사실의 오인이 있어 판결에 영향을 미친 때 또는 형의 양정이 심히 부당하다고 인정할 현저한 사유가 있는 때가 있다(제383조).

3) 상고심의 절차

상고는 제2심판결 확정 후 7일 이내에 상고장을 원심법원에 제출함으로써 제기된다(제374조, 제375조). 상고의 제기가 법률의 방

---

134) 원심판결이 인정한 사실에 대하여 법령을 적용하지 아니하였거나 법령의 적용에 착오가 있는 때, 원심판결이 있은 후 형의 폐지나 변경 또는 사면이 있는 때에 제기할 수 있다.

135) 사형, 무기 또는 10년 이상의 징역이나 금고가 선고된 사건으로서, 중대한 사실오인이나 현정한 양형부당이 있는 원심판결의 경우이다.

136) 상고심은 변론 없이 서면심리에 의하여 판결(제390조)하고, 상고이유가 법령위반으로 제한되며(제383조) 파기환송 또는 파기이송을 원칙으로 한다(제397조).

식에 위반하거나 상고소멸 후의 것이 명백한 때에는 원심법원이 결정으로 상고를 기각하여야 한다(제376조). 상고기각결정을 하는 경우를 제외하고 원심법원은 상고장을 받은 날로부터 14일 이내에 소송기록을 대법원에 송부하여야 한다(제377조). 그리고 대법원은 소송기록의 송부를 받은 때에 즉시 상고인과 상대방에게 그 사유를 통지하여야 한다(제378조).

상고인 또는 변호인이 소송기록접수를 통지받은 날로부터 20일 이내에 상고이유서를 대법원에 제출하여야 한다(제379조 제1항). 상고이유서를 제출받은 대법원은 지체 없이 그 부본을 상대방에게 송달하여야 하고, 이를 송달받은 상대방은 10일 이내에 답변서를 제출할 수 있다(제379조 제3항). 대법원은 답변서의 부본 또는 등본을 상고인 또는 변호인에게 송달하여야 한다(제379조 제5항). 이 후 절차에 관해서는 특별한 규정이 없으면 항소심의 규정을 준용한다(제399조).

상고심은 서면심리가 원칙이나 필요한 경우에는 특정한 사항에 관하여 변론을 열어 참고인의 진술을 들을 수 있다(제389조).[137] 법원이 공판기일을 연 경우, 피고인의 소환은 요구되지 않으며, 출석하더라도 변론능력이 없다. 또한 참고인진술 역시 법률적 판단의 전제가 되는 전문가증언을 듣기 위한 절차로서의 의미만을 가진다.

상고법원은 상고이유서에 포함된 사유에 한하여 심판하여야 하지만, 판결에 영향을 미친 법령 위반, 판결 후 형의 폐지나 변경 또는 사면이 있는 때, 재심청구의 사유가 있는 때에는 상고이유서에 포함되지 않은 사항에 대하여도 직권으로 심판할 수 있다(제384조).

137) 그러나 법률심인 상고심의 특징상 상고법원이 공판기일을 열어 변론을 듣는 경우는 매우 드물다고 할 수 있다.

4) 상고심의 재판

상고법원은 공소기각의 사유가 있는 때에는 결정으로 공소를 기각하여야 한다.(제382조) 또한 상고인이나 변호인이 상고이유서 제출기간 내에 상고이유서를 제출하지 아니한 때, 상고제기가 법률상의 방식에 위반하거나 상고권 소멸 후인 것이 명백함에도 원심법원이 상고기각의 결정을 하지 않은 때에는 상고법원이 결정으로 상고를 기각하여야 한다(제381조).

상고법원이 심리에 들어가 상고이유가 없다고 판단하면 판결로써 상고를 기각하여야 한다(제399조).

심리 결과 상고가 이유 있다고 판단하면, 상고법원은 판결로써 원심판결을 파기하여야 하는데, 이 때 상고법원은 환송, 이송 또는 자판하여야 한다. 상고심의 경우, 파기환송이 원칙이며(제396조), 예외적으로 해당 소송기록과 하급심이 조사한 증거로 충분히 판결할 수 있다고 인정하여 파기자판을 할 수도 있다(제397조).

상고심의 재판서에는 상고이유에 관한 판단을 기재하여야 하며, 그 외에 합의에 관여한 대법관의 의견도 기재하여야 한다(제398조).

(4) 항 고

1) 의의 및 종류

항고란 법원의 판결이 아닌 결정에 대한 상고를 말한다.

항고의 종류에는 크게 일반항고와 특별항고가 있는데, 일반항고는 결정에 대한 최초의 불복절차이고, 특별항고(재항고)[138]는 두 번째 불복절차이다. 항고를 즉시항고와 보통항고로 나눌 수 있는데, 즉시항고[139]는 3일로 제기기간이 제한되어 있는 항고로 법률

138) 그 대상은 항고법원, 고등법원, 항소법원의 결정이며, 원심결정의 재판에 영향을 미친 헌법, 법률, 명령, 규칙의 위반이 있음을 이유로 하는 때에 한하여 제기할 수 있다.

의 규정이 있는 경우에만 허용되는 항고이고, 보통항고[140]는 즉시 항고 이 외의 항고를 말한다.

2) 절차 및 재판

항고는 항고장에 항고이유를 기재하여 원심법원에 제출하는 것으로 제기된다(제406조). 즉시항고의 경우에는 항고제기의 효과로 재판의 집행이 정지되지만 보통항고의 경우에는 재판의 집행이 정지되지 않는 것이 원칙이다(제410조). 항고의 제기가 법률상의 방식에 위반하거나 항고권 소멸 후인 것이 명백한 때에는 원심법원은 결정으로 항고를 기각하여야 한다(제407조 제1항). 원심법원이 항고가 이유 있다고 판단하면 결정을 경정[141]하여야 하지만, 항고의 일부 또는 전부가 이유 없다고 판단하면 항고장을 받은 날로부터 3일 이내에 의견서를 첨부하여 항고법원에 송부하여야 한다(제408조).

항고심에서는 항고인이 주장한 항고이유뿐 아니라 그 외의 사유에 대하여도 법원이 직권으로 심사할 수 있다. 그리고 항고심은 결정을 위한 절차이므로 구두변론 없이도 가능하다(제37조 제2항). 항고심은 사실과 법률 모두를 심사할 수 있고, 증인을 신문하거나 감정을 명할 수도 있다(형사소송규칙 제24조). 검사는 항고사건에 대하여 의견을 진술할 수 있다(제412조).

항고법원은 원심법원이 항고기각 결정을 하여야 함에도 하지 않은 경우 결정으로 기각하여야 하고(제413조), 항고가 이유 없다고 인정한 때에도 결정으로 항고를 기각하여야 한다(제414조 제1

139) 그 대상으로는 피고사건을 종국적으로 종결시키는 결정, 집행유예취소 결정, 비용배상결정 등 피고인에게 불이익을 주는 결정, 재심청구에 관한 결정, 재판의 집행에 관한 결정, 구속취소결정, 구속집행정지결정 등을 들 수 있다.

140) 그 대상으로는 법원의 관할에 관한 결정, 판결전 소송절차에 관한 결정 등이 있으며, 대법원의 결정에 대해서는 성질상 항고가 허용되지 않는다.

141) 경정이란 원결정 자체를 취소하거나 변경하는 것을 말한다.

항). 항고가 이유 있다고 인정한 때에는 결정으로 원심 결정을 취소하고, 필요한 경우에는 항고사건에 대하여 직접 재판을 해야 한다(제414조 제2항).

2. 비상구제절차

판결이 확정되고 나면 판결의 확정력에 의하여 이를 더 이상 다툴 수 없는 것이 원칙이지만 예외적으로 실체적 진실발견을 통한 정의 구현에 커다란 위협이 되는 경우에는 이에 대한 구제절차가 필요하다. 형사소송법이 규정하고 있는 비상구제절차로는 재심과 비상상고가 있다.

재심이란 유죄의 확정판결에 '중대한 사실오인'이 있는 경우 판결 받은 자의 이익을 위하여[142] 이를 시정하는 비상구제절차이다. 재심의 대상은 유죄의 확정판결 또는 항소 또는 상고의 기각판결이다. 그리고 재심은 예외적인 구제철차이므로 사유는 법정[143]된 경우에 한하는데 제일 대표적인 사유로는 증거의 허위성

---

142) 이를 이익재심제도라고 하며, 따라서 피고인에게 불리한 판결에 대한 재심청구만이 가능하고 재심판결 역시 원판결의 형보다 중한 형을 선고하지 못한다(제439조).

143) 형사소송법 제420조가 규정한 재심사유는 다음과 같다.

1. 원판결의 증거된 서류 또는 증거물이 확정판결에 의하여 위조 또는 변조인 것이 증명된 때
2. 원판결의 증거된 증언, 감정, 통역 또는 번역이 확정판결에 의하여 허위인 것이 증명된 때
3. 무고로 인하여 유죄의 선고를 받은 경우에 그 무고의 죄가 확정판결에 의하여 증명된 때
4. 원판결의 증거된 재판이 확정재판에 의하여 변경된 때
5. 유죄의 선고를 받은 자에 대하여 무죄 또는 면소를, 형의선고를 받은 자에 대하여 형의 면제 또는 원판결이 인정한 죄보다 경한 죄를 인정할 명백한 증거가 새로 발견된 때
6. 저작권, 특허권, 실용신안권, 의장권 또는 상표권을 침해한 죄로 유죄의 선고를 받은 사건에 관하여 그 권리에 대한 무효의심결 또는 무효의판결이 확정된 때

의 증명과 신증거의 발견을 들 수 있다. 재심절차는 크게 재심의 청구에 대하여 재심을 개시할 것인지 결정하는 재심개시절차(재심청구에 대한 재심개시결정절차)[144]와 개시된 재심에 대하여 법원이 다시 심판을 하는 재심재판절차(재심사건에 대한 공판절차)[145]로 나뉜다. 재심판결이 확정되면 원판결은 당연히 그 효력을 잃지만, 원판결에 의한 형의 집행까지 무효로 만드는 것은 아니다. 따라서 원판결에 의한 자유형의 집행 부분은 재심판결에 의한 자유형의 집행에 통산된다.

비상상고란 확정판결에 대하여 그 심판에 '법령위반'의 사유가 있는 경우 이를 시정하는 비상구제절차이다. 비상상고의 대상에는 모든 확정판결과 확정판결의 효력이 부여되는 약식명령, 즉결심판 등과 공소기각결정, 항소기각결정, 상고기각결정과 같은 종국적 재판이 있다.

비상상고의 이유는 판결확정 된 후 발견된 그 사건 심판에 관한 법령위반[146]이다. 비상사고의 신청권자는 검찰총장이고, 관할

---

7. 원판결, 전심판결 또는 그 판결의 기초 된 조사에 관여한 법관, 공소의 제기 또는 그 공소의 기초된 수사에 관여한 검사나 사법경찰관이 그 직무에 관한 죄를 범한 것이 확정판결에 의하여 증명된 때 단, 원판결의 선고전에 법관, 검사 또는 사법경찰관에 대하여 공소의 제기가 있는 경우에는 원판결의 법원이 그 사유를 알지 못한 때에 한한다.

144) 재심의 관할은 원판결의 법원이고(제423조), 재심청구권자는 검사 또는 유죄의 선고를 받은 자 등이며, 재심청구 시기의 제한은 없다. 재심청구는 재심청구서를 관할법원에 제출하는 방법으로 하는데, 재소자는 이를 교도소장에게 제출한 때에 재심을 청구한 것으로 간주한다(제430조). 재심개시에 관한 심리는 판결이 아니라 결정이므로 구두변론이나 공개를 불요한다. 재심청구에 대해 결정을 할 때에는 청구한 자와 상대방의 의견을 들어야 한다(제432조).

145) 재심공판절차는 사건의 심급에 따라 법원이 다시 심판하여야 하는데, 이는 원판결의 당부에 대한 심사가 아니라 처음부터 다시 심판하여야 한다는 의미이다. 따라서 원칙적으로 당해 심급의 공판절차에 관한 규정이 준용되지만 재심의 특수성 때문에 사망자나 심신장애자에 대한 공판절차 정지와 공소기각 결정에 관한 규정이 적용되지 않는다(제438조).

146) 따라서 사실오인의 결과로 법령위반의 오류가 발생하였더라도 이는 사실오인의 문제이므로 비상상고의 대상이 되지 못한다는 것이 판례의 태도이다.

법원은 대법원이다(제441조). 대법원은 검찰총장의 신청서에 포함된 이유에 한하여 조사하여야 하므로 법원의 직권조사사항은 존재하지 않는다(제444조 제1항). 대법원의 심리결과 비상상고가 이유 있다고 인정되면, 원판결이 법령에 위반한 때에는 원판결의 법령 위반 부분에 대하여 부분파기하여야 하는데, 원판결이 피고인에게 불이익한 경우에는, 대법원이 원판결을 파기한 후 자판하여야 한다(제446조).[147] 그리고 원심소송절차가 법령에 위반한 때에는 위반된 절차만을 파기한다(제447조).

Ⅳ. 집행절차

재판의 집행이란 재판의 의사표시적 내용을 국가권력에 의하여 강제적으로 실현하는 것을 말한다. 재판의 집행에는 형의 집행, 추징 등 부수처분의 집행, 과태료, 비용배상, 보증금의 몰수 등 형 이외의 제재의 집행, 각종 영장의 집행이 포함된다. 이 중에서도 국가 형벌권의 구체적 실현이라고 할 수 있는 형의 집행이 가장 중요한 내용이라고 할 수 있다.

재판의 집행은 특별한 규정이 없으면 확정된 후 즉시 집행하는 것이 원칙으로(제459조) 재판을 한 법원에 대응하는 검찰청 검사가 지휘한다(제460조 제1항).

2개 이상의 형이 선고된 경우, 자격상실, 자격정지, 벌금, 과료와 몰수 외에는 중한 형을 먼저 집행하는 것이 원칙이다. 형의 경중은 형법 제41조 및 제50조에 의하여 결정하므로 사형, 징역, 금고, 구류의 순으로 집행된다. 그리고 자유형과 벌금형은 동시에

147) 따라서 원판결이 피고인에게 불이익한 경우가 아니면 비상상고에 대한 판결은 법령해석 및 적용의 통일성 추구라는 이론적인 의의만 있을 뿐이다.

집행할 수 있다.

사형은 법무부장관의 명령에 의하여 집행한다(형법 제463조). 사형을 선고한 판결이 확정된 때에는 검사는 지체 없이 소송기록을 법무부장관에게 제출하여야 하고(동법 제464조), 사형집행의 명령은 판결이 확정된 날로부터 6개월 이내[148]에 하여야 한다(동법 제465조 제1항). 사형은 교도소 또는 구치소 내에서 교수하여 집행한다(형법 제66조). 사형의 선고를 받은 자가 심신의 장애로 의사능력이 없는 상태에 있거나 잉태 중에 있는 여자인 때에는 법무부장관의 명령으로 집행을 정지한다(형법 제469조). 이 경우 심신장애의 회복 또는 출산 후 법무부장관의 명령에 의하여 다시 형을 집행한다.

징역과 금고, 구류는 교도소 내에 구치하여 집행한다(형법 제67조). 이 때 검사는 자유형의 집행을 위하여 형집행장을 발부할 수 있다(제473조). 형기는 판결이 확정된 날로부터 기산하며(형법 제84조 제1항) 미결구금일수[149]는 법정통산[150]과 재정통산[151]으로 산입될 수 있다. 자유형의 집행이 정지되는 경우로는 집행대상자가 심신장애로 의사능력이 없는 상태에 의한 필요적 집행정지(제470조 제1항)와 기타의 사유[152]에 의한 임의적 집행정지가 있다(제471

148) 이 기간은 훈시규정으로 이해된다.

149) 미결구금일수란 구금당한 날로부터 판결확정일 전까지 실제로 구금된 일수를 말한다.

150) 미결일수가 법률에 의하여 당연히 본형 집행에 산입되는 것으로, 검사가 상소를 제기한 때 또는 검사가 아닌 자가 상소를 제기한 경우 원심판결이 파기된 때의 구금일수, 상소제기기간중의 판결확정전 구금일수(상소제기후의 구금일수를 제외한다), 상소기각 결정 시에 송달기간이나 즉시항고기간 중의 미결구금일수, 원심판결을 파기한 후의 판결선고전 구금일수가 여기에 포함된다.

151) 미결일수가 법원의 재량에 따라 미결구금일수의 전부 또는 일부를 본형에 산입되는 것이다.

152) 1. 형의 집행으로 인하여 현저히 건강을 해하거나 생명을 보전할 수 없을 염려가 있는 때
2. 연령 70세이상인 때

조 제1항).

자격상실과 자격정지의 선고를 받은 자는 수형인명부에 기재되고 지체 없이 그 등본이 형의 선고를 받은 자의 등록기준지와 주소지의 시·구·읍·면장에게 송부되면(제476조) 이를 기초로 수형인명표가 작성된다.

벌금, 과료, 몰수, 추징, 과태료, 소송비용, 비용배상 또는 가납의 재판은 검사의 명령에 의하여 집행하는데, 이 때 검사의 명령은 집행력 있는 채무명의와 동일한 효력이 있다. 그리고 재산형에 관한 재판의 집행에는 집행 전 송달을 제외하고는 민사집행법의 집행에 관한 규정이 준용된다(제477조). 벌금, 과료 선고시에 그 금액을 완납할 때까지 노역장에 유치할 것을 명할 수 있는데(형법 제69조 제1항) 노역장유치에는 재판집행의 일반원칙과 자유형의 집행에 관한 규정들이 준용된다.

몰수의 재판이 확정되면 몰수물의 소유권은 국고에 귀속된다. 따라서 이미 압수된 물건에 대하여는 검사의 집행지휘만으로 집행이 종료되지만, 아직 압수되지 않은 물건에 대해서는 검사가 몰수 받은 자에게 제출을 명한 다음 불응시 몰수집행명령서를 작성하여 집행관에게 집행을 명하는 방법으로 집행하여야 한다.

압수한 서류 또는 물건에 대하여 몰수의 선고가 없는 때에는 압수를 해제한 것으로 간주하므로 목적물을 정당한 권리자에게 환부하여야 한다(제332조). 압수물을 환부 받을 자의 소재가 불명하거나 기타 사유로 환부할 수 없는 경우에 검사는 관보에 공고하고, 공고 후 3월이 지나도 환부청구가 없으면 이를 국고에 귀

---

3. 잉태후 6월이상인 때
4. 출산후 60일을 경과하지 아니한 때
5. 직계존속이 연령 70세이상 또는 중병이나 장애인으로 보호할 다른 친족이 없는 때
6. 직계비속이 유년으로 보호할 다른 친족이 없는 때
7. 기타 중대한 사유가 있는 때.

속한다(제486조).

재판의 집행에 관하여 재판의 해석에 대한 의의(疑義)[153]가 있는 자는 재판을 선고한 법원에 의의신청을 할 수 있고(제488조), 재판집행에 관한 검사의 처분에 대한 부당함을 주장하는 자는 재판을 선고한 법원에 이의신청을 할 수 있다(제489조).

153) 의의란 의미나 내용 등이 불분명하여 의심이 생기는 것을 의미한다.

찾아보기

〈 저자소개 〉

김도훈_knight95@yonsei.ac.kr

연세대학교 법과대학(법학사)
연세대학교 일반대학원(법학석사)
연세대학교 일반대학원(법학박사)
법무부 법무자문위원회 전문위원
연세대학교 등 강사
현) 연세대학교 법과대학 연구교수

김슬기_yeppypet@hanmail.net

연세대학교 법과대학(법학사)
연세대학교 일반대학원(법학석사)
연세대학교 일반대학원 박사과정 수료
경원대학교 등 강사
현) 연세대학교 법학연구소 연구원

김정환_circlekjh@hanmail.net

연세대학교 사회과학대학 정치외교학과 (정치학사)
연세대학교 일반대학원(법학석사)
연세대학교 일반대학원 박사과정 수료
중앙대학교 등 강사
현) 연세대학교 법학연구소 연구원

심우민_legislation21@gmail.com

한국외국어대학교 법과대학(법학사)
연세대학교 일반대학원(법학석사)
연세대학교 일반대학원 박사과정 수료
한국입법학연구소 법제연구원
경원대학교 등 강사
현) 연세대학교 법학연구소 전문연구원

입법절차와 사법절차

2009년 3월 5일 초판인쇄
2009년 3월 10일 초판발행

저 자 김도훈 · 김슬기 · 김정환 · 심우민
발행인 이 방 원
발행처 세창출판사
서울 서대문구 냉천동 182 냉천빌딩 4층
전화 723-8660 팩스 720-4579
e-mail: sc1992@empal.com
http://www.sechangpub.co.kr
신고번호 제 300-1990-63 호

잘못 만들어진 책은 바꾸어 드립니다. **정가 22,000 원**

ISBN 978-89-8411-264-3 93360